Métodos
de ensino de leitura
no Império brasileiro

FUNDAÇÃO EDITORA DA UNESP

Presidente do Conselho Curador
Mário Sérgio Vasconcelos

Diretor-Presidente / Publisher
Jézio Hernani Bomfim Gutierre

Superintendente Administrativo e Financeiro
William de Souza Agostinho

Conselho Editorial Acadêmico
Divino José da Silva
Luís Antônio Francisco de Souza
Marcelo dos Santos Pereira
Patricia Porchat Pereira da Silva Knudsen
Paulo Celso Moura
Ricardo D'Elia Matheus
Sandra Aparecida Ferreira
Tatiana Noronha de Souza
Trajano Sardenberg
Valéria dos Santos Guimarães

Editores-Adjuntos
Anderson Nobara
Leandro Rodrigues

COMISSÃO EDITORIAL DE COLEÇÕES E LIVROS DA SBHE
Carlota Boto
Gizele de Souza

Coleção
Diálogos em História da Educação

SUZANA LOPES DE ALBUQUERQUE

Métodos de ensino de leitura no Império brasileiro

António Feliciano de Castilho e Joseph Jacotot

Prefácio
Carlota Boto

© 2023 Editora Unesp

Direitos de publicação reservados à:
Fundação Editora da Unesp (FEU)
Praça da Sé, 108
01001-900 – São Paulo – SP
Tel.: (0xx11) 3242-7171
Fax: (0xx11) 3242-7172
www.editoraunesp.com.br
www.livrariaunesp.com.br
atendimento.editora@unesp.br

Dados Internacionais de Catalogação na Publicação (CIP) de acordo com ISBD
Elaborado por Vagner Rodolfo da Silva – CRB-8/9410

A345m
   Albuquerque, Suzana Lopes de
      Métodos de ensino de leitura no Império brasileiro: António Feliciano de Castilho e Joseph Jacotot / Suzana Lopes de Albuquerque. Prefácio de Carlota Boto – São Paulo: Editora Unesp / SBHE, 2023. [Coleção Diálogos em História da Educação].

      Inclui bibliografia.
      ISBN: 978-65-5711-191-8

      1. História do Brasil. 2. Império. 3. Ensino. 4. Leitura. 5. António Feliciano de Castilho. 6. Joseph Jacotot. I. Título.

2023-801   CDD 981
                                                                                             CDU 94(81)

Editora afiliada:

Sumário

Prefácio: Uma história de encontros e confrontos em métodos de ensino da leitura   7
Carlota Boto

Introdução   13
   A "papelada velha" como fonte histórica   16
   Metodologia no campo da produção de livros de leitura para o Brasil imperial   26
   O que as fontes revelam: apropriações e recusas dos livros de leitura de Castilho no cenário imperial brasileiro   38
   A organização dos capítulos   44

1 Nuances do poeta António Feliciano de Castilho na agricultura e na instrução   49
   1.1 A infância de António Feliciano de Castilho   50
   1.2 As nuances do Castilho adulto: filiação política, desabafos e apreensões   56
   1.3 Casamento, mudança de residência de Castilho e sua nova religião: o campo e a agricultura   70
   1.4 *Felicidade pela agricultura*: regresso à terra e às virtudes simples do trabalho   79

1.5 A agricultura no projeto de instrução do brasileiro Antônio de Castro Lopes   83

2 Castilho pedagogo: um método de ensino de leitura e suas tentativas de ruptura   91

2.1 Rupturas apresentadas no método português   113

3 Rejeições ao método português em Portugal e no Brasil Império   145

3.1 Rejeição ao método Castilho em Portugal   148

3.2 "Dos mares experimenta a fúria insana": rejeição de Castilho em solo brasileiro   158

4 Marcha analítica de Jacotot: encontros e estranhamentos com o português António de Castilho   203

4.1 Construção e princípios do ensino universal de Jacotot   205

4.2 A circulação do ensino universal de Jacotot no Brasil   211

4.3 Análise das *Lições de ler*, de Costa Azevedo (1832): permanências e rupturas com Castilho, Jacotot e Travassos   224

4.4 Encontros e estranhamentos: luzes sobre os métodos de Castilho e Jacotot   235

4.5 Querelas entre o método de Castilho e o ensino universal de Jacotot nos impressos portugueses e brasileiros   240

5 "Mundo novo herdeiro e continuador do mundo velho": Castilho e os embates na filologia e instrução secundária no Brasil   245

5.1 António Feliciano de Castilho: "retemperador" da língua clássica portuguesa e causador da Questão Coimbrã   245

5.2 O mundo clássico dos irmãos Castilho nos impressos   249

5.3 Irmãos Castilho: rejeição em solo brasileiro   253

5.4 Defesa de José de Castilho pela língua vernácula e purismo: oposição aos "estrangeiros", aos "alienígenas" e à "invasão da barbárie"   259

Conclusão   265
Referências   279

Prefácio
Uma história de encontros e confrontos em métodos de ensino da leitura

> *Atrevo-me a acreditar que o historiador mais consciente de sua própria situação é também o mais capaz de transcendê-la e mais capaz de apreciar a natureza essencial das diferenças entre sua própria sociedade e perspectiva e aquelas de outras épocas e outros países, mais do que o historiador que afirma ruidosamente que ele é um indivíduo e não um fenômeno social. A capacidade do homem de erguer-se acima de sua situação social e histórica parece estar condicionada pela sensibilidade com que reconhece a extensão de seu envolvimento nela.*
>
> Edward Hallet Carr [1]

Este livro resulta da bela tese de doutorado de Suzana Lopes de Albuquerque, defendida na Faculdade de Educação da USP. O trabalho, como o próprio título indica, versa sobre a apropriação brasileira de dois métodos de ensino no século XIX: o do educador português António Feliciano de Castilho e aquele do educador francês Joseph Jacotot. Em ambos os casos, tratava-se de instaurar

---

[1] Edward Hallet Carr, *Que é história?* 3.ed. Rio de Janeiro: Paz e Terra, 1982, p.41.

a escola como palco de experimentação, confrontando um suposto ensino inovador com o tradicionalismo que marcava a instituição.

Voltado para a alfabetização em larga escala, com vistas a favorecer a escola de massas, o português António Feliciano de Castilho produziu, no início dos anos 1850, aquele que ficaria conhecido como método português de Castilho. Em 1855, veio ao Brasil com a finalidade de difundir o referido método. O presente livro conta essa história e mostra o quanto houve resistência ao método de Castilho, tendo ocorrido, inclusive, o cancelamento de cursos que ele se propunha a dar para os professores brasileiros. O fato é que havia no Brasil um intelectual chamado José da Costa Azevedo, primeiro diretor da Escola Normal de Niterói e criador de materiais e impressos voltados para a formação de professores. Costa Azevedo liderava um movimento que difundia, em terras brasileiras, a filosofia de ensino e o método de alfabetização do teórico francês Joseph Jacotot. Além dessa narrativa, este livro conta como o irmão de António Feliciano de Castilho, que se chamava José Feliciano de Castilho Barreto e Noronha, manteve embates com José de Alencar acerca de questões da literatura e defesa do vernáculo. Trata-se, portanto, de uma obra que descreve encontros e confrontos.

Na elaboração de sua tese, Suzana se debruçou sobre um conjunto variado e fértil de fontes documentais: compêndios, relatórios de inspetores, cartas, ofícios de diretores gerais da instrução pública, requerimentos e jornais. Por meio de tal acervo, a tese foi construída com base na premissa de que a escola de massas contou com a intervenção do Estado na organização escolar, mas também com a intervenção de sujeitos educadores, da sociedade civil, que interagiam com o Estado, visando edificar uma sociedade letrada a partir da escolarização. É preciso lembrar que a escola sobre a qual Castilho discorria era, ela mesma, uma escola bastante precária. Tanto na realidade portuguesa quanto no Brasil, naqueles meados do século XIX o que se chamava de escola era, na grande maioria das vezes, basicamente um cômodo reservado na casa do professor ou por ele alugado, o qual abrigava alunos de diferentes faixas etárias e de diversos níveis de aprendizado. Ali, o professor abria uma classe, a qual era sua escola. Praticamente não havia Escolas Normais; por essa razão, a formação de professores era quase inexistente. Havia, entretanto, um sistema de controle, com diretorias de instrução pública que, tanto em Portugal quanto no Brasil, vistoriavam periodicamente o que cada uma das escolas do reino fazia.

Castilho – autor que protagonizou o embate que ficou conhecido na história portuguesa como *Bom senso e bom gosto*, no qual polemizou com aquela que se caracterizaria como a Geração de 70 – apresenta aqui sua outra face: mais do que literato, era um pedagogo, que, ao escrever sobre métodos para ensinar a ler e a escrever, rompeu com o modelo de ensino daquela que ele chamará de escola antiga. O Castilho da literatura era um tradicionalista, porém o Castilho da educação pretendia renegar a tradição e propunha-se a inaugurar um modo de ser escola inteiramente novo.

Consta que Castilho teria vindo ao Brasil incentivado por d. Pedro II, com quem se correspondia. Aqui, pretendia divulgar, disseminar e propagar seu método de leitura e de escrita para representantes das diferentes províncias brasileiras. A questão de pesquisa que Suzana se coloca é: que motivos teriam levado à rejeição do método de Castilho em terras brasileiras? Ela descreve minuciosamente os embates entre o educador português e dois expoentes do debate pedagógico brasileiro da época: José da Costa Azevedo e Francisco Crispiniano Valdetaro. O que estaria em jogo nessa querela? Tratar-se-ia de um embate financeiro ou havia relações de poder envolvidas? O fato é que a disputa do método pedagógico encobria uma pressuposta concepção política e filosófica por detrás dos embates.

Após expor os fundamentos teórico-metodológicos, bem como suas fontes documentais, Suzana faz um traçado extremamente minucioso da vida e da obra de Castilho. Nesse momento do livro, a autora entrelaça a trajetória de Castilho com a história de Portugal do século XIX e, por meio desse bordado, ensina-nos como a história da educação se impõe e se dispõe socialmente na vida pública. Castilho e Costa Azevedo pretendiam traçar o lugar social da escolarização no cômputo de uma sólida cultura letrada. Para tanto, a escola ensinaria saberes, mas também valores e atitudes, destacando-se, nessa dimensão, seu papel moralizador. De qualquer modo, supunha-se a regeneração social pela via da instrução. Esse era o lema de Castilho, e Suzana vistoria com habilidade analítica seus inúmeros livros, entrelaçando a obra do pedagogo português com considerações de ordem biográfica. O resultado é um relato de vida extremamente original e instigante.

Em seguida, a autora explicita as oposições ao método Castilho, descrevendo sua apropriação em Portugal e no Brasil e as críticas que recebeu nos dois países. Castilho, contrário aos modos de ensino individual e mútuo, defendia um modelo de ensino simultâneo, no qual – como ele próprio gostava de dizer – o professor ensinava a todos os alunos como se todos fossem um só. É preciso lembrar que Castilho era cego, o que talvez explique o fato de ele ter colocado recursos auditivos (marchas e palmas ritmadas) para pensar o caminho das letras. Seu método era sintético: partindo do som de cada letra, ele propunha uma nova ortografia para a língua portuguesa, modificando a soletração e a fonética, posto que se recusava a principiar o ensino pelo nome da letra. Depois, Castilho agregava as letras às palavras, valendo-se, para tanto, de figuras e recursos mnemônicos, decompondo essas palavras em sílabas e em letras para depois recompô-las. Nesse sentido, ele aboliu os silabários, que eram usados em seu tempo. Note-se que se tratava, provavelmente pela primeira vez no Brasil, de uma metodologia fônica de ensino da leitura e da escrita, um método que partia da sonoridade das diferentes letras. Hoje, fala-se muito de método fônico, mas, no geral, sua origem é desconhecida, sendo revelada pela autora na presente obra.

Após a descrição do método, Suzana apresenta o confronto de Castilho com os que ele chamava de impugnadores e adversários do método português. Castilho recebeu severas críticas a seu método tanto em Portugal quanto no Brasil, por motivos diferentes. Baseada em bibliografia que relata a recepção do método em Portugal, Suzana se debruça basicamente sobre o que ocorreu no Brasil, onde o método de Castilho era taxado de pueril, dispendioso e trabalhoso, algo para ser utilizado em escolas que não tinham qualquer estrutura e contavam, em sua maioria, com um único professor. Seus inimigos diziam, ainda, que a ideia de mnemonização não era novidade e ridicularizavam o recurso às marchas e às palmas. Suzana demonstra, com precisão, como Castilho e seu método foram rejeitados na província alagoana, aspecto que ela já havia anunciado em sua dissertação de mestrado, defendida junto ao Programa de Pós-Graduação em Educação da Universidade Federal de Alagoas, sob a orientação da Profa. Dra. Maria das Graças de Loiola Madeira.

A hipótese de Suzana, comprovada por sua tese, é a de que a interrupção do curso de Castilho no Brasil teve relação com a atuação de Costa Azevedo, o qual lecionava, desde 1834, utilizando um método de leitura que se apropriava de elementos do teórico francês Joseph Jacotot. Conforme já se explicitou anteriormente, outro personagem importante neste livro é Francisco Crispiniano Valdetaro, seguidor de Costa Azevedo. Castilho denuncia ambos como plagiários de Jacotot; justo ele, que em Portugal já havia sido acusado de plagiar o método de Lemare... A autora se dedica a explicar o método de Jacotot e sua ideia de emancipação intelectual. Jacotot ensinava a leitura por um caminho curioso, que consistia em aprender de memória uma parte do livro e repetir os sentidos do texto, para apenas depois reconhecer os parágrafos, as frases e as palavras. Esse método analítico foi desenvolvido a partir de 1818, quando o francês Jacotot, refugiado na Bélgica, aceitou um cargo na universidade. Lá, ele deveria ensinar francês para alunos que só conheciam o flamengo – língua que o docente desconhecia. O educador, então, valeu-se de uma edição bilíngue do *Telêmaco*, de Fénelon – que os alunos leriam paralelamente nas duas línguas –, e aplicou sua metodologia. O pressuposto do ensino de Jacotot residia em duas ideias básicas: é possível se ensinar o que se desconhece e há uma igualdade das inteligências. Essa foi a aposta tanto do francês quanto dos brasileiros Costa Azevedo e Valdetaro. Suzana, a partir dessa história, coloca em confronto os protagonistas de sua pesquisa, demonstrando os embates que eles tiveram pela imprensa.

Enfim, este livro é uma história original, viva e plena de significados. Em um momento histórico no qual se pleiteia o método fônico como método oficial da escola brasileira, deve-se, no mínimo, conhecer sua trajetória. A autora estrutura sua história com graça, leveza e uma escrita cuidadosa, na qual se articulam os procedimentos historiográficos e o olhar da pedagogia. Prefaciar o livro requer também um diálogo com a autora: Suzana é uma intelectual que reúne os dois atributos necessários ao ofício da pesquisa e da docência: a curiosidade intelectual e a humildade acadêmica.

Ávida pelo conhecimento e arguta no trato documental, seu relato demonstra precisão conceitual, solidez analítica e habilidade interpretativa. Por tais razões, a autora constrói uma narrativa cheia de vida sobre uma história que há muito está esquecida nos arquivos do passado... Por todos esses motivos, este livro é um importante contributo para o avanço do conhecimento no campo da História da Educação em Portugal e no Brasil. Cabe apenas cumprimentar a Editora Unesp e a Sociedade Brasileira de História da Educação (SBHE) por, nessa parceria, trazer à tona este relato, por meio da bela edição que o leitor tem agora em mãos.

São Paulo, 31 de março de 2020
Carlota Boto

Introdução

Por isso tudo, é que a papelada velha é cá o meu mundo de predileção. (Castilho, J., 1890-1891, p.861)

Em virtude da importância de se construir uma identidade para a formulação do Estado nacional brasileiro no século XIX, foram lançadas bases para a instrução pública. Os estudos referentes ao processo de difusão da escola para o povo como responsabilidade do Estado, visando a uma unidade nacional por meio de conteúdos unificados e valores morais e culturais no contexto brasileiro, são analisados nesta obra a partir do "conjunto das linhas gerais de força que atuaram, durante esse período, na constituição do sistema escolar brasileiro e que parecem ser aproximadas dos diversos processos de formação da 'escola de massas', no continente europeu e na América do Norte" (Nóvoa; Catani, 2000, p.1).

No contexto de elaboração da primeira Constituição brasileira, outorgada em 25 de março de 1824, a instrução primária ganhou visibilidade, passando a ser gratuita. O documento apresentava provisões para que fossem instituídos no país colégios e universidades, centralizando a administração do ensino no governo federal e instituindo o ensino da religião católica como parte obrigatória dos currículos e programas.

Em várias províncias brasileiras, a escola passou a ser responsável pelo ensino da leitura, da escrita e do cálculo, das regras de civilidade, da moral e da religião, evidenciando, para além de leis, materiais e métodos imprescindíveis a essa nova realidade de democratização do ensino público, que caracterizava o "modo como os alunos foram 'inventados' (construídos, categorizados, classificados etc.) pela escola", isto é, o modo como, por meio da *escola de massas*, as crianças foram "transformadas em alunos" (Nóvoa, 2000, p.134).

O conceito de escola de massas é usado para se referir à "intervenção do Estado na educação escolar, tornando-a obrigatória, universal, laica e gratuita, envolvendo um conjunto de processos variados" (Araújo, 1996, p.2). O Estado estava envolvido em um sistema institucional em que os "modelos educativos globais são 'criaturas' de hegemonia, dos poderes e interesses dominantes (ou de resistência a este domínio, uma visão mais sofisticada e dialética)" (Meyer, 2000, p.20).

Ao se debruçar sobre a *papelada velha* dos arquivos que se constitui como fonte histórica, observa-se uma febre pela apropriação, no contexto nacional, de variados métodos de ensino que circularam em outros países, o que, de certa forma, responde às críticas feitas à escola primária imperial no Brasil quanto às suas carências e incompletudes, acusando-a de sequer oferecer espaço físico destinado às escolas, bem como livros, mobiliários, pessoal docente qualificado e métodos adequados à fase infantil.

As escolas de primeiras letras nas diferentes províncias brasileiras adotaram materiais e métodos de ensino baseados em um contexto de internacionalização de ideias pedagógicas da modernidade. Sua concepção de infância se pautava nos ideais advindos do debate pedagógico na França, desde o Iluminismo enciclopedista até a Revolução, e repercutiu no final do Império brasileiro e início da República (Boto, 1996, p.16). A discussão pedagógica nesse período estava permeada pelos ideais liberais de construção do espírito público de formação do Estado-nação a partir de um modelamento para a civilização.

Entretanto, a literatura escolar não é imune a influências exteriores, copia sistemas de controle da produção ou difusão, traduções ou adaptações de obras, da instalação de empresas ou de filiais. Assim, os manuais transcendem, paradoxalmente, às fronteiras nacionais: mesmo a afirmação de uma identidade nacional, à primeira vista singular, irredutível, apoia-se em procedimentos comuns, na verdade copiados; cabe ao historiador estudar a emergência ou dar prosseguimento. Acontece o mesmo com os métodos, textos, ilustrações, paginações, estratégias editoriais, métodos de fabricação. (Choppin, 2002, p.16)

Ciente de que "muito da produção e dos debates no século XIX ainda está por ser investigado e até mesmo descoberto pelos historiadores da educação" (Cordeiro, 2016, p.350), este trabalho vislumbra trazer visibilidade às pelejas do português António Feliciano de Castilho (1800-1875) na instrução pública em Portugal e no Brasil, as quais relacionavam-se à aceitação de seu método de ensino de leitura e escrita.[1]

A maior parte deste livro perpassa a vida e as obras do poeta português e objetiva compreender as matrizes históricas, filosóficas, sociais e o princípio pedagógico de seu *Método português-Castilho para o ensino rápido e aprazível do ler, escrever e bem falar* (1853),[2] analisando suas motivações para a entrada na instrução, bem como os embates e as resistências recebidos em solo brasileiro. Nesse sentido,

---

1 Apesar de ser intitulado "método de ensino de leitura e escrita" e de anunciar um trabalho concomitante no ensino dessas duas habilidades, observa-se em Castilho uma primazia no ensino da leitura e, principalmente, da leitura auricular. Dessa forma, a partir da análise das fontes, esta pesquisa apresenta os desdobramentos do ensino da leitura a partir do método Castilho.
2 Utilizaremos as nomenclaturas "método português", "método Castilho", "método português de Castilho" e, ainda, "método de leitura repentina", de acordo com as indicações das fontes; todas essas indicações, porém, referem-se ao *Método português-Castilho para o ensino rápido e aprazível do ler, escrever e bem falar* (1853).

a nossa interrogação tem presente as "abordagens do sistema mundial", mas o que verdadeiramente nos interessa compreender não é tanto a difusão mundial de modelos curriculares, mas sim o modo como eles foram apropriados e reelaborados nos diferentes contextos nacionais. (Nóvoa, 2000, p.137)

Ao se debruçar sobre a vida do português Castilho e sobre as tentativas de adoção de seu método de ensino de leitura, tais abordagens metodológicas envolvendo a alfabetização adquirem um caráter transnacional, sendo imprescindível compreender as apropriações decorrentes das práticas e representações.

A "papelada velha" como fonte histórica

O relatório manuscrito[3] redigido pelo professor de primeiras letras do 2º distrito de Alagoas[4] Francisco José Soares[5] no dia 26 de março de 1855 apresentava à Diretoria de Instrução Pública de Alagoas informações sobre a vinda de Castilho ao Brasil para a divulgação de seu método de ensino de leitura e sobre a interrupção de seu curso que ocorreria na corte imperial.

Essa vinda do poeta português resultou em alguns embates e na recusa de seu método. As apropriações realizadas pelos inúmeros adeptos, bem como pelos resistentes, ao método Castilho serão analisadas a partir dos desdobramentos de sua estada no Brasil no ano de 1855. A oposição realizada por um grupo de brasileiros foi liderada pelo também brasileiro José da Costa Azevedo.

---

3 Relatórios da Instrução Pública. Arquivo Público de Alagoas – Caixa 60.
4 Essa imersão nas fontes alagoanas decorreu do período de três anos em que permaneci na cidade de Maceió, participando ativamente do grupo de pesquisa História da Educação, Cultura e Literatura, coordenado pela Prof. Dra. Maria das Graças de Loiola Madeira, minha orientadora, e culminou na elaboração da dissertação de mestrado intitulada *O ensino de primeiras letras de Alagoas oitocentista: vestígios sobre noções de infância nos discursos e práticas escolares.*
5 Francisco José Soares foi mestre e proprietário do Colégio de São José, escola primária em Maceió.

O termo "apropriação" foi utilizado nesta pesquisa a partir da conceituação de Roger Chartier (1990) em seu estudo sobre a história das apropriações, que o definiu "justamente como elemento de articulação na compreensão das relações entre práticas e representações" (Nóvoa; Catani, 2000, p.2-3), e que visa a "uma história social dos usos e das interpretações, referidas a suas determinações fundamentais e inscritas nas práticas específicas que as produzem" (Chartier, R., 1991, p.180).

Dessa forma, ao trazer as apropriações de Castilho e as lutas de representações entre seus defensores e opositores, a atenção se volta para as condições e os processos que sustentam as operações de produção do sentido. Castilho "era um polemista; mas era também um poeta; e era finalmente um homem público de seu tempo, que, indubitavelmente, soube fazer uso de sua popularidade" (Boto, 2012, p.50) e, como polemista de seu tempo, desenhou uma escola intitulada por ele moderna e travou embates com diversos sujeitos portugueses e brasileiros que para ele se tornaram seus oponentes.

Parafraseando alguém, caberia mesmo dizer que se pode ser contra ou a favor de Castilho na educação portuguesa. Entretanto, jamais se permitirá passar sem sua referência. Castilho traria visibilidade ao tema da metodologia do ensino, transformando-o irredutivelmente no epicentro de sua reflexão. (ibid., p.51)

Centrando a atenção sobre as estratégias simbólicas que determinam posições e relações e que constroem um ser-percebido constitutivo de identidade, os embates travados na história do ensino da leitura no Brasil apresentam as investidas de Castilho em diferentes fontes, para se reafirmar como sujeito intelectual e pedagogo de seu tempo.

As apropriações do método de Castilho na instrução pública serão analisadas a partir de um contexto político português em interlocução com o contexto brasileiro no século XIX e fundamentadas em autores como Choppin, com base em uma concepção globalizante de circulação de ideias e capitais no meio pedagógico, trazendo à tona as apropriações de saberes e práticas advindas do exterior na transcendência das fronteiras locais e nacionais. Tais apropriações, que não são percebidas como "distorções do original, mas como reconstruções de significados que mesclam duas semânticas culturais, produzindo uma nova originalidade" (Vidal, 2005, p.68), são trabalhadas para além de uma transmissão e comunicação de um processo causal por semelhança ou repetição, ligando, por meio do tempo, unidades definidas, como indivíduos, obras ou teorias. As apropriações dos impressos de Castilho por parte de seus adeptos e de seus oponentes são analisadas neste livro em uma certa descontinuidade, pensando com Vidal (ibid.) a necessidade de se negar a "tratar o discurso pedagógico como um *continuum*, fundado na evolução e na tradição, e que descrê na mera transposição de uma prática pedagógica de um país ao outro" (ibid., p.132). Ao trabalhar com essa descontinuidade, busca-se construir "referenciais que permitem arquitetar a história dos usos que os objetos impressos tiveram e das relações que com eles mantiveram os indivíduos" (Nóvoa; Catani, 2000, p.2-3).

Na busca por um pensamento para além de uma representação da história da educação concentrada "em demasia na história das ideias, na sua produção e circulação, por meio do privilégio dos textos oficiais e projetos de reforma" (Cordeiro, 2016, p.346), o desafio metodológico encontrado nesta pesquisa é evitar o afastamento do "exame das práticas escolares concretas", bem como a elaboração de uma representação idealizada da história da educação no Brasil centrada somente no confronto de "ideias, de presumidas correntes teóricas e de disputas caracteristicamente ideológicas" (ibid., p.348).

Visando a tal ruptura, busca-se trilhar o caminho "da proposição de alternativas teóricas e metodológicas que perpassam pela história das representações, pela história do discurso pedagógico ou pelo exame da circulação internacional de modelos teóricos e ideias educacionais" (ibid., p.349) no Império brasileiro.

A análise das divergentes representações dos sujeitos pertencentes aos grupos no poder da instrução pública oitocentista demonstra uma luta na construção de suas identidades e em suas relações com os objetos culturais que circulavam ou estavam sendo apresentados como propostas para circulação no interior das escolas. Tais apropriações representadas em diferentes fontes históricas necessitam ser compreendidas em suas especificidades e inscritas em seus meios de produção e em suas condições de possibilidades. Essas representações são analisadas em uma gama de fontes históricas que elucidam a multiplicidade do meio educativo, como a imprensa (pedagógica ou não), cartas, livros de leitura, relatórios oficiais e biografias, por meio da análise tanto dos próprios materiais de Castilho quanto das reações de seus leitores registradas nesse conjunto de fontes.

A popularização de métodos de ensino e de variados livros de António Feliciano de Castilho em Portugal e no Brasil se deu a partir da disseminação da impressão. Alessandra El Far (2006) faz uma análise acerca do mundo dos textos, das palavras e dos leitores, traçando historicamente as formas e os propósitos com que os livros foram assumindo uma posição central no mundo que passaria da oralidade à escrita. Segundo a autora, desde a invenção da imprensa por Gutenberg, um movimento de longo prazo tornou a palavra escrita o lugar de preferência nos círculos letrados, "deixando que o universo da oralidade predominasse em meio aos camponeses, artesãos e trabalhadores analfabetos e de pouca renda" (ibid., p.27).

A construção deste livro perpassa o contexto de criação, divulgação, apropriação e representações do método de ensino de leitura de António Feliciano de Castilho, e suas tentativas de incorporar essa cultura letrada nos círculos dos camponeses portugueses e na instrução primária que se esboçava em diferentes províncias e na corte imperial brasileira.

Para compreender a trajetória do poeta português "por terra, por ares, por bosques e por ondas" (Castilho, J., 1897, p.426), serão analisadas, além dos escritos de Castilho destinados ao ensino da leitura das primeiras letras, suas ideias referentes ao ensino dos rudimentos da agricultura, diferentes saberes no ensino secundário (como sua proposição para a reforma na ortografia portuguesa) e também os escritos que difundiram sua defesa do ensino do saber clássico no campo da filologia e suas tentativas de formação de leitores do vernáculo português.

Dessa forma, além de seu livro *Método português-Castilho para o ensino rápido e aprazível do ler, escrever e bem falar* (1853), serão contempladas as análises das obras *Felicidade pela agricultura* (escrita em 1848 e 1849 e analisada em sua versão de 1942), *Noções rudimentares para uso das escolas dos amigos das letras e arte em S. Miguel* (1909e), *Felicidade pela instrução* (1854) e textos das obras *Íris clássico* (1859) e *Ortografia portuguesa e missão dos livros elementares* (1860), que compareceram na obra escrita pelo seu irmão José Feliciano de Castilho Barreto e Noronha (1810-1879). Junto aos escritos para o professorado da instrução primária, foram localizados registros de António Castilho para o universo clássico dos alunos do liceu, remontando à clivagem entre as escolas primárias, de um lado, e os colégios e liceus, de outro lado.

Para um projeto de leitura primária, moralizante e utilitária, Castilho criou um programa de leitura clássica e literária, transitando por duas áreas que se encontravam polarizadas.

De um lado, temos o aprendizado dos rudimentos, mais ou menos bem conduzido até o certificado de estudos, em que, sabendo "dar o tom", o aluno é dotado desse viático que é a "alfabetização primária". De outro, temos a lenta elaboração dessa "cultura" letrada e desinteressada – tão cara a Édouard Herriot –, a qual distingue, desde o liceu, os alunos destinados a fazer parte da elite. (Chartier; Hébrard, 1995, p.250)

Para Chartier e Hébrard (ibid.), nos últimos anos do século XIX francês, os textos oficiais que sustentavam o ensino primário da leitura e os que estabeleciam normas para o uso da escrita nos colégios e liceus demarcavam os afastamentos entre esses polos, estando, de um lado, a escola primária com o ensino dos rudimentos para a alfabetização e, do outro, uma cultura letrada e desinteressada dos liceus voltada para aqueles destinados a fazer parte da elite.

Em um contexto de polarização entre essas duas escolas, o poeta português Castilho se lançou no campo dos impressos para a instrução pública primária e secundária em Portugal e no Brasil, registrando seu método, propostas de reformas e pensamentos pedagógicos em diferentes fontes.

O impresso pedagógico *Revista da Instrução Pública para Portugal e Brasil*, escrito por Castilho em coautoria com Luiz Filippe Leite, seu "afetuoso discípulo, desde os dezenove anos, secretário e dedicadíssimo auxiliar do mestre na cruzada da instrução" (Castilho, A., 1942, p.251), será analisado como fonte histórica, em virtude do registro de seus posicionamentos acerca do ensino da leitura e de suas discussões políticas na promoção da instrução pública.

A imprensa educacional se torna um excelente registro do pensamento pedagógico, destacando as representações dos impressos dentro e fora do contexto escolar, tornando-se um "*corpus* documental de vastas dimensões, pois constitui-se em testemunho vivo dos métodos e concepções pedagógicas de uma época e da ideologia moral, política e social de um grupo profissional" (Bastos, 2007, p.1).

Na primeira página da *Revista da Instrução Pública para Portugal e Brasil*, os autores registraram suas intenções, esboçando suas parcerias na edição, redação e publicação, conforme consta na Figura 1. Dentre vários objetivos, eles pretendiam propor o necessário "aperfeiçoamento, ou antes radical reforma da instrução pública em cada um dos dois países" (Castilho; Leite, 1857, p.1).

> Em duas palavras o diremos. Pesar na balança do senso comum e à luz da ciência atual o que existe, bom ou mau, ótimo ou péssimo nas duas legislações; inquirir o que falta e devia existir; examinar com a mesma consciência o que se faz e o que se tem feito nos países onde mais adiantada se acha a organização da instrução pública, considerada quer administrativamente, quer nos pormenores pedagógicos e didáticos. (ibid.)

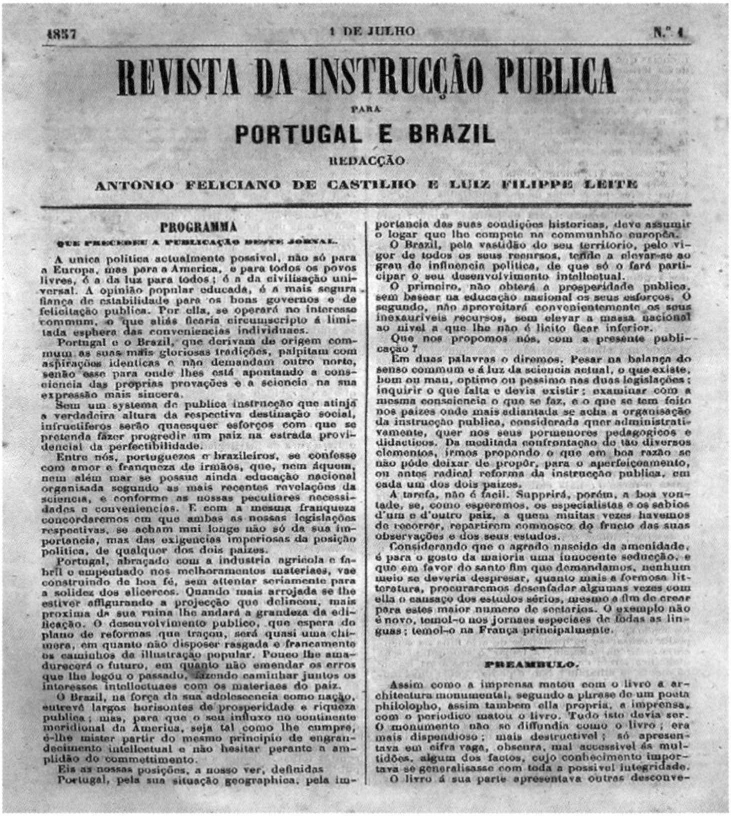

1857 — 1 DE JULHO — N.º 1

REVISTA DA INSTRUCÇÃO PUBLICA

PARA

PORTUGAL E BRAZIL

REDACÇÃO

ANTONIO FELICIANO DE CASTILHO E LUIZ FILIPPE LEITE

PROGRAMMA

QUE PRECEDE A PUBLICAÇÃO DESTE JORNAL.

A unica politica actualmente possivel, não só para a Europa, mas para a America, e para todos os povos livres, é a da luz para todos; é a da civilisação universal. A opinião popular educada, é a mais segura fiança de estabilidade para os bons governos e de felicitação publica. Por ella, se operará no interesse commum, o que aliás ficaria circumscripto á limitada esphera das conveniencias individuaes.

Portugal e o Brazil, que derivam de origem commum as suas mais gloriosas tradições, palpitam com aspirações identicas e não demandam outro norte, senão esse para onde lhes está apontando a consciencia das proprias provações e a sciencia na sua expressão mais sincera.

Sem um systema de publica instrucção que atinja a verdadeira altura da respectiva destinação social, infructiferos serão quaesquer esforços com que se pretenda fazer progredir um paiz na estrada providencial da perfectibilidade.

Entre nós, portuguezes e brazileiros, se confesse com amor e franqueza de irmãos, que, nem áquem, nem além mar se possue ainda educação nacional organisada segundo as mais recentes revelações da sciencia, e conforme as nossas peculiares necessidades e conveniencias. E com a mesma franqueza concordaremos em que ambas as nossas legislações respectivas, se acham mui longe não só da sua importancia, mas das exigencias imperiosas da posição politica, de qualquer dos dois paizes.

Portugal, abraçado com a industria agricola e fabril e empenhado nos melhoramentos materiaes, vae construindo de boa fé, sem attentar seriamente para a solidez dos alicerces. Quando mais arrojada se lhe estiver affigurando a projecção que delineou, mais proxima da sua ruina lhe andará a grandeza da edificação. O desenvolvimento publico, que espera do plano de reformas que traçou, será quasi uma chimera, em quanto não disposer rasgada e francamente os caminhos da illustração popular. Pouco lhe amadurecerá o futuro, em quanto não emendar os erros que lhe legóu o passado, fazendo caminhar juntos os interesses intellectuaes com os materiaes do paiz.

O Brazil, na força da sua adolescencia como nação, entrevê largos horisontes de prosperidade e riqueza publica; mas, para que o seu influxo no continente meridional da America, seja tal como lhe cumpre, é-lhe mister partir do mesmo principio de engrandecimento intellectual e não hesitar perante a amplidão do commettimento.

Eis as nossas posições, a nosso ver, definidas

Portugal, pela sua situação geographica, pela importancia das suas condições historicas, deve assumir o logar que lhe compete na communhão européa.

O Brazil, pela vastidão do seu territorio, pelo vigor de todos os seus recursos, tende a elevar-se ao grau de influencia politica, de que só o fará participar o seu desenvolvimento intellectual.

O primeiro, não obterá a prosperidade publica, sem basear na educação nacional os seus esforços. O segundo, não aproveitará convenientemente os seus inexauriveis recursos, sem elevar a massa nacional ao nivel a que lhe não é licito ficar inferior.

Que nos propomos nós, com a presente publicação?

Em duas palavras o diremos. Pesar na balança do senso commum e á luz da sciencia actual, o que existe, bom ou mau, optimo ou pessimo nas duas legislações; inquirir o que falta e devia existir; examinar com a mesma consciencia o que se faz, e o que se tem feito nos paizes onde mais adiantada se acha a organisação da instrucção publica, considerada quer administrativamente, quer nos seus pormenores pedagogicos e didacticos. Da meditada confrontação de tão diversos elementos, irmos propondo o que em boa razão se não póde deixar de propôr, para o aperfeiçoamento, ou antes radical reforma da instrucção publica, em cada um dos dois paizes.

A tarefa, não é facil. Supprirá, porém, a boa vontade, se, como esperemos, os especialistas e os sabios d'um e d'outro paiz, a quem muitas vezes havemos de recorrer, repartirem comnosco do fructo das suas observações e dos seus estudos.

Considerando que o agrado nascido da amenidade, é para o gosto da maioria uma innocente seducção, e que em favor do santo fim que demandamos, nenhum meio se deveria despresar, quanto mais a formosa litteratura, procuraremos desenfadar algumas vezes com ella o cansaço dos estudos sérios, mesmo a fim de crear para estes maior numero de sectarios. O exemplo não é novo, temol-o nos jornaes especiaes de todas as linguas; temol-o na França principalmente.

PREAMBULO.

Assim como a imprensa matou com o livro a architectura monumental, segundo a phrase de um poeta philolopho, assim tambem ella propria, a imprensa, com o periodico matou o livro. Tudo isto devia ser. O monumento não se diffundia como o livro; era mais dispendioso; mais destructivel; só apresentava em cifra vaga, obscura, mal accessivel ás multidões, algum dos factos, cujo conhecimento importava se generalisasse com toda a possivel integridade.

O livro á sua parte apresentava outras desconve-

Figura 1 – Capa da *Revista da Instrução Pública para Portugal e Brasil* (1857)
Disponível em: http://purl.pt/31471/3/html/index.html#/1

Como se observa na Figura 1, a revista visava a um programa de reforma na instrução.

Totalizando oito periódicos, sendo seis datados de 1857 e dois do ano de 1858, e apresentando 96 páginas, a revista, escrita por Castilho e Filippe Leite, apresentava reformas oficiais para a instrução pública, atividades das comissões referentes ao método português e reformas propostas por Castilho, além de inúmeras matérias. Trazia trambém assuntos relacionados à instrução em Portugal, no Brasil e em outros países, pontuando as necessidades de mudanças e cobrando avanços em determinadas áreas.

A revista se destinava aos dois países, visto que Portugal "não obterá a prosperidade pública sem basear na educação nacional os seus esforços" (ibid., p.1), enquanto o Brasil "não aproveitará convenientemente os seus inexauríveis recursos sem elevar a massa nacional ao nível a que lhe não é lícito ficar inferior" (ibid.). A publicação também contava com muitos detalhes sobre questões de ensino, teatro, educação para surdos e mudos e abordava assuntos sobre as bibliotecas públicas, museus e academias de arte. Vista por esse ângulo, pode-se afirmar que Castilho tentou trabalhar com diversificadas informações em seu periódico, buscando, assim, um maior público leitor e uma civilização dos costumes e valores letrados.

A única política atualmente possível, não só para a Europa, mas para a América, e para todos os povos livres, é a da luz para todos; é a da civilização universal. A opinião popular educada é a mais segura felicitação pública. Por ela, se operará [sic] no interesse comum o que aliás ficaria circunscrito à limitada esfera das conveniências individuais. (ibid.)

Castilho e Leite (ibid.) registraram na *Revista da Instrução Pública para Portugal e Brasil* a historicidade do livro diante do processo de democratização do acesso aos saberes possibilitado pela difusão de publicações alternativas como as revistas, que transitavam entre o jornal e o livro, destacando a sua revista em meio a tantas e tão diversas publicações periódicas, em virtude da "carência de um jornal didático, mas didático no sentido das principais exigências do século, que participasse do livro pelo ponderoso e reflexivo, e ainda um pouco pela extensão no expor e sustentar as doutrinas" (ibid., p.3).

A partir do contorno dessas fontes de pesquisa, torna-se imprescindível o diálogo com El Far (2006), na tentativa de despender esforços para descobrir arquivos e acervos que possam trazer à tona informações sobre a entrada de livros no período imperial brasileiro, incluindo dados referentes à produção, disseminação e recepção das obras do português Castilho.

Ao travar interlocução com os homens de imprensa, Castilho revela a pretensão de se apropriar da opinião pública, apresentando ele mesmo sua obra como se de um ato civilizatório se tratasse. Sugerindo aos jornalistas que persuadissem o povo a apreciar seu trabalho, Castilho demonstra seus interesses editoriais, bem como o sonho de posteridade prematura [...]. Tratava-se, isso sim, de fazer repercutir um modelo alternativo e posto como infalível para edificar os alicerces de uma nova escola, ainda que para um velho país... (Boto, 2012, p.55).

Dessa forma, o presente trabalho versa sobre a análise de livros de leitura elementar e de um manual de ensino de leitura produzidos por Castilho em um contexto globalizante da literatura escolar para além da concepção de manuais como "produto cultural elaborado, fabricado, comercializado, consumido em um contexto dado" (Choppin, 2002, p.17).

A leitura tem sido inventariada em seus objetos, usos e representações, devendo perpassar, segundo Chartier e Hébrard (1995), a leitura dos outros, dos não letrados, dos que deixaram de ser iletrados, não devendo se restringir aos ambientes mais cultos, onde todos exercitam a crítica, separando nesse momento as representações, tradutoras da experiência vivida ou suposta, dos discursos que enunciam a prescrição ou precaução.

Como a análise da vida e obra de Castilho acerca do processo de produção e circulação de seu método perpassa a leitura de outros sujeitos, tornam-se imprescindíveis o cruzamento de fontes e um distanciamento do discurso que enuncia a prescrição ou precaução. Entende-se que a "história do livro, da leitura e das bibliotecas no Brasil tem se mostrado um campo fértil de investigação pela possibilidade de compreendermos as formas de apropriação e a representação das diferentes modalidades do lido e do escrito, em tempo e espaços diversos" (Castro; Velázquez Castellanos, 2015, p.255).

Nesse sentido, insere-se a biografia escrita por Júlio de Castilho, cuja narrativa é envolta em sentimentos e admiração pelas pelejas de seu pai, António Feliciano de Castilho, a qual é analisada a partir do cruzamento com outras fontes, para fugir do perigo de aceitar sem interrogar seus modos de reconhecimento e de veridicidade.

Ao abordar a trajetória de Castilho, a historiografia da educação em Portugal, por vezes, assume o discurso da própria fonte. Em alguns casos, retoma-se o teor argumentativo da vertente crítica expressa na Geração de 70. Com sede explícita de posteridade, Castilho é perigoso... Há sempre ardis na construção de seu texto tendentes a pontuá-lo e à sua biografia como o apóstolo da instrução renovada e renovadora. (Boto, 2012, p.56)

Júlio de Castilho apresentou o caminho de seu pai na biografia *Memórias de Castilho*, acrescentando aos seus escritos as vivências que se eternizaram em sua memória e conversações dos parentes e amigos do português, além de vasculhar manuscritos inéditos do autor, jornais, "obituários, dos boletins de navios entrados, dos noticiários [...] e o cartório da irmã do poeta, a qual, por ser primogênita, guardara os papéis da família" (Castilho, A., 1942, p.250).

A partir da leitura de Bloch (2001), foi possível problematizar a análise dos documentos, observando a importância de se buscar vestígios e os selecionar de forma criteriosa, com o intuito de ser imparcial para não fazer julgamentos de valor ao analisar, o que implica, portanto, não aceitar cegamente todos os testemunhos históricos, sempre questionando e recorrendo a outras fontes. A biografia de Castilho será analisada sem "perder de vista o caráter fragmentário, descontínuo, quase inapreensível da 'vida' de um personagem" (Gonçalves, 2013, p.213).

À primeira vista, o gênero biográfico sugeriria algo da velha forma de se fazer história política, com sua ênfase na personagem que, distanciada do contexto mais amplo, movida por traços particulares e puramente individuais, ostentaria a marca do heroísmo, tão caro a uma tradição historiográfica hoje praticamente superada.

Porém, a tentativa de encarnar, de dar um "'rosto" à história, de realçar a posição dos sujeitos, compreende, pelo menos nos casos mais bem-sucedidos, acatar a sugestão feita por Jacques Le Goff, em sua biografia de São Luís, de que, melhor do que qualquer outro objeto, uma personagem cristaliza em torno de si, de forma mais acabada, o conjunto de seu meio. (ibid.)

Se de acordo com Júlio de Castilho "nada há inútil no mundo; digo-o e repito-o: todos os documentos servem; o que é preciso é critério, delicadeza, coração, para os estudar e entender" (Castilho, J., 1928 p.251), o envolvimento com tais fontes – apresentando, para além de um herói, o conjunto de seu meio – requer um critério metodológico, delicadeza e ainda coração para engendrar a vida do poeta em seus diferentes contextos, entendendo que "onde fareja carne humana, sabe que ali está sua caça" (Bloch, 2001, p.54).

Metodologia no campo da produção de livros de leitura para o Brasil imperial

Castilho transitou pela leitura primária, limitada, moralizante e utilitária e pela leitura no ensino secundário, permeada de um mundo clássico e literário. Segundo os relatos biográficos de Júlio de Castilho,

estudado com o microscópio aquele período da vida do poeta português, vê-se, no seu íntimo, andar-se preparando o humanista e linguista vernáculo, o douto e abalizado estilista, e o apaixonado utopista do bem, as três feições características deste homem singular. (Castilho, J., 1926, p.295)

Os capítulos deste livro apresentam as quatro características de Castilho destacadas por seu filho: o projeto de método de leitura para a instrução primária, escrito "pelo utopista do bem" (ibid.), sua defesa do purismo português e do vernáculo, a proposta de uma reforma nos padrões da ortografia na instrução secundária e sua defesa pela valorização do "amor próprio, menos enérgico em nós que o amor da pátria e da humanidade" (Castilho; Leite, 1857, p.1). A partir dessas feições, Castilho se tornou um militante na defesa de seus projetos reformistas no ensino da leitura e da ortografia portuguesas.

Já com fama de ditador em matéria de educação – "crê ou morre" era sua tácita insígnia –, Castilho era criticado por haver, no parecer de seus opositores, transformado a escola em um território de experimentações pedagógicas, negando com isso não apenas as tradições da Pedagogia, mas também as próprias tradições nacionais, posto que teria pretendido inclusive alterar os padrões ortográficos da língua portuguesa. (Boto, 2012, p.60)

Castilho era poeta, bacharel em Direito e sócio da Academia Real das Ciências de Lisboa e se lançou na área da instrução pública mesmo sem uma formação que o habilitasse para as discussões pedagógicas, tecendo severas críticas aos modelos de escolas de sua época e atraindo vários opositores.

Seu projeto de ensino de leitura não foi apresentado por um pedagogo, mas por um "utopista do bem" que se deparou com a necessidade de popularizar a leitura a partir das relações estabelecidas com os novos grupos sociais com os quais se defrontou após sua mudança para a Ilha de São Miguel, em 1847, momento em que se assustou devido ao que ele denominou de ignorância e atraso por conta da falta de aprimoramento das práticas agrícolas decorrente da condição de analfabetismo dos insulanos.

Com a criação do *Método Castilho para o ensino rápido e aprazível do ler impresso, manuscrito, e numeração e do escrever*[6] e de obras

---

6 Nas *Obras completas* de António Feliciano de Castilho, volume 61, são descritas as diferentes edições do método português com suas nomenclaturas e anos de publicação. A primeira edição, datada de 1850, era denominada *Leitura repentina: método para em poucas lições se ensinar a ler com recreação de mestres*

como *A instrução pela felicidade*, Castilho buscou romper com um ensino por ele denominado velho e criou uma escola metódica[7] na qual, em sua fala, a imobilidade, a punição, o enfado, o cansaço, a espera e a demora não lograriam espaço. A busca por essa ruptura resultou da leitura de clássicos acerca da educação da infância, pois, "na sua alma, poética antes de mais nada, referviam as palavras de Jacotot, Jullien de Paris, Froebel, Pestalozzi, Berquin e Rousseau" (Castilho, 1858, p.22).

Apesar de não ter sido referência na biografia de Castilho, torna-se imprescindível mencionar a percepção da identidade da criança em Jan Amos Comenius (1592-1670), quase cem anos antes de Rousseau. Comenius era um "tcheco que falava quatro idiomas e viajava por toda a Europa" e, como inovador, representou "um movimento reformista e modernista no pensamento educacional" (Hamilton, 2001, p.46). Sendo considerado um dos primeiros pensadores a fazer uma sistemática defesa da escola como instituição universal e pública e a propor a adaptação dos conteúdos e materiais didáticos à idade infantil, Comenius é marcante na formação da noção de infância por reconhecer a criança como um sujeito dotado de sentido em si mesmo, merecedor de atenção e cuidado, ao contrário da concepção vigente em sua época, cujo entendimento era de um adulto infantilizado.

---

 e discípulos, *aprovado pelo Conselho Superior de Instrução Pública do Reino para uso das escolas nacionais e ilustrado com numerosas gravuras*. A segunda edição, de 1853, teve como nome *Método Castilho para o ensino rápido e aprazível do ler impresso, manuscrito, e numeração e do escrever; obra tão própria para as escolas como para uso das famílias*. A terceira edição, também de 1853, intitulou-se *Método português-Castilho para o ensino do ler e escrever*. A quarta e a quinta edições são denominadas *Método português-Castilho para o ensino rápido e aprazível do ler, escrever e bem falar*: a primeira data de 1857 e a segunda, de 1909. A quinta edição possui o mesmo título. Nesta pesquisa será utilizada a segunda edição do método, digitalizada e disponibilizada em: https://purl.pt/185 (acesso em: 17 março. 2023).
7 Na carta enviada a d. Luís, em 17 de março de 1863, Castilho chama de "escola metódica" aquelas que adotam seu método. "A pontuação, de que nunca se fizer o devido caso nos institutos da puerícia, foi tida em grande conta nas escolas metódicas" (Castelo-Branco, 1975, p.340).

O princípio ativo da educação já se encontrava, no século XVII, nas formulações de Comenius, cujo propósito era o de adaptar conteúdos e materiais adequados para a idade infantil: "dessa forma, sem nenhuma dificuldade, as crianças podem se exercitar para uma vida ativa, pois sua própria natureza as estimula a agir" (Comenius, 2011, p.61). Em Comenius, o amor à escola deveria ser estimulado a partir da distribuição de materiais atrativos como livros e penas, com o objetivo de que a doce brincadeira substituísse a concepção de ensino baseada em trabalho penoso.

Ciente de que o processo de escolarização moderna não foi linear nem evolucionário, observa-se que

> ideias desordenadas combinaram-se, extraídas que foram de diferentes sistemas complexos. A justaposição e interação dessas ideias gerou novas premissas e práticas. E a relevância dessa nova constelação de ideias e práticas – a sopa primordial da escolaridade moderna – foi contemporaneamente reconhecida e divulgada por inovadores europeus e norte-americanos, entre eles Hoole e Comenius. (Hamilton, 2001, p.70)

Nesse sentido, serão apresentadas as premissas metodológicas e práticas nesse cenário de "sopa" de disciplinas e métodos que circulavam na escolarização moderna portuguesa e brasileira. António de Castilho propôs um ensino fundamentado em uma nova metodologia que, para ele, haveria de "dançar sobre o terreno das escolas-açougues arrasadas, como os Parisienses do fim do século passado dançavam na área da Bastilha" (Castelo-Branco, 1975, p.217). Pensando com Nóvoa (1993) que não se trata de "reconstruir as ideias dos pensadores do passado, mas antes de as interrogar a partir de um diálogo com o presente e de compreender as funções que desempenharam como linguagens de poder" (ibid., p.XXXIV), urge entender essa nova proposição por Castilho e sua relação com o velho, com a tradição.

Nesse momento em que disciplina e didática adquiriram uma preocupação conjunta no estabelecimento da ordem e na promoção do método, observa-se que o debate referente à disciplina e aos métodos de ensino se tornou relevante tanto para "a emergência da escolarização moderna quanto [...] para o surgimento do 'Estado' secular soberano como estrutura dominante na sociedade" (Collins, 1989, p.7 *apud* Hamilton, 2001, p.57). Castilho se insere como reformador na instrução portuguesa por vislumbrar um método de leitura dentre uma de suas propostas reformistas.

Esse movimento típico da modernidade, que passa a rejeitar a tradição e a descrever o velho como algo a ser superado, foi problematizado na historiografia da educação brasileira a partir dos estudos de Cordeiro (2002), que aborda a dinâmica entre o reformismo do novo, presente na grande imprensa, e o ensino tradicional, que foi sendo historicamente ressignificado por tal reformismo como perverso e fundado na violência.

As análises da escola aparecem delimitadas ou orientadas por duas perspectivas básicas: uma, mais costumeira, predominante, que toma o tradicional no sentido de algo negativo, a ser combatido e superado. Outra, que apenas recentemente se insinua, que aponta certas virtudes da tradição e que procura, de certa maneira, ressalvar aquilo que a educação e o ensino ditos tradicionais tinham ou pudessem ter de bom. (ibid., p.15)

Esses termos contraditórios circularam na instrução primária imperial brasileira, e como "o uso das noções de *novo* e de *tradicional* na educação é um problema que se expressa no plano do *discurso sobre* a educação, torna-se necessário pensar em como operar a análise utilizada nesse discurso" (ibid., p.18).

Em qualquer situação de conflito nos campos de conhecimento, os defensores de mudanças tendem a criticar os atuais ocupantes das posições de prestígio, colocando-se como portadores de concepções novas, modernas, sempre associando a novidade a aspectos positivos e a tradição, aos aspectos negativos. (ibid., p.26)

Castilho pretendia se tornar "o arauto da causa da instrução em língua portuguesa, demarcando suas distinções e revelando inúmeras estratégias de ensino supostamente imprescindíveis para o êxito de seu método" (Boto, 2012, p.55) e defendeu o projeto de derramamento de luzes sobre as crianças pela via da instrução pública, sugerindo e militando por reformas, elaboração e difusão de impressos e legislações que possibilitassem um funcionamento eficiente das escolas e ministração de cursos, entre outras iniciativas.

Uma ação pontual exemplificando essa jornada pedagógica foi sua vinda oficial à corte brasileira em 1855, incentivada pelo imperador d. Pedro II do Brasil, para falar acerca do seu método de ensino da leitura e da escrita para representantes de diversas províncias brasileiras. Tal método se inseria em uma proposta e escola moderna, caracterizada em suas funções disciplinadora, modeladora, normatizadora e "reguladora da cultura letrada" (ibid., p.50).

A presença do português António de Castilho no império brasileiro para apresentação de seu método de ensino simultâneo de leitura passou por momentos de rejeição nacional, inclusive com o cancelamento de seu curso, suscitando, assim, diversas perguntas. Qual era a matriz pedagógica do método português e qual foi sua forma de apropriação no cenário brasileiro? Quais motivos levaram à rejeição do método de Castilho e ao cancelamento de seu curso na corte brasileira? Quais eram os posicionamentos pedagógicos do método de António de Castilho e quem era o professor que, ao defender o método Jacotot, estabeleceu diversos debates com o português no transcorrer de seu curso?

Inserindo esse debate em um contexto de lutas de representações, observa-se que tais sujeitos pertencentes aos grupos no poder da instrução pública oitocentista ficaram divididos quanto à recusa ou aceitação do projeto reformista de Castilho, tornando central o seguinte questionamento: quais representações estavam presentes na recusa ou aceitação do projeto reformista para a instrução primária e secundária proposto pelo português António Feliciano de Castilho?

Esse embate foi localizado no conteúdo da carta[8] enviada por Castilho à sua mulher no período em que esteve no Brasil. A descrição feita por ele demonstrou seu desânimo com relação aos frequentadores do seu curso, caracterizados como nacionalistas que recusaram qualquer experimentação alegando estarem utilizando um método propriamente brasileiro, o qual, para Castilho, tratava-se de apropriação das bases do método do francês Joseph Jacotot (1770-1840) e de um "plágio" das lições do português António de Araújo Travassos.

Em um contexto de internacionalização de ideias pedagógicas, Castilho atribuiu ao exacerbado nacionalismo a rejeição de sua proposta pedagógica; sua postura foi contraditória ao falar sobre a "estropiação" da obra do francês Jacotot pelos brasileiros. Como os "indolentes" brasileiros seriam nacionalistas exacerbados ao produzirem uma obra "estropiada" de uma matriz francesa de Jacotot e ainda da obra do português Travassos?

A matriz francesa adentrou a cultura escolar no Brasil no final do século XIX, e, por meio do registro historiográfico acerca de nosso sistema escolar público e elementar, construído à semelhança do sistema francês, o trabalho de Vidal (2005) alerta para as contribuições da nova historiografia da educação, nacional e internacional, que "presta atenção nas diferenças entre eles", trazendo à "tona também as especificidades e dessemelhanças de cada um deles" (ibid., p.XVI-XVII). Pode-se inserir, nessas diferenças entre os sistemas, o discurso do português Castilho buscando lograr espaço na instrução pública primária e secundária em solo brasileiro.

As informações sobre a vida do professor Costa Azevedo necessitam ser analisadas como as representações e os sentidos que

---

8 Tal carta foi localizada na obra *Correspondência pedagógica* (1975), compilada por Fernando Castelo-Branco, que inclui inúmeras outras cartas destinadas aos jornais, governantes, escolas e diretores, entre outros. Nessa obra, estão presentes variadas cartas de Castilho enviadas à sua esposa, Ana Carlota Xavier Vidal, apresentando uma longa série de meigas cartas-diários intimistas contendo relatos do seu cotidiano e suas impressões acerca da viagem ao Brasil, em 1855.

as diferentes comunidades deram às suas ações, indo além de suas produções, materializadas em suas lições. Várias são as perguntas sobre esse autor e sua obra brasileira, que, embora descrita por António de Castilho como desconhecida nacionalmente, estava anunciada como método de ensino apropriado pelo professor primário da princesa Isabel (Calmon, 1941). Quem era esse autor? O que há sobre seu método e a possível apropriação feita do trabalho do francês Joseph Jacotot? Quais fontes trazem visibilidade e circulação a essa publicação no Brasil oitocentista? Quais permanências e rupturas seu trabalho demonstra quando comparado ao do francês Jacotot e ao do português Travassos?

Esta pesquisa apresenta, assim, um caráter qualitativo do tipo documental e/ou bibliográfico, sendo realizada a partir de um levantamento dos livros e de outros materiais já produzidos acerca da vida e obra do poeta António Feliciano de Castilho e dos desdobramentos de suas ações em Portugal e no Brasil, as quais, de certa forma, trouxeram visibilidade à circulação da filosofia do francês Joseph Jacotot em solo nacional.

Para Roger Chartier (1990), o objetivo da história que transcende o caráter pragmático e utilitário do documento, a história cultural, é identificar o modo como, em diferentes lugares e momentos, determinada realidade social é construída, pensada e dada a ler. No levantamento dessa realidade, inúmeros são os questionamentos sobre os 589 sujeitos[9] que participaram do curso de Castilho, suas impressões e seus posicionamentos pedagógicos, sendo necessário analisar os rastros de algumas dessas pessoas. É o caso de Costa

---

9 "Tudo se fez; e logo na quinta-feira 22 de março desse ano memorável de 1855, convidada a Imprensa da Capital, era inaugurado com a primeira preleção de Castilho o Curso Normal, na sala grande dos atos da Escola Militar, prosseguindo nas segundas-feiras, quartas, e sextas, das 4 às 6 da tarde. Eram quinhentos e oitenta e nove os matriculados, e entre eles apareceram Delegados oficiais de algumas Províncias, tais como o Piauí, as Alagoas e a Bahia, cujo comissionado era muito distinto e inteligente, Filippe José Alberto" (Castilho, J., 1902, p.243).

Azevedo e Valdetaro, que fizeram António de Castilho "perder a cabeça em duas lições" (Castelo-Branco, 1975).

A localização dessas cartas contendo desabafos de Castilho acerca da resistência que encontrou em solo brasileiro remete aos caminhos do fazer historiográfico, em que

> a experiência mostra que é mais pela leitura das notas de rodapé de um artigo, de um livro ou de uma tese, ou ainda em meio a uma discussão ou troca de e-mail com alguma colega, que passamos a conhecer a existência de trabalhos ou publicações que podem nos interessar. (Choppin, 2004, p.551)

O registro historiográfico referente à instrução é permeado de buscas em contatos informais, em trabalhos historiográficos alheios, em materiais digitalizados e divulgados, ou ainda em terrenos não descobertos, como demonstrou a obra *Correspondência pedagógica* (1975), parte de uma das coleções publicadas pelo Centro de Investigação Pedagógica do Instituto Gulbenkian de Ciência de Lisboa, referindo-se a

> uma literatura "pedagógica", destinada explicitamente aos profissionais da escola e que emprega os suportes mais variados: são coleções publicadas por editores clássicos, revistas especializadas de grande divulgação, boletins ou circulares originados em associações de professores, manuais escolares com prefácios que enunciam suas intenções etc. (Chartier; Hébrard, 1995, p.251)

Para ir além da história do pensamento e proceder à análise das representações encarnadas a partir dos discursos, é imprescindível entender a reforma metodológica proposta por Castilho e seus desdobramentos no Brasil, sob o prisma de uma situação concreta, de suas condições de existência e de sua correlação com outros enunciados, como a motivação do autor para atuar na área pedagógica. Tal motivação deve ser analisada a partir das relações estabelecidas por Castilho com os novos grupos sociais com que se deparou após sua mudança para a Ilha de São Miguel, em 1847, no momento em que esboçou impressos sobre alfabetização e aprimoramento da instrução pública e das práticas agrícolas.

Esta pesquisa vislumbra, portanto, destacar o autor a partir de vínculos entre a obra e suas condições de produção e circulação, com base em categorias como valor comercial, constituição de direitos autorais, conflitos com outros posicionamentos de autores e editores, além de inúmeras tensões, acordos, discriminações e satisfações.

Visando ir além das ideias propostas por Castilho na instrução primária, com o ensino da leitura, e na instrução secundária, com o mergulho no mundo clássico greco-romano, torna-se latente a necessidade de considerar suas articulações, seus discursos e suas estratégias de persuasão diante dos posicionamentos contrários que recebeu de seus oponentes nesse cenário de lutas de representações.

No caso do embate entre o português António de Castilho e os brasileiros José da Costa Azevedo e Francisco Crispiniano Valdetaro, é necessário pesquisar, por exemplo, as motivações que os levaram a buscar a circulação de suas ideias na forma de impressos. Além de vantagens financeiras, havia relações de poder em um momento em que praticamente inexistia o espaço de formação de professores, oportunidade importante para se escrever uma obra que poderia ser usada como manual na prática desses profissionais.

A disputa por espaço na circulação de métodos de ensino entre Castilho e Costa Azevedo exemplifica embates que foram construídos anteriormente ao processo de edição, impressão e circulação dos manuais, compêndios e livros. Trata-se dos embates não restritos ao campo do fazer e produzir materiais, do pragmático e utilitário material; antes, é a defesa de um ideal por parte de autores de diferentes lugares e momentos, pensando em métodos e modos a serem adotados, ligados, portanto, ao campo das apropriações que articulam a compreensão das relações entre práticas e representações.

A análise desse embate em uma perspectiva histórica visa entender os processos por meio dos quais o texto impresso deixa de ser a única e absoluta fonte de estudo, como se todas as representações (mentalidades, múltiplas configurações e identidade social) estivessem prontas e fossem passíveis de serem lidas. Há uma necessidade latente de construir uma história das proposições, saberes e práticas relativas ao projeto de ensino de leitura de Castilho, adotando, em relação aos seus escritos, uma postura de compreensão dessas práticas, que são complexas, múltiplas e diferenciadas e que constroem o mundo como representação.

Ao traçar um histórico da constituição desse campo da leitura, Roger Chartier (1990) descreveu a ruptura com interesses, normas e modelos de trabalho no campo das Ciências Sociais que tinham como primazia o estudo das conjunturas econômicas e demográficas ou das estruturas sociais na direção de uma epistemologia diferenciada, a partir da inclusão de disciplinas literárias. De acordo com Boto (2012, p.50), "o tema da leitura, do livro e das práticas sociais, que à volta dele se constituíam, parece-nos estratégico para a compreensão do pensamento educacional português durante o período dos 'oitocentos'".

Em um momento em que o "mundo do livro parecia querer ganhar vida própria, e cada vez mais pareciam necessárias estratégias para regrar aquela leitura" (ibid.), tornava-se necessário

> regular a cultura letrada pelo auxílio moralizador reservado à escola, instituição que, ao mesmo tempo, disciplina, modela e normatiza a ação das letras. A multiplicação do impresso ampliava o público leitor. O gesto de leitura, extensivo a novos grupos sociais, criava novas sociabilidades. (ibid.)

A recusa ao método Castilho, associada à apropriação, em solo brasileiro, da concepção filosófica de matriz francesa de Joseph Jacotot no campo do ensino da leitura em língua materna, percorreu um caminho metodológico de incursão na história das disciplinas escolares, notadamente do ler e escrever na instrução primária, e na discussão das disciplinas de língua e ortografia brasileiras na instrução secundária, caminhos trilhados a partir da ação do filólogo Castilho.

O trabalho com diferentes fontes históricas para uma escrita referente a disciplinas escolares foi ampliado pela incorporação de novos objetos e territórios, como as "atitudes perante a vida e a morte, as crenças e os comportamentos religiosos, os sistemas de parentesco e as relações familiares, os rituais, as formas de sociabilidade, as modalidades de funcionamento escolar etc." (Chartier, 1990, p.14).

O objeto central desta obra evidencia uma preocupação com os materiais e métodos postos em circulação na escola primária e secundária, com os seus modos de difusão e com sua apropriação e os decorrentes embates em um contexto de representações concorrentes. A análise de inúmeras fontes dentro de uma perspectiva de renovação de seu conceito se deu, nas palavras do autor, de forma audaciosa. Contrastando com o enfoque tradicional da historiografia com base no campo das ideias, em inteligências desencarnadas, essa nova perspectiva histórica se propõe a se debruçar sobre os *habitus* disciplinares, a partir das relações entre a história literária, a epistemologia das ciências e a filosofia.

Hamilton (2001) descreve a forma como o mundo do estudo passou para o mundo da instrução em um momento em que as ideias e práticas relacionadas à escolarização moderna se combinaram de forma desordenada, a partir da subordinação desse processo à ordem, à rotina e ao método. Nesse contexto, o método adquire uma centralidade no processo de ensino perante a educação clássica, com o apoio de suas práticas em manuais. Dessa forma, observa-se uma "virada instrucional" (ibid.) no processo de conhecimento a partir da didatização do ensino e aprendizado consubstanciados pela metodização do conhecimento. Esse era o projeto instrucional de Castilho: engendrar aos conteúdos uma ordenação lógica, gradual e sequencial em uma racionalização metodológica para inserir a criança em um conhecimento permeado pelo método e pela ordem.

A história cultural do social tem como objeto a compreensão das representações do mundo (formas, motivos) encarnadas nas posições e interesses dos atores sociais, posições estas confrontadas e nunca neutras.

Sua perspectiva é a de que os escritos históricos não são nunca abstratos, jamais são lineares. Eles não apenas interpretam as evidências, mas também representam uma resposta a debates contemporâneos. Constituem um diálogo entre o presente e o passado. Assim, a história cultural deve destacar essa dialética. (ibid., p.48)

Assim, a rejeição, em solo brasileiro, às inovações propostas por António de Castilho deve ser analisada sob o prisma do contexto cultural e epistemológico de produção das ideias pedagógicas do autor, que entraram em dissonância com as apropriações que buscavam se impor no Brasil oitocentista. Tratava-se de uma disputa filosófica, política e epistemológica que, para além das disputas dos métodos pedagógicos para o ensino da leitura e da escrita em suas marchas analítica, sintética e mista e dos modos de ensino individual, simultâneo ou mútuo, passava por questões como a constituição da língua nacional e um projeto de instrução na constituição da nação brasileira.

Com base nesse conceito de inteligências encarnadas, é possível analisar os embates pedagógicos do Brasil oitocentista sem se restringir ao plano das ideias, e sim olhando para as representações que, materializadas em diferentes fontes, refletem a posição dos atores sociais.

O que as fontes revelam: apropriações e recusas dos livros de leitura de Castilho no cenário imperial brasileiro

A partir dessas relações no campo social, que geram relações de poder e que permeiam as modalidades do agir e do pensar, torna-se imprescindível entender os laços de interdependência estabelecidos entre os sujeitos em uma perspectiva de longa duração. Para se fixar na instrução brasileira com êxito, António de Castilho precisaria dialogar com o discurso dos representantes das diferentes províncias enviados à corte para assistirem ao seu curso.

Bittencourt (2004) descreve a historicidade da produção de livros didáticos no Brasil situando o movimento de deslocamento da análise das obras no que tange a seus conteúdos, métodos, valores, ideologia e disciplinas, dentre outros elementos, para o olhar voltado para o conjunto de autores e seu papel na produção dessa obra didática.

Desde a virada epistemológica no estudo referente às apropriações de Castilho em solo brasileiro, foram localizadas lutas de representações da parte de sujeitos brasileiros que visavam à construção da pátria emergente e que apresentavam posicionamentos políticos diferentes para o ensino da leitura e da escrita do método português, propagado com o *slogan* de maior eficiência e rapidez para a instrução.

Quanto aos livros didáticos que circularam no Brasil no período do Império, ressaltam-se as dificuldades relatadas por Choppin (2002) acerca da incompletude, dispersão das obras e dificuldade de localização destas, uma vez que "as bibliografias nacionais foram constituídas tardiamente e as obras que subsistem, quase nunca repertoriadas, encontram-se espalhadas nas bibliotecas, geralmente próximas de seu local de produção" (ibid., p.9).

Essa dispersão na catalogação das obras pode ser exemplificada pela busca da obra *Lições de ler*, do professor Costa Azevedo, citada por António de Castilho na carta a sua esposa, que demandou uma longa trajetória de pesquisas em diferentes espaços para sua localização, tendo o mesmo ocorrido com os vários volumes dos *Mapas estatísticos da Escola da Sociedade de Instrução Elementar do Rio de Janeiro*, publicados em 1835, apenas dois dos quais foram encontrados.

Nesta pesquisa, era imprescindível evidenciar a vida e obra do tenente-coronel José da Costa Azevedo, primeiro diretor da Escola Normal de Niterói, considerado pelo presidente da província do Rio de Janeiro, Joaquim José Rodrigues Torres, um cidadão com conhecimentos especiais para dirigir o ensino público e a quem deveria ser entregue a "inspeção e fiscalização de todas as escolas primárias da Província", com o objetivo de "dar-lhes a mais conveniente direção" (Rio de Janeiro, 1835, p.3). Além de exercer as funções de diretor, professor de todas as disciplinas e inspetor, Costa Azevedo atuou na produção de impressos pedagógicos.

O termo "impresso" será utilizado de acordo com a conceituação de Antônio Batista e Ana Maria Galvão (2009), que o diferenciaram dos livros didáticos, apontando historicamente as variações nos meios de reprodução e nas condições de produção, além da diversidade de modos de leitura e utilização. Os autores utilizam a palavra "impresso" para abranger o que existe de comum entre o heterogêneo de textos que circularam na escola, evidenciando o fato de que tais escritos resultaram de um processo de produção historicamente demarcado pela invenção e difusão da imprensa.

Por se tratar de um conjunto de textos que circula ou circulava na escola, de acordo com o processo de sua reprodução, serão nomeados como "impressos" os materiais *Lições de ler* (1832), de Costa Azevedo, e os *Mapas estatísticos da Escola da Sociedade de Instrução Elementar do Rio de Janeiro*, cujo oitavo e nono volumes foram localizados.

Nos *Mapas estatísticos da Escola da Sociedade de Instrução Elementar do Rio de Janeiro*, publicados em 1835, há lições de caligrafia e ortografia que supostamente deveriam subsidiar o trabalho dos discípulos da Escola Normal de Niterói, futuros professores que trabalhariam com as *Lições de ler* (1832). Tal hipótese é levantada pelo detalhamento de explicações do passo a passo para a condução das lições de leitura propostas por Costa Azevedo no seu impresso *Lições de ler*, além de explicações sobre a disciplina necessária do corpo docente e discente e da prestação de contas da Sociedade de Instrução Elementar do Rio de Janeiro.

O impresso de Costa Azevedo de 1832 pode ser considerado uma das primeiras tentativas de se produzir, no Brasil, um material específico para a Escola Normal. Analisando suas condições de produção, nota-se um contexto de tensão e posicionamentos políticos, como foi observado em seus embates com o português António

Feliciano de Castilho, resultando em relações de conflito entre a cultura escolar e outras esferas da produção cultural.

Aspectos ligados ao próprio processo de produção desses textos (serem produzidos para a escola, destinados à escola ou utilizados pela escola) são também fatores que dificultam a conceituação e a apreensão desse gênero de produção intelectual e que evidenciam as estreitas relações do "impresso" escolar com outras esferas da cultura. Estudar esses "impressos" parece ser também estudar, de modo central, as relações – de subordinação, transformação e de tensão – entre a cultura escolar e outras esferas da produção cultural. (Batista; Galvão, 2009, p.49)

Lograr espaço como autor no limitado corpo das publicações dos impressos que circularam nas províncias brasileiras era um ato de preocupação que extrapolava o espaço da escola, porque "a cultura produzida pela escola era, acima de tudo, consolidada mediante tensões, disputas, resistências e lutas de representações" (Boto, 2012, p.262). Costa Azevedo fazia parte de diferentes círculos, como associações de instrução elementar, sendo atuante no campo político.

Se historicamente o livro ficou associado ao aluno, nesse momento a circulação desses impressos produzidos para a escola era restrita ao uso dos professores, no processo de instrução e formação, em um contexto permeado por relações de força entre os diferentes grupos sociais.

Esse material que constrói diferentes modos de articulação com o trabalho de ensino é, por fim, um objeto multifacetado, cujas diferentes dimensões estão relacionadas às condições com base nas quais é construído. Ele é uma mercadoria e, como tal, é dependente das condições materiais, econômicas, técnicas e institucionais em torno das quais se organiza o campo editorial, numa determinada época, no quadro de uma determinada sociedade. (Batista; Galvão, 2009, p.66)

A admiração que Costa Azevedo despertou no presidente da província do Rio de Janeiro por sua atuação na Academia Militar[10] e na direção da Escola Normal possibilitou que ele fosse inserido nessa rede de poder e atuasse como professor e autor de obras pedagógicas, chegando a travar embates com o português António de Castilho, que tinha a admiração de d. Pedro II no Brasil, de quem recebera o convite para ministrar seu curso.

É interessante pontuar com Batista e Galvão (ibid.) que os textos que circularam na instrução oitocentista não se limitavam aos impressos; faziam parte desse *corpus* documental manuscritos como diários de aula de professores, matrizes e cópias de mimeógrafos, mapas, globos, fichas, cartazes, folhetos e cadernos, entre outros.

Várias são as fontes a serem buscadas para um olhar sobre as tensões na instrução oitocentista brasileira que dizem respeito aos métodos de alfabetização. Para responder aos questionamentos elencados, será necessário um levantamento de fontes arquivísticas referentes ao período imperial brasileiro que circularam em materiais das escolas de primeiras letras, como mapas de professores, compêndios, relatórios de inspetores e diretores gerais da instrução pública e fontes jornalísticas, entre outras. Por tratarem de polêmicas envolvendo homens políticos e com visibilidade social, vários veículos jornalísticos, como *A Aurora Fluminense, Correio Mercantil do Rio de Janeiro* e *A Ciência*, publicaram matérias sobre esses autores e suas escolhas entre os métodos de alfabetização.

Para Nóvoa (1993, p.XXXII), a imprensa é o melhor meio para apreender a multiplicidade do campo educativo, pois "revela as múltiplas facetas dos processos educativos, numa perspectiva interna ao sistema de ensino (cursos, programas, currículos etc.)", registrando um conteúdo de caráter único e insubstituível.

---

10 Segundo Nogueira (1938, p.28), Costa Azevedo recebeu da Academia Militar o grau de doutor em Matemática e Ciências Naturais, embora fosse professor de Desenho Descritivo. Como aluno premiado, foi classificado como *primus inter pares*.

Estamos, na maior parte das vezes, perante reflexões muito próximas do acontecimento, que permitem construir uma ligação entre as orientações emanadas do Estado e as práticas efetivas na sala de aula. Apesar da diversidade da imprensa, pode afirmar-se que os escritos jornalísticos se definem pelo seu caráter fugaz e imediato, inscrevendo-se frequentemente numa lógica de reação a realidades ou a ideias, a normas legais ou a situações políticas. (ibid.)

As polêmicas e conflitos que permearam a adoção do método de Castilho em Portugal e no Brasil foram revelados em diferentes páginas da imprensa por uma rede de contemporâneos que, adeptos ou opositores, confirmaram o caráter de permanente regulação coletiva da imprensa. Para Nóvoa (1993), a imprensa tem esse caráter de afirmação em grupo e de permanente regulação coletiva, na medida em que "cada criador está sempre a ser julgado, seja pelo público, seja por outras revistas, seja pelos próprios companheiros de geração" (Clara Rocha, 1981, p.9 *apud* Nóvoa, 1993, p.XXXII).

A imprensa como fonte histórica desempenha uma função imprescindível na "configuração institucional do campo educacional, na afirmação da profissionalidade docente, no debate de ideias pedagógicas ou no desenvolvimento de práticas educativas e escolares" (ibid., p.XXXIII), sendo analisada

a partir de múltiplas perspectivas: o significado que assume na difusão das ideias ao longo dos séculos XIX e XX; a diversidade de objetivos que se cruzam nas suas páginas (informativos, doutrinários, ideológicos, profissionais etc.); o modo como foi utilizada pelos atores educativos, a título individual ou coletivo (instituições oficiais, associações profissionais, sociedades científicas, correntes de opinião etc.), o papel que desempenhou na ligação entre o devir social e as mudanças no campo educativo, num e noutro sentido. (ibid.)

Ao se retirar o véu de preconceitos sobre o que poderia ou não ser utilizado como fonte de pesquisa, a inclusão dos impressos, entre outras fontes, em muito contribuiu para o desenvolvimento da história da educação, dado que, por meio deles, percebeu-se uma variedade de rastros deixados e, a partir de suas análises, emergiu a possibilidade de ampliar saberes sobre o pensamento educacional. Pesquisar esses impressos possibilita, por exemplo, desvelar as disputas políticas por cadeiras no liceu que acarretaram a rejeição a António de Castilho em solo brasileiro.

A organização dos capítulos

A presente obra foi organizada em cinco capítulos, com o intuito de alcançar os objetivos propostos de compreender as matrizes históricas, filosóficas e sociais e o princípio pedagógico do método de ensino da leitura e da escrita do português António Feliciano de Castilho, além de analisar os desdobramentos da ministração de seu curso em solo brasileiro no ano de 1855, que contou com embates e resistências da parte de alguns de seus participantes.

Nesta introdução, podem-se observar os caminhos percorridos durante a investigação, como as motivações iniciais, o contato com o objeto de pesquisa, o recorte temporal, o campo do conhecimento da História da Educação, o argumento que passa pelos labores de Castilho na tentativa de implantar reformas na instrução, a busca por fontes históricas e seus tratamentos e o arcabouço teórico-metodológico.

O primeiro capítulo aborda a infância do poeta português António Feliciano de Castilho, sua doença (que o deixara irreparavelmente cego), a mocidade na Universidade de Coimbra, a filiação política ao liberalismo cartismo, o casamento e a mudança para a Ilha de São Miguel, que culminou na elaboração do seu método de ensino de leitura e na escrita do livro *Felicidade pela agricultura* (1942). Apresenta, ainda, um estudo sobre a vida e as obras do autor, desde a criação de seu método de ensino até o final de sua campanha pedagógica, marcada por uma mistura de momentos felizes e entusiastas e períodos sombrios de desesperança, negações e silenciamentos.

A campanha pedagógica de Castilho aparece-nos assim como um misto de malogros e de resultados felizes; de aspectos justos, fecundos, e de aspectos inaceitáveis, por abstrusos e estéreis; de ideais belos e de atitudes lamentáveis, determinadas por razões de caráter oportunista, que resumam ambição e vaidade, e também por tristes necessidades... E esta atuação tão contraditória é fruto de uma personalidade igualmente contraditória. (Castelo-Branco, 1975, p.32)

O segundo capítulo apresenta as rupturas provocadas por Castilho em seu método de ensino da leitura e da escrita (descrito por ele como novo, fácil e rápido), trazendo visibilidade aos adeptos do método nos territórios português e brasileiro, apesar de não terem sido poucas as oposições em sua caminhada.

O terceiro capítulo se debruça sobre os diversos ataques que António de Castilho recebeu na tentativa de oficializar seu método e angariar adeptos, sendo apresentadas também suas respostas aos que ele considerou "impugnadores do método português", registradas em diferentes fontes. Ao trabalhar as rejeições que o método enfrentou em Portugal e no Brasil, o capítulo mostra o esforço e a vitalidade despendidos por Castilho na escrita de livros, cartas, artigos e notícias jornalísticas respondendo a todos os seus adversários.

Descortinando tal polêmica em solo brasileiro, o capítulo apresenta alguns sujeitos e seus posicionamentos desfavoráveis à adoção do método Castilho em diferentes províncias e nos embates que culminaram no encerramento do seu curso programado para ocorrer na corte brasileira em 1855, lançando luzes sobre o estranhamento entre António de Castilho e seu principal oponente no Brasil oitocentista, José da Costa Azevedo, autor de *Lições de ler* (1832), com citação do francês Joseph Jacotot. Outros motivos de repulsa a Castilho, como posicionamentos pessoais, são apresentados.

O quarto capítulo aborda as tentativas de ruptura entre as marchas dos métodos sintéticos da antiga soletração (silábico e fônico), preservadas por Castilho, e a marcha analítica do ensino da leitura e escrita proposta pelo ensino universal de Jacotot, que defendia o todo da palavra, frase, sentença ou texto. Além das disputas entre as marchas, são apresentados os modos de ensino individual, mútuo e simultâneo e, para além dessa visão, os posicionamentos políticos dos protagonistas dos embates daí resultantes.

Ao apresentar tais embates, o quarto capítulo mostra a proposta de ensino universal de Jacotot em suas permanências e rupturas em relação a António de Castilho e Travassos. No campo político, aborda também as diferenças entre a matriz portuguesa do liberal monárquico e cartista Castilho e a do francês Jacotot, cujos adeptos brasileiros visavam, pela via dos ideais da Revolução Francesa, desmontar uma sociedade estritamente liberal e monárquica.

Em um contexto de confecção, diferenciação e engendramento dessas matrizes na busca por poder no campo da adoção de impressos pela escola oficial, foram localizadas fontes, para além da instrução pública, nos campos da medicina e da homeopatia, com o intuito de entender a filosofia panecástica de Jacotot, traduzida recentemente para o Brasil na obra de Rancière mas explicada e apresentada nos periódicos brasileiros, como *A Ciência*, desde 1848. A referência a Jacotot decorre da exploração de pistas encontradas nas fontes e com interlocutores que se justificam como forma de explicitação da oposição à bandeira reformista de Castilho na instrução brasileira.

O quinto capítulo analisa as questões filológicas defendidas pelos irmãos Castilho, que também foram motivo de muita polêmica em solo brasileiro. Para além das marchas de ensino sintética e analítica no processo de alfabetização, o que se desenhava na internacionalização das ideias pedagógicas ressoava nas concepções políticas, filosóficas e sociais em um momento de construção de uma identidade nacional, em que a questão da língua adquiria centralidade. Dessa forma, o capítulo apresenta a atuação de António Feliciano de Castilho na instrução secundária, a partir de sua defesa do ensino do clássico greco-latino, registrada na obra *Íris clássico* (1860), escrita pelo seu irmão José Feliciano de Castilho Barreto e Noronha. Entrando em cena outro Castilho, José, o capítulo trata das disputas entre os nacionalistas brasileiros e os portugueses, agora no campo da filologia. Ao escrever a obra que circulou em diferentes províncias brasileiras, os irmãos Castilho visavam combater os "alienígenas" e a "invasão da barbárie" dos franceses e de seus galicismos, defendendo veementemente um purismo lusitano e a língua vernácula portuguesa na constituição da língua nacional brasileira.

O capítulo retrata a trajetória dos irmãos Castilho, uma vez que ela revela um aspecto comum: António de Castilho tinha um método de ensinar a ler e, com seu irmão, transitava no ensino da língua para quem já sabia ler. Para ambos, a língua se tornou estratégia para o projeto político imperial e para a instrução, tanto na escola elementar quanto na escola secundária. O quinto capítulo destaca o principal responsável pela cisão que culminou na polêmica Questão Coimbrã, António de Castilho, que desde seus poemas da mocidade evocava esse universo clássico, posicionando-se como o "retemperador" da língua clássica portuguesa.

Dessa forma, por *terras* brasileira e portuguesa, por *bosques* e campos que levaram à construção de seu método de ensino e de obras para ensino do ofício da agricultura, por *ares* em que ressoaram as vozes de um poeta cego português que tentou veementemente propagandear suas reformas e o que a modernidade traria de novo, rejeitando o que considerou velho nas escolas enfadonhas e tristonhas, e ainda por *mares* que, em suas ondas, melodiaram suas idas e vindas, este livro esboça a vida do poeta António Feliciano de Castilho, em seus encontros e desencontros.

1
NUANCES DO POETA ANTÓNIO FELICIANO DE CASTILHO NA AGRICULTURA E NA INSTRUÇÃO

> *"O perseverante Castilho, tateando no escuro, só e desajudado, foi seguindo..."* (Castilho, J., 1897, p.33)

António Feliciano de Castilho nasceu em 26 de janeiro de 1800,[1] na Rua da Torre de S. Roque (hoje Rua São Pedro de Alcântara), em Lisboa, e era o segundo filho e primeiro varão de Domitília Máxima da Silva e do médico José Feliciano de Castilho, que trabalhou no serviço da corte como inspetor de hospitais e lente de prima da Universidade de Coimbra.

Foi um poeta português que se lançou na instrução pública mesmo sem uma formação que o habilitasse para as discussões na área pedagógica, já que era bacharel em Direito. Porém, a partir de sua experiência com o ensino dos moradores da Ilha de São Miguel, teceu severas críticas aos modelos de escola de sua época, atraindo vários opositores.

---

1 Apesar de haver controvérsias sobre a data de nascimento de António Feliciano de Castilho, adotamos a apresentada nas *Memórias de Castilho*, escrita por seu filho Júlio de Castilho (Castilho, J., 1926, p.5).

A revista *Brasil-Portugal* (1899-1914)[2] publicou, no ano de 1902, uma edição comemorativa do centenário de António de Castilho, contendo uma série de notas e matérias descrevendo sua vida e obras.

> Se António Feliciano não tinha os agrados da beleza física, que mesmo no homem nos atraem e prendem, tinha o encanto, a sedução do espírito – era um conversador admirável; e digo conversador, porque sabia falar e sabia ouvir. A todos escutava atentamente, com uma cortesia e polidez fidalgas, herdadas de tempos menos democráticos que o nosso. (d'Aça, 1900, p.9)

A infância, a adolescência, o ingresso na Universidade de Coimbra, a entrada no mundo da poesia e a constituição de Castilho nas áreas da agricultura e instrução pública são apresentadas neste capítulo em tópicos.

1.1 A infância de António Feliciano de Castilho

Segundo a obra *Memórias de Castilho* (Castilho, J., 1926), a infância do poeta português foi "rosada, dourada, chilreada, alegríssima, como quase todas as auroras", e isso porque o "pai adorava-o; a

---

2 "Publicou-se em Lisboa, quinzenalmente, entre 1º de fevereiro de 1899 e 16 de agosto de 1914, com a conflagração da primeira Grande Guerra. Totalizou 374 números. No momento do seu lançamento, a revista afirmou-se como um produto dirigido às elites, especialmente as da comunidade portuguesa no Brasil e das colônias, que procura conquistar através [sic] de textos de temática diversa – história, literatura, arte, etnografia, sociologia, religião, sociedade etc., de boa qualidade e ainda melhor ilustrados. A *Brasil-Portugal* é um autêntico álbum de memórias visuais, o que só por si [sic] é garantia do seu potencial interesse enquanto fonte de informação" (Correia, 2009). A revista foi localizada na seção de obras raras da Biblioteca Municipal de Maceió e, até o momento da finalização da pesquisa (janeiro de 2016), encontrava-se sem catalogação. Disponível em: http://hemerotecadigital.cm-lisboa.pt/OBRAS/BrasilPortugal/BP2.htm. Acesso em: 15 maio 2016.

MÉTODOS DE ENSINO DE LEITURA NO IMPÉRIO BRASILEIRO 51

mãe revia-se nele; os irmãozinhos, todos mais novos, menos a irmã, contribuíam com ele para alegrar a casa, o mais do tempo deserta do chefe da família; esse andava, como disse, nas excursões oficiais fadigosíssimas pelo Reino" (ibid., p.32). Essa ausência do pai, José de Castilho, se deu por conta de sua atuação como missionário do bem, uma vez que

> saía de Coimbra no intervalo das suas obrigações universitárias e ia às aldeias conferenciar com os poderosos, os párocos, os ricos; a sua palavra amena e enérgica, a sua posição oficial, a sua influência, o seu reconhecido saber, e até provavelmente a magnetização que os seus olhos exerciam (no dizer dos que o conheceram) operavam milagres, e o benefício lavrava. (ibid., p.96)

A biografia de Castilho narra seu tombo dos braços de uma criada em uma escada de pedra, que "partiu o osso osterno [sic], que se lhe conservou para sempre defeituoso" (ibid., p.34).

Pálido, descarnado, abatido, pareceu que poucos passos mediria do berço à sepultura. Uma noite acorda sufocado; golfa sangue em torrentes; sobressalta-se a casa; acredita-se que já não tornará a amanhecer-lhe; acodem médicos; resolve-se, como último e único regresso, fuga precipitada para o campo. (ibid., p.32)

O homem poeta, que a todos escutava, foi uma criança com dificuldades de saúde, incluindo sérios sintomas de tísica, e no inverno de 1806-1807 foi vítima de violento contágio de sarampo, o que o deixou irreparavelmente cego.

Na seca a traiçoeira doença recolheu-se-lhe, rebentando-lhe pelo rosto, pela testa, e especialmente pelos olhos. Foi terrível a batalha. O pai invocou os primeiros mestres da ciência; a mãe implorou o céu; tudo debalde! As bolhas que rebentaram nos lindos olhos azuis do pobre filho deixaram, ao secar, as córneas completamente obstruídas e engrossadas de cicatrizes, que interceptaram a passagem da luz. (ibid., p.52)

Na revista, há um desabafo de António de Castilho acerca dessa lamentável situação.

> De repente outra doença, mais terrível que a primeira, a menos esconjurável do que ela, não paga com martirizar-me, não contente de balançar-me por um fio largos meses entre a vida e a morte, me atira vivo para um sepulcro! Eu respirava; mas os belos olhos, idólatras das flores e de Amália, e vanglória de minha mãe, não sabiam se havia ainda no céu o sol de Deus! É impossível recordar-me desse prazo, prazo de não sei quantas eternidades, sem que ainda agora o coração se me confranja. (d'Aça, 1900, p.6)

Castilho foi uma criança enlaçada em carinho e cuidado de toda a família, registrando em especial a companhia do irmão Augusto, que seria duradoura até o final de sua vida.

> O meu sétimo ano parecia não dever completar-se; as lágrimas maternas, e muitas outras caíam abundantes sobre mim; e uma pobre criancinha, que só por instinto podia adivinhar o que era ser irmão, o que era ser amigo, e o que fosse morrer, não só chorava como os outros (contam-no quantos então admiraram aquela criança sublima), mas cercava-me de afagos, de carícias, de desvelos quase maternos; renunciava aos seus passatempos para estar comigo; oferecia-me alternativamente todos os brinquedos do seu tesouro infantil; velava o meu sono; e ao movimento, e à luz, antepunha a escuridão, o silêncio, a clausura, em que podia estar comigo. (Castilho, J., 1926, p.55)

A imagem de Castilho tateando no escuro e sem ajuda, descrita na obra *Memórias de Castilho*, certamente não corresponde ao apoio obtido de sua família em sua trajetória acadêmica, política e poética. Seu irmão Augusto foi seu companheiro da infância e de todas as fases de sua vida. As primeiras experiências de Castilho com a escola do mestre Eusebio foram registradas como momentos de horror, sendo este espaço caracterizado como gaiola escolar por suas tiranias, em um calvário de iniquidades.

Mestre Eusebio era, como a maior parte dos pedagogos do seu tempo, continuados infelizmente nos nossos dias, acérrimo sectário da mais feroz pedagogia [...] era dogmático e decisivo na questão: a origem das ideias era a palmatória. Tal era o princípio simplicíssimo donde mestre Eusebio, tão avaro de teorias como munificente em palmatoadas, menos transcendente que Pestalozzi e Feuerbach, deriva ao mesmo tempo a educação e a filosofia. (ibid., p.48)

Apesar de nessa altura já saber ler e escrever, Castilho não conseguiu exercitar a leitura e escrita, devido à cegueira, porém não foi impedido de interagir com o mundo repleto de poesia e de sensibilidade que o cercava.

Mas o meu cárcere sem lanterna me seguia por toda a parte. A árvore da poesia que me pipilava dentro, debatia-se contra as grades, quando ouvia lá de fora estrondear a vida festival, e pelo eco desumano das suas vozes se revelava o sem número de belas coisas que até os insetos e vermes senhoreavam pela vista. (d'Aça, 1900, p.6)

Aos 14 anos de idade, surgiram, no olho esquerdo de Castilho, alguns orifícios translúcidos, de modo que conseguia andar sozinho por ruas conhecidas, distinguir vultos de perto, saber de onde vinha a luz e reconhecer cores vivas ao aproximar os olhos delas. A partir das primeiras impressões dos tons contemplados em sua primeira infância, António de Castilho seguiu na poesia e na pintura de quadros para sua galeria.

Dos primeiros anos da puerícia guardara vivíssimas as impressões das coisas, e foi com as cores, os tons, e semitons dessa paleta que o grande artista, à semelhança dos pintores primitivos, executou os maravilhosos quadros da sua esplêndida galeria. Com um dos olhos, cujas pálpebras descobriam apenas uma nesga da pupila, percebia a luz viva, e até certa idade distinguiu as grandes *versaes*. (ibid., p.8)

António de Castilho passou a estudar ouvindo a leitura de textos, sendo obrigado a ditar toda a sua obra literária. Contou com a presença inseparável de seu irmão mais novo, Augusto, levando essa parceria, projetada inicialmente para o ingresso de António de Castilho nos estudos, pelo restante de suas vidas pessoais, acadêmicas e sentimentais.

Dera-me a Providência entre meus irmãos, um, dois anos mais novo do que eu, cuja índole simpática inteiramente com a minha, cujos gostos em admirável harmonia com os meus, nos constituíam mais que irmãos, duas metades inseparáveis do mesmo todo... Levava-lhe eu a vantagem de vinte e quatro meses mais, ele me levava a de mais um sentido. (ibid., p.6)

Na biografia de António de Castilho apresentada na revista *Brasil-Portugal*, é narrado em detalhes o momento em que ele adentrou as áreas das humanidades e ciências, passando a ler e devorar todos os conteúdos que lhe eram apresentados.

Chegou a idade dos estudos. Era tempo de aparelhar com as chamadas humanidades para as ciências. Que inveja e que tristeza, quando meus irmãos, ambos mais novos do que eu, saíram pela primeira vez deixando-me só para se irem inscrever na classe de latim! Permitiu-se-me acompanhá-los; atendi; devorei; li pelos ouvidos; corri aposta com os mais aplicados... Meus irmãos passaram-me dentro pouco de condiscípulos a discípulos, e o mais novo, Augusto, de discípulo a inseparável. (ibid.)

Mesmo com seu processo de aprendizagem limitado ao que ouvia ou lhe diziam, conseguiu alcançar razoável erudição no latim e nas humanidades clássicas, e o conhecimento superficial de algumas línguas e aprofundado da língua portuguesa lhe permitiu se distinguir como poeta e prosador. Na continuação de sua biografia, são apresentados relatos de uma infância enriquecida pelo contato com os clássicos greco-romanos, entre outros, o que o levava à erudição.

> Devorávamos tudo aquilo sem guia, sem escolha, temerariamente, mas com uma perseverança, com um afeto, com um encantamento inexplicáveis! Escusávamos, repelíamos qualquer outro passatempo; visitas, passeios, tudo nos era enfadonho, comparado com a delícia de vaguearmos pela Itália velha, de ouvirmos os seus heróis pela boca de Tito Lívio, de entrarmos com Virgílio familiarmente no palácio rústico d'El Rei Evandro, de nos espairecermos com ele, Calpúrnio, e Nemeziano, por entre as amenidades campestres, e ouvirmos cantar Horácio num pomar da sua Tibur. (ibid., p.6)

Aos 10 anos de idade, após insistir para acompanhar seus irmãos nas aulas de latim, Castilho foi matriculado na turma do mestre José Peixoto do Vale, da qual "das incitações paternais do velho professor, amigo e já admirador do nascente engenho, ficaram para sempre na bela alma de Castilho as mais suaves recordações" (Castilho, J., 1926, p.82). Ao terminar o seu curso de latim em 1815, com 15 anos de idade, Castilho iniciou o curso de retórica no real estabelecimento do Bairro Alto.

Depois dessa aula, cursou filosofia nacional e moral no Mosteiro de Jesus, com o frei José de Almeida Dracke, "lente na sagrada Teologia, professor régio de filosofia no estabelecimento do Bairro Alto, sócio da Academia Real das Ciências, examinador sinodal do patriarcado e pregador régio" (ibid., p.116).

> Infância passada, por obediência e gosto, num gabinete solitário (do que boas testemunhas são todos os que desse tempo nos conhecem); adolescência recatada entre poucos amigos literatos; e oito anos de virilidade ainda mais recatadamente vividos entre serras ermas, proibiram-nos (não sem vergonha o confesso) proibiriam-

-nos conhecer o mundo tal qual é; e a nossa máxima "HONRA PRIMEIRO QUE FORTUNA" parecia-nos a única vantajosa para quaisquer tempos, para quaisquer circunstâncias. (id., 1890-1891, p.688)

O autor Zacharias d'Aça, que publicou a matéria no anuário *Brasil-Portugal* anteriormente citada, afirmou que o espírito do poeta era "sempre mais inclinado à alegria que à tristeza. Isto explica o seu amor às crianças, e como elas lho retribuíam" (d'Aça, 1900, p.6).

Dos três grandes homens das letras portuguesas neste século, dos três vultos imortais, o mais genial, o mais rico de faculdades, o mais brilhante, o mais mundano, foi Garrett; o mais viril, o mais estoico, o mais profundo, foi Herculano; o maior dos três como escritor, como mestre em todas as perfeições e dificuldades da língua, mestre e superior no verso – a língua nacional é nele tão abundante, tão vasta, tão profunda, que parece um mar, para onde correram todos os rios! –, o maior, digo, sob este ponto de vista, foi Castilho... Atacado, assistiu à batalha travada em torno de si, e, se algum dia a tristeza o acometeu, devia ser pelos outros, que ele bem sabia, na consciência, que a sua obra, como as de Garrett e Herculano, já era imortal. (ibid., p.9)

As ações de Castilho que resultaram em ataques e batalhas em torno de si estão presentes nesta pesquisa, especialmente sob a ótica da instrução pública.

1.2 As nuances do Castilho adulto: filiação política, desabafos e apreensões

Nas *Memórias de Castilho*, foram registradas as ações de todas as fases de sua vida, passando pelo seu engajamento político, casamentos, profissionalismo e aspectos intimistas, como o desespero diante do sustento de cinco filhos. Segundo os registros de seu filho Júlio de Castilho, o poeta português aspirava à liberdade e, imbuído de um espírito liberal acérrimo partidário da Carta Constitucional de 1826, filiou-se ao grupo cartista, travando embates com os miguelistas.

Segundo Fernandes (1978, p.93), os políticos e intelectuais, quase em sua totalidade, discorreram na imprensa ou na tribuna sobre questões relativas à educação nacional; o intelectual e renomado poeta Castilho incorporou esse espírito da época, deixando registrado em diferentes meios seu posicionamento político de apoio a d. Pedro I do Brasil na campanha contra o miguelismo, bem como seu projeto de instrução para a civilização portuguesa.

O miguelismo português foi descrito por Lousada (1987) como o movimento dos apoiadores do golpe de 1823, que pôs termo à primeira experiência liberal portuguesa, ocorrida em 1820, que tinha como base o constitucionalismo. Castilho era partidário da Carta Constitucional e, portanto, contrário ao reinado de d. Miguel. Definido por Lousada como ideologia portuguesa da contrarrevolução, o discurso miguelista partia do pressuposto de que os liberais pretendiam "usurpar a soberania régia, aniquilar a nobreza e o clero, proclamar o ateísmo e subverter a ordem tradicional, ou seja, destruir o Trono, o Altar e a Pátria, fins últimos dos seus detestáveis e bem conhecidos planos de impiedade e revolução" (ibid., p.25).

Ao defender a Carta Constitucional portuguesa datada de 1826,[3] decorrente da revolução liberal ocorrida no dia 24 de agosto de 1820, em um momento da formação do Estado nacional moderno em Portugal, Castilho se declarou um convicto liberal. A revolução de 1820 se tornou, na história portuguesa, um marco nas reinvindicações de igualdade e liberdade, inclusive no âmbito da imprensa, que buscava informar ao governo e aos cidadãos o que se passava no país em relação às lutas travadas contra as forças reacionárias.

---

3 A Carta Constitucional tentava reconciliar os dois pensamentos ideológicos em pugna, as ideias absolutistas e as liberais, outorgando cargos no governo para as duas facções, com a figura do rei exercendo um poder moderador, mas com direito de aprovar qualquer lei. Disponível em: http://www.historiadeportugal.info/guerra-civil-portuguesa/. Acesso em: 20 set. 2018.

As intenções e as práticas reformadoras liberais dos primeiros decênios projetaram-se em vários domínios: implantação de um regime parlamentar e de liberdades individuais, abolição jurídica de privilégios sociais, libertação das atividades econômicas, modernização do aparelho do Estado, extinção das ordens religiosas e venda dos bens do clero, elaboração de um código civil etc. (Gomes; Fernandes; Grácio, 1988, p.42)

Lousada (1987) afirma que a contrarrevolução e o miguelismo[4] tenderam a se tornar sinônimos ao se assumirem, no discurso político, como os herdeiros e os restauradores da antiga monarquia, num movimento em que "a Constituição e a Carta foram simbolicamente queimadas ou enterradas, os acusados de simpatia pelo liberalismo perseguidos e os seus bens saqueados" (ibid., p.4).

Ao declarar sua filiação ao partido cartista, António Feliciano de Castilho dedicou inúmeros escritos aos ataques ao reinado de d. Miguel (1828-1834), bem como ao seu parentesco com d. Pedro I do Brasil (de quem era irmão), estando na lista dos inimigos do miguelismo por ser "amigalhaço de d. Pedro".

Todos esses chamados Constitucionais, ou amigalhaços de D. Pedro, todos esses bigorrilhas são os mesmos substantivos asneirais continuados pela conjunção corda, ou raça de judeu, ou de mouro, ou de herege, ou de infame ralé. Nada de D. Pedro; nada de Pedreiros; nada de Constitucionais. Sejam derrotados os inimigos. (*Correio do Porto*, 1834 apud Lousada, 1987, p.43)

A disputa entre d. Pedro I do Brasil (1798-1834), o duque de Bragança, e seu irmão d. Miguel (1802-1866) acabou em um golpe deste, que passou a governar de forma absoluta após uma guerra civil. Os partidários do miguelismo o aplaudiam por colocar fim às revoluções vintistas.

---

4 Lousada (1987) descreve as divergências entre o absolutismo e o projeto de D. Miguel. Este, apesar de ser um movimento contrarrevolucionário, não deveria ser confundido com aquele.

"Anjo exterminador da Facção constitucional". Era dessa forma que José Sebastião de Saldanha Oliveira Daun, partidário de d. Miguel, se referia ao infante em seu Diorama de Portugal nos 33 meses constitucionais ou Golpe de Vista sobre a Revolução de 1820, a Constituição de 1822, a Restauração de 1823 e Acontecimentos Posteriores até o fim de Outubro do Mesmo Ano, impresso em Lisboa, na Imprensa Régia, no ano de 1823. (Gonçalves, 2013, p.219)

A luta dos partidários da restauração da Carta Constitucional contra o "usurpador" do trono d. Miguel, irmão mais moço de d. Pedro I, ressoou no Brasil. Gonçalves (ibid.) apresenta um estudo de caso brasileiro[5] de Luciano Augusto contra o miguelismo como exemplo de um dos

> brasileiros que entoavam cantos e hinos a favor da Constituição; que distribuíam e liam panfletos em locais públicos; que se manifestavam com gestos e palavras contrárias ao rei. Todos constitucionalistas, ou acusados de defenderem o liberalismo e, portanto, malhados, termo pejorativo atribuído pelos miguelistas aos partidários da restauração da Carta Constitucional. (ibid., p.212)

O período miguelista foi marcado por uma "intensa repressão política aos seus opositores, até mesmo nos momentos que antecedem a guerra civil, que marcou os três últimos anos de seu reinado" (ibid.). Tendo uma capacidade mobilizadora e ações com um governo de terror, sendo mais que uma doutrina, um estilo, uma prática "sob a bandeira da trilogia 'Deus, Rei e Pátria' [...], apelaram para a mobilização social e suscitaram manifestações de apoio à causa e perseguições aos liberais" (Lousada, 1987, p.3).

---

5 Segundo Gonçalves (2013), uma lista de temas aproxima as histórias do Brasil e Portugal nesse momento de ascensão e reinado de d. Miguel, como "a atuação de exilados antimiguelistas que, no Brasil, constituíram uma importante base de apoio ao imperador Pedro I; as diferentes reações dos diversos grupos políticos brasileiros à virada absolutista; representada pela subida de D. Miguel ao Trono, em Portugal" (ibid., p.216).

Júlio de Castilho (1928) apresentou detalhes sobre o golpe e protestos de d. Miguel contra as inovações de 1820 que culminaram na queda da Carta Constitucional.

O senhor Infante D. Miguel, símbolo das conservadoras ideias antigas, protesta com armas na mão contra as inovações de 20. Seguem-no as ordens religiosas, muito do clero secular e da alta nobreza. O senhor D. João VI, indeciso entre a velha monarquia e as novas constituições, incerto do êxito de uma e outra facção [...] sucumbe, por prudência, perante a contrarrevolução do Infante. (ibid., p.9)

Júlio de Castilho (ibid.) descreveu o movimento reacionário de d. Miguel no ano de 1828. Segundo ele, como a emigração já tinha afastado alguns dos principais cabeças da família constitucional, d. Miguel chegou a Lisboa em 22 de fevereiro, assumindo a regência das mãos de sua irmã d. Izabel Maria e, em 13 de março, dissolveu as cortes, nomeando um ministério de índole essencialmente reacionária: "Os constitucionais estão de sobreaviso: uns emigram, outros escondem-se, que é pior emigração. Reina o terror" (ibid., p.144).

A censura atuou em diferentes áreas, como no processo de publicação de periódicos. Ao fazer uma análise quantitativa dos periódicos existentes no período da primeira revolução liberal portuguesa, nas décadas da revolução vintista à contrarrevolução e repressão miguelista, Eduardo da Cruz (2014) mostra que, antes do dia 24 de agosto de 1820, data da revolução liberal, tinham sido publicados somente meia dúzia de periódicos, número que passou para 227 nessas décadas de experiências liberais. Porém, após um salto, resultado da primeira revolução, as perseguições do governo absoluto de d. Miguel, durante os anos de 1828 a 1834, inibiram tais ações.

Chartier e Hébrard, analisando a criação e venda de livros e a formação das bibliotecas na França entre 1880 e 1980, afirmam que a "reserva que associa as liberdades de escrever, de editar, de vender e de fazer ler conjuga, no direito que provêm de uma herança revolucionária, o liberalismo econômico e a liberdade de pensamento" (Chartier; Hébrard, 1995, p.112). Na medida em que o terror miguelista inibiu tais liberdades de circulação de ideias, esse quantitativo de periódicos no contexto português diminuiu.

Ao escrever sobre os posicionamentos apresentados nos periódicos no período de perseguição miguelista, Eduardo da Cruz (2014) afirma que a dura perseguição, com o retorno da censura à imprensa, levou o número de periódicos a diminuir drasticamente, surgindo publicações absolutistas, em sua maioria redigidas pelo clero. O papel dos portugueses no exterior, na contramão, buscava

> conservar o fogo revolucionário dos emigrados, embora por vezes combatendo-se nas facções que se dividiam; tentar espalhar as ideias liberais em Portugal por meio do ingresso clandestino de folhas no país; e convencer os governos estrangeiros da possibilidade de vitória liberal e conseguir seu apoio. (ibid., p.86)

Nesse período de d. Miguel, os irmãos Castilho foram presos, e António de Castilho acompanhou seu irmão pároco em seu retiro em São Mamede, em Castanheira do Vouga, onde ficou até o fim da guerra civil, em 1834, com pequenas e furtivas deslocações até Coimbra e Lisboa. Castilho vivia uma espécie de crise por não ter aderido a esse regime miguelista, justificando sua permanência em Lisboa como uma reação mais silenciosa à máquina pública estatal.

> Emigrar?! Para quê? Que teria lucrado a ideia, se eles, desamparando a mãe sexagenária, e a irmã, de quem eram os últimos arrimos, desamparassem às represálias de autoridades brutais uma paróquia onde tinham amigos, e onde levedava (graças à infância deles) o fermento constitucional? (Castilho, J., 1890-1891, p.694)

Castilho passou esse momento truculento em Castanheira do Vouga, no recanto do Caramulo, no meio do silêncio geral da natureza, onde "floriam as urzes e os tojos, zuniam as carvalheiras ociosas, sibilava a aragem rescendente da primavera" (id., 1928, p.147), e seu distanciamento das questões políticas refletiu o "silêncio sepulcral" (ibid., p.149) estabelecido entre os liberais devido ao terror das perseguições.

Seus três irmãos, acusados de liberais e amedrontados pelo destino de enforcamento dos cinco jovens que tentaram sublevar a Brigada Real de Marinha, emigraram. Alexandre Magno de Castilho partiu, em 1828, para a França, Albino Eduardo de Castilho, depois de preso em Lisboa, conseguiu fugir para a França, e José de Castilho emigrou em 1829, cedendo "aos rogos de sua mãe, que em lágrimas o conjurava a fugir, às instâncias suavemente imperiosas de sua irmã extremosa, e ao conselho dos irmãos que lhe restavam" (ibid., p.152).

A emigração era o adeus a tudo quanto havia mais querido; o indefinido apartamento; muita vez o pão negro, ou, o que será bem pior, o pão da dependência; muita vez a fome, e quanta vez a morte obscura entre estranhos, sem uma voz amiga, sem o sufrágio de uma lágrima, que deve ser a mais terrível das mortes! Isso é que foi para muitos a emigração. Na presença do perigo iminente aceitava--se a emigração como o maior dos bens. Lá fora, na terra do estrangeiro, sem se ouvir a língua mãe, sem ver as nossas laranjeiras, os nossos olivais, os nossos queridos montes, olhava-se o exílio como o mais duro dos cativeiros. (ibid.)

Seu irmão Adriano Ernesto de Castilho Barreto foi preso em Lisboa na tarde de 27 de julho de 1831 e, entre sucessivas internações, ficou detido pelo governo durante muitos meses, "até o fim do reinado cruel e sanguinário do senhor D. Miguel" (ibid., p.277). Sua irmã, d. Maria Romana de Castilho, também recebeu ordem para se dirigir a Castanheira do Vouga com a mãe, para serem vigiadas em um movimento que "semanalmente informasse à Intendência-Geral do que acerca do comportamento político das mesmas ocorresse" (ibid., p.284).

Em um momento histórico marcado por três grandes correntes políticas, a "corrente dos ultras, contrarrevolucionária e desejosa de repor o absolutismo; a do radicalismo liberal, adepta do liberalismo puro; e, combatida por e inimiga de ambas, a corrente do compromisso histórico, fruto da aliança dos moderados (realistas ou liberais) e dos reformistas" (Lousada, 1987, p.14), as diferentes classes sociais se mobilizaram.

Fernandes (1978) apresentou um histórico da educação nacional portuguesa nesse período miguelista, afirmando que as emergentes melhorias progressistas, advindas da revolução liberal de 1820, para a criação de novos estabelecimentos de ensino e na situação material dos professores, foram contrariadas após o movimento de contrarrevolução. As promessas de acesso ao ensino elementar feitas pelo partido cartista, amparado na Carta Constitucional de 1826, também não lograram êxito.

O projeto de felicidade pela liberdade em Castilho passava pelas reformas pacíficas, criando, mais ao final da sua vida – como será analisado nesta pesquisa –, o ideal de razão e entendimento com o caminho da instrução e agricultura, vislumbrando uma mudança social pela via de uma reforma política sem revolta e sem violência. Castilho defendia o liberalismo em sua face mais conservadora.

No período repressor miguelista, houve um número considerável de exílios de intelectuais. Na contramão do movimento de emigração revolucionária, Castilho se recolheu, aplaudindo, após a Restauração Cartista,[6] o papel dos que não emigraram e que lutaram (com exemplo e persuasão, na opinião dele), mesmo em suas pátrias, ao lado dos revolucionários que emigraram.

---

6 Após a derrota miguelista, os liberais cartistas travaram embates com os liberais mais radicais, do setembrismo, movimento que, apesar de derivar do vintismo, defendia a substituição da Carta Constitucional de 1826 por uma constituição aprovada por um congresso eleito democraticamente pelo povo. Segundo Cruz (2014, p.104), os nomes dos três maiores poetas do romantismo literário nesse momento se dividiam, pois, embora fossem todos monarquistas constitucionais, Almeida Garrett defendia o governo setembrista, Alexandre Herculano, exaltado contra o setembrismo, buscava a posição de conciliação, apoiando a ordem e a nova constituição (a ser jurada em 1838) e Castilho manteve sua crença na Carta Constitucional durante o governo de Costa Cabral.

Assim, a implantação do regime constitucional entre nós não foi obra exclusiva dos sete mil e quinhentos bravos do Mindelo, nem de Duque de Bragança, nem do Duque de Saldanha, nem do Duque da Terceira, nem do Duque de Palmela, nem de pessoa alguma em especial. Para essa conclusão contribuíram muitas premissas; contribuiu tudo: as dores, as alegria, as saudades, os ódios, a Religião, a impiedade, as magnanimidades, as vinganças, os sacrifícios, as especulações, a espada, a Lei, a pena, a palavra, os que emigraram, os que ficaram, os que lá fora militaram com a espada ou espingarda, os que militaram cá dentro com a persuasão, o exemplo, a resignação, e o infortúnio. (Castilho, J., 1890-1891, p.696)

Castilho teceu inúmeras respostas às acusações pelo fato de não ter emigrado e ficado à mercê das solicitações do governo. Segundo Eduardo da Cruz (2014, p.88), o poeta não emigrou durante o miguelismo mas precisou viver isolado na freguesia de São Mamede, em Castanheira do Vouga, onde seu irmão fora designado cura. Para ele, "continuar a servir um emprego do Estado, ou da Igreja, não pode confundir-se com servir o Usurpador, isto é, servir, advogar, preconizar, propagar os interesses absolutistas, aceitar ou solicitar do Governo graças, mercês, isenções" (Castilho, J., 1890-1891, p.694). Castilho (ibid.) trouxe elementos sobre a luta travada entre a aristocracia, defensora do absolutismo, e a classe média, "onde já residia mais luz, mais experiência, mais vida, mais reflexão, mais ciência da dor, e menos preconceitos sociais e que combatia de alma e coração o senhor D. Miguel" (ibid., p.617).

As classes aristocráticas, pela maior parte, tinham aderido ao senhor D. Miguel, porque eram ordeiras, autoritárias, amigas do bem pela tradição, e Ele parecia simbolizar a ordem, a autoridade, o bem e a tradição; porque precisavam viver constituídas em corpo, e Ele representava os princípios donde elas vinham. As classes populares, fascinadas pelo Rei afável, pelo Rei cavalgador, pelo Rei toireiro [sic], pelo Rei religioso, pelo Rei peninsular dos quatro costados, também na sua maioria tinham voz por Ele. (ibid.)

A ascensão de d. Miguel ao poder significava a vitória "dos setores da fidalguia e do alto clero, provisoriamente derrotados com os sucessos da revolução do Porto, em 1820" (Gonçalves, 2013, p.220), momento em que todo aparato do Antigo Regime se mobilizou para restaurar uma antiga ordem, representando, assim,

a valorização da tradição como norma política, a transformação do passado em paradigma e a defesa da aliança entre a Igreja e a Coroa [...] rejeitando as alterações sociais e, em particular as declarações revolucionárias de igualdade e liberdade e o próprio princípio da revolução. (Lousada, 1987, p.8)

Nesse contexto, Lousada (ibid.) adverte que tradição e modernidade podem não ser excludentes, uma vez que, se tiverem sido utilizadas como uma das normas de legitimação do novo poder, os cartistas evocaram o "constitucionalismo como herdeiro de um suposto constitucionalismo medieval que fora abolido pelo absolutismo" (ibid., p.9).

Castilho, como político militante, era um constitucionalista entusiasta e, naquele momento político de luta pela liberdade que preconizava o regime liberal ante o miguelismo, encontrou no caminho dessa liberdade a felicidade para a civilização.

O monarquismo temperado do senhor D. João VI reconciliara-o, nos seus sinceros republicanismos de Plutarco, com a grande forma social, quase religiosa, chamada a Realeza. Os delírios de 1820 a 26 acharam nele eco sonoro, que ainda hoje ressoa na lira. A Usurpação pusera-lhe na alma um luto pesadíssimo; desafogara-o em prantos e em ódios que não soubera reprimir. O acordar de Portugal em 34 abria-lhe aos olhos sôfregos uma torrente de luz, que o deslumbrava. (Castilho, J., 1890-1891, p.686)

Segundo o registro biográfico de seu filho, Castilho abraçou as ideias de 1820, aderindo às projetadas reformas políticas e, "saudando a revolução, seguia as tendências gerais, e era ordeiro nas suas aspirações; direi mais: era sincero, sinceríssimo. O movimento de 1820 era para ele, e para toda a mocidade de então (ou quase toda), uma aurora" (id., 1926, p.219).

Naquele momento político em que "se reconheceram na aceitação ou recusa da obra da Revolução e em que direita e esquerda se tornaram realidades sociais e dados da psicologia coletiva" (Lousada, 1987, p.10), foi demarcado o posicionamento político dos Castilho em relação aos liberais, rotulados pelos miguelistas como subversivos.

A propósito: um dos meus melhores e mais íntimos amigos, desde os bancos das escolas, criado no grêmio miguelino mais intransigente, passara a infância ouvindo em casa falar nos Castilhos como em gente perigosa; intratável, intolerante, desordeira, revolucionária, ímpia; confessou-me ele próprio, rindo às gargalhadas, depois de ter penetrado no lar de meu pai, depois de o ter conhecido de perto, e admirado a sua benévola tolerância, e as suas ideias, modernas mas graves. (Castilho, J., 1926, p.221)

Esse período de circulação, apropriação e representação de ideias liberais por parte de indivíduos pertencentes às elites intelectual e política no cenário brasileiro foi apresentado no trabalho de Neves (2013), que trata inclusive da persistência das práticas do Antigo Regime no mundo luso-brasileiro na década de 1820. Nessa época de relativa liberdade de imprensa, propiciada pelo movimento constitucionalista, "o momento histórico entre 1820 e 1823 configurou-se, portanto, como um período privilegiado, em que a linguagem se politizava e entrava na vida pública, recorrendo a um novo vocabulário político, pautado nas Luzes" (ibid., p.79).

Inicialmente, em muitos desses escritos, a preocupação era atacar o governo despótico e expor os motivos e princípios do liberalismo e do constitucionalismo monárquico. A oposição entre despotismo, enquanto símbolo do passado que se pretendia regenerar, e liberalismo-constitucionalismo, enquanto imagem do futuro que se pretendia construir, traduziu fundamentalmente o ideário político dessa época. (ibid.)

O período miguelista foi interrompido pela promulgação da Lei do Banimento da contrarrevolução miguelista, em 19 de dezembro de 1834, por d. Maria II de Portugal, resultando no exílio de d. Miguel até o final de sua vida.

> não impede que eu, e todos, julguemos como soubermos os atos públicos desse Príncipe, infeliz por não ter sabido ser do seu tempo, infeliz por não ter recebido educação política apropriada, infeliz por ter tido de voltar a sua espada de Português contra os seus, infeliz, três vezes infeliz, por ter morrido longe de seu Portugal, comendo um pão negro gotejado de prantos de saudade. (Castilho, J., 1890-1891, p.620)

Com o fim da guerra civil em 1834 e a restauração cartista, "era o tempo de transformar os mundos fantásticos em um país real e liberal" (Cruz, E., 2014, p.112). Castilho e seus irmãos, então, participaram ativamente da vida política na imprensa periódica, reiterando suas posições de liberais ao mesmo tempo que atacavam o governo miguelista. Nesse contexto, Castilho voltou a escrever para o jornal *O Independente* e publicou um livro intitulado *Tributo português à memória do libertador*, que reunia os textos dedicados a d. Pedro I do Brasil escritos anonimamente por ele desde 1834, em defesa do liberalismo em sua face monárquica e em oposição a d. Miguel.

Tais processos de revolução liberal, contrarrevolução miguelista e advento da Carta Constitucional ressoaram na instrução.

A revolução liberal traduziu-se, desde logo, no setor escola, pela criação de novos estabelecimentos de ensino, pela melhoria da situação material dos professores e pela supressão de peias que embaraçavam as instituições privadas. A orientação progressista da educação nacional foi, todavia, contrariada pouco depois pela contrarrevolução de 1823. Com o advento da Carta Constitucional de

1826 prometer-se-ia a acessibilidade do ensino elementar a todos os portugueses, mas foram impostos novos retrocessos, no plano escolar como em outros planos. (Fernandes, 1978, p.94)

Segundo Eduardo da Cruz (2014), após a vitória cartista, os conflitos políticos se agravaram a partir do setembrismo (iniciado em 1836), uma revolução que depôs os liberais defensores da Carta Constitucional e reinstaurou a Constituição de 1822, uma guerra, portanto, entre liberais cartistas e a ala "mais radical do liberalismo português" (Gomes; Fernandes; Grácio, 1988, p.43), restringindo o poder do monarca e da nobreza. Essa transição não foi pacífica, e havia o temor do retorno ao absolutismo como reação ao movimento popular que tomou as ruas de Lisboa.

O período foi registrado por grandes poetas como Alexandre Herculano, que escreveu sobre a revolução de 1836, na qual as classes trabalhadoras, aliadas às camadas mais progressistas da burguesia liberal, desempenharam papel preponderante. Júlio de Castilho (1893-1894) apresentou as lembranças de sua infância e as marcas que o governo setembrista deixou em uma criança de 6 anos.

Tenho ideia de ir ao Limoeiro; com meu pai, visitar o nosso primo Hygino de Castilho Gatto, preso na sua casa de Trouxemil por setembrista. Fez-me profunda impressão avistar às grades das enxovias os tristes carões tisnados e pálidos dos criminosos, e entrar no desalinhado e sinistro interino daquele casarão de mau agouro. E meu pai explicava-me de relance que ali se tinham passado havia quase cinco séculos e cenas cruentas de outra revolução popular, e descrevia ao meu alcance a tragédia do Conde Andeiro. (ibid., p.863)

Observa-se que a filiação de Castilho ao partido cartista era compartilhada por toda a sua família. Júlio de Castilho (ibid.) relatou admiração pelo trabalho de seu tio ao lado do batalhão cartista.

Lembro-me dos batalhões nacionais, e com especialidade do batalhão da Carta, do qual, em outubro deste mesmo ano, tinha nomeado Tenente Coronel meu tio José Feliciano, e a cuja organização ele procedia ativamente. Todo o meu desejo era pertencer também a esse corpo, porque me diziam que o seu fim era defender a Rainha. (ibid., p.863)

Nessa guerra entre liberais cartistas e liberais mais radicais, Castilho permaneceu ao lado da Carta Constitucional de 1826, que, para ele, era um sistema completo de felicidade, por ser uma liberdade possível naquele contexto, sendo o projeto que ele e os demais cartistas consideravam viável. A grande questão posta naquele momento era se a constituição vintista traria mais liberdade, sendo "quase uma constituição republicana, mais democrática, com o poder emanando do povo e um rei figurativo" (Cruz, E., 2014, p.101).

Contra essa revolução, a reação foi mais forte e, em 1842, os cartistas voltaram ao poder após um golpe de Estado pacífico, colocando fim ao setembrismo e à Constituição de 1836. Esse novo governo ficou conhecido por cabralismo. É certo que o setembrismo foi, em grande parte, recuperado pela burguesia, uma vez que "o desarmamento do batalhão dos arsenalistas e o massacre do Rossio constituem dois episódios significativos dessa recuperação antipopular" (Fernandes, 1978, p.107).

Fernandes (ibid.) descreveu as tentativas de reforma na instrução pública no período da ditadura cartista, uma vez que "volvidos oito anos, Costa Cabral estriba-se, em grande parte, na reforma de Passos, mas não desiste de a modificar. Tornava-se indispensável, portanto, adequar a instrução nacional às metas sociais e políticas do liberalismo, adversário do Setembrismo" (ibid., p.113).

Castilho recebeu, porém, alguns ataques por não ter se posicionado veementemente a favor da Carta, referindo-se ao periódico *O cartista* como opositor, pois, "despeitados os daquele partido de verem que a pena de Castilho os não servia redigindo essa folha, ou colaborando nela, começou a atacá-lo, a picá-lo e a incomodá-lo. Coisas das terras pequenas!" (Castilho, J., 1893-1894, p.1109).

Castilho permaneceu ao lado dos cartistas, mas, "ao final de sua vida, enviou uma carta ao seu irmão, afirmando não ver sentido em ter permanecido na Carta por tanto tempo" (Cruz, E., 2014, p.104). Em um movimento dialético de constituição política de partidos e formas de governo, Castilho, que, por sua postura contra o miguelismo, foi acusado de subversão e revolucionário, passou a ser visto como conservador nas guerras entre os liberais radicais e liberais cartistas no movimento setembrista.

1.3 Casamento, mudança de residência de Castilho e sua nova religião: o campo e a agricultura

Castilho se envolveu em trocas de correspondência com d. Maria Isabel de Baena Coimbra Portugal, religiosa do Mosteiro de São Salvador de Vairão, com quem se casou em 1834, quando

> as religiosas choravam a perda da sua mais espirituosa, mais suave, e mais amável companheira de tantos anos. A mão dela tremia na minha. O alvoroço do seu coração exalava-se baixinho em monossílabos úmidos de lágrimas. Eu padecia e gozava muito, como homem que ia fugir com um tesouro furtado. (Castilho, J., 1890-1891, p.784)

Segundo as *Memórias de Castilho*, o poeta português se casou em 29 de julho de 1834. Entretanto, o casamento durou menos de três anos, pois ficou viúvo em 1º de fevereiro de 1837. Sua primeira esposa era uma companheira muito amada por ele,

> uma mulher toda boa, toda extremosa, tomou unicamente o peito a vingar-me da Natureza; cerca-me de contínuo, como um Anjo, de amor e de luz; empresta-me os olhos, para eu ver o mundo e as obras dos séculos; tira diante dos meus passos todos os espinhos no caminho da vida; inventa-me um encantamento novo para cada minuto; diz-me, e faz-me entender, como a verdadeira felicidade se não compõe de grandes pedaços, mas sim de atomozinhos que de longe se não podem perceber. (id., 1891-1892, p.514-5)

Em 1837, Alexandre Herculano apresentou Castilho ao senhor Manuel Claudio Vidal, com cuja filha mais velha, d. Ana Carlota Xavier Vidal, o poeta simpatizou. "Todos falavam as línguas estrangeiras como se próprias fossem; liam-se e comentavam-se poetas estrangeiros, sem presunções de literatura" (id., 1892-1893, p.37).

A contar desses dias, entrou a sentir-se enleado e preso das qualidades da mais velha das duas filhas da casa, a sua leitora mais assídua. Ela, com a sua bela alma, correspondeu-lhe. Faz o elogio de ambos a escolha recíproca. Ele soube adivinhar na sua leitora, tão doce e tão modesta, uma dedicação ilimitada, um juízo seguro, uma caridade inesgotável, uma raríssima distinção de ideias. Ela, por seu lado, adivinhou que a chama Deus para arrimo e amparo daquele desvalido poeta, cujo talento a fascinava sem ela bem saber o porquê. Ambos sentiram o que em língua humana se chama o amor. (ibid., p.38)

Seu segundo casamento ocorreu no dia 6 de maio de 1839, na Igreja de Nossa Senhora das Chagas, e o casal teve sete filhos. Em 1847, o poeta português António Feliciano de Castilho mudou com sua família para um sítio no Campolide de Baixo, para a recuperação da saúde de sua esposa, que, devido a problemas respiratórios, necessitava de um ar mais puro. Nas *Memórias de Castilho* observa-se que esse contato com a natureza fez surgir no coração dele uma nova religião, denominada campo.

Aí começou ele a iniciar-nos na religião chamada o campo. A sua voz de veludo ia explicando para nós o grande papel da terra na economia social; as fases diversas da lavoura; a importância incalculável daqueles obscuros camponeses que víamos lavrando, ou regando, ou mondando [sic] nas cercanias, a poesia útil e imensa do arado; a vida laboriosa do boi; a significação austera da cantilena do moinho. (id., 1893-1894, p.867)

Aliada à necessidade de novos ares para o tratamento de sua mulher, a vida financeira de Castilho o angustiava. As dificuldades para sustentar a esposa e os sete filhos após o encerramento de seus proventos na edição da *Revista Universal Lisbonense*,[7] da qual era redator, além do atraso da pensão que recebia do governo, fez que o poeta largasse a corte em direção aos Açores:

despedira-se Castilho, exausto de cansaço, e muito macerado de desgostos, do pesado encargo de redator da *Revista Universal Lisbonense*. Cessaram, portanto, desde junho de 1845, os seus rendimentos por esse lado, e achava-se reduzido à magra pensão oficial, sempre mal paga. (ibid., p.947)

Tais condições precárias fizeram que a promessa de uma vida melhor nos Açores fosse aceita por Castilho e, após uma breve estada em Campolide, ele se mudou, em 1847, para Ponta Delgada, na Ilha de São Miguel.

Houve quem, sabendo do estado angustioso de Castilho, lhe oferecesse espontâneo, e com mil instâncias, uma existência próspera nos Açores, caso ele quisesse para lá transferir sem demora os seus penates. Pintaram-lhe os Açores (a ilha de S. Miguel principalmente) como um El-Dorado sumido nas solidões do Oceano. Tudo quanto há de belo no mundo havia de encontrar-se em S. Miguel: clima, sociedade, fortuna, apreço, educação para os pequenos! Em suma: tudo. (ibid., p.949)

Essa mudança foi registrada nas *Memórias de Castilho* (1926) como uma imprudência. A ação de deixar Lisboa para se aventurar pela promessa de melhores condições de vida em Ponta Delgada – as quais não se concretizaram, mostrando ser apenas frustradas

---

7 As publicações da *Revista Universal Lisbonense*, jornal sobre assuntos físicos, morais e literários que ocorreram em Lisboa nos anos de 1841 a 1853, encontram-se digitalizadas, apresentando diversificados conteúdos relacionados à literatura, agricultura, indústria, notícias e variedades, entre outros. Assinaram como colaboradores renomados autores como Alexandre Herculano, Almeida Garrett, Camilo Castelo Branco e Francisco Maria Bordalo.

utopias –, aliada à solidão, ao ócio, ao desamparo e à falta de recursos que marcaram o princípio de sua estada, fizeram o contato inicial com a região ser desastroso.

O autor português, porém, foi associando um projeto de agricultura a um projeto de instrução para os insulanos, e os primeiros contatos com a população local, escritos e impressões renderam laços de amizades e profissionais que oficializaram Castilho como redator do periódico mensal *O Agricultor Michaelense*, ficando à frente da publicação durante os anos de 1848 e 1849.

Visando à retomada das edições desse periódico, que estava desativado, a Sociedade Promotora da Agricultura Micaelense firmou contrato com Castilho para sua edição, com honorários de 800.000 réis anuais. Essa sociedade foi fundada por André do Canto em 1844, com o objetivo de contribuir para o desenvolvimento da principal fonte de renda insulana: a exploração agrícola.

A Associação Promotora da Agricultura Michaelense é a demonstração viva do que tais corpos valem e podem, para o aperfeiçoamento dos lavradores [...]. Não se instruiu ainda o camponês; a tarefa de séculos não cabe em dias: mas fez-se-lhe entrever a sua ignorância; é uma grande passada no caminho do progresso; fez-se-lhe conjeturar por fatos sensíveis, que havia hora da sombra do seu campanário, e mesmo dentro nas cidades, amigos seus e da terra, habilitados pelo estudo para mestres e guias: que os livros não eram todos sonhos vãos de charlatães, e que de muitos deles saíam raios luminosos, como os do sol, que fertilizavam a terra largamente, que não havia sacrilégio em trocar a enxada de Adam pelo instrumento só de ontem inventado, mas que multiplica as forças, as horas, os frutos, as moedas, os ócios inocentes e os prazeres. (Castilho, A., 1942, p.74-5)

Castilho considerava a agricultura o "manancial de toda a civilização humana, e a fonte" onde os portugueses deveriam se "regenerar" (Castilho, J., 1895, p.161) e destinou seus anos em São Miguel a construir e difundir conhecimentos teóricos para que os "pobres rústicos da ilha" (ibid., p.227) desenvolvessem as práticas agrícolas.

A primeira dificuldade descrita por Castilho para a melhoria no desenvolvimento de práticas agrícolas na ilha foi a falta de instrução, de leitura e de métodos para o ensino da leitura. Por essa razão, ele propôs uma renovação na instrução, como pode ser constatado em sua obra *Felicidade pela instrução* (1854), e sugeriu o seu método de leitura repentina, tendo como base o trabalho do francês Lemare. Tais obras e contribuições pedagógicas serão abordadas no próximo capítulo.

Seria então de Lemare a ideia de memorização do som das letras através de imagens que a ele se ligassem, bem como a identificação em cada palavra das letras cuja união a compõe. Reconhecendo ser de Lemare a autoria e, portanto, a "glória da invenção", Castilho reivindicaria para si nessa primeira edição de seu método a adaptação, posto que, ao adotar a ideia fundamental, necessitara refazer a invenção, "criar quase tudo do novo". (Boto, 2012, p.55)

Na Ilha de São Miguel, onde residia, encontrou vários agricultores analfabetos, sentindo necessidade de disseminar meios apropriados para o desenvolvimento da leitura voltada para as atividades agrícolas. Trabalhando com afinco essa temática, desenvolveu, então, um método para o ensino rápido e aprazível da leitura, intitulado *Leitura repentina*.

Na agricultura saberá como cultivar, como colher, como conservar melhor os frutos e dessa forma saberá conduzir suas atividades. A leitura propicia uma sociedade mais pacífica e morigerada, mais unida e rica, mais poderosa, mais contente, mais amável e mais amada. (Castilho, A., 1942, p.137)

Diante da necessidade de difundir um projeto de instrução associado ao projeto de agricultura, foi criada, em 1848, a Sociedade dos Amigos das Letras e Artes em São Miguel, sendo Castilho um dos membros fundadores. Essa sociedade recebia pessoas de diferentes classes que se interessavam pelas letras e artes e objetivava ensinar as artes (englobando o teatro, a música e a literatura) com o intuito de aprimorar e ampliar as escolas das primeiras letras.

> Que afortunado, que invejável, não tem de ser o país, onde, desde os palácios até as choças, todos os homens, todas as mulheres, e todas as crianças (sem exceção) souberem ler, e amarem a leitura, e onde em cada casa se encontrar uma pequena biblioteca, não dourada por fora, mas verdadeiramente de ouro por dentro, para o espírito, para o coração, para a saúde, para a fortuna! (id., 1908, p.84)

A sociedade oferecia aulas de leitura, doutrina cristã, aritmética, geografia e desenho topográfico, entre outras disciplinas. Os resultados, como descritos nas *Memórias de Castilho* (1928), foram os melhores possíveis, visto que o público excedeu o esperado em seus saraus, dos quais participaram mais de 500 pessoas. Nas aulas, eram realizadas exposições da indústria micaelense, que reuniam uma diversidade de produtos de excelente qualidade, anunciando progressos industriais para a ilha.

> Sobre o mesmo curso de leitura popular, oferecido na casa em que Castilho residia, anuncia-se posteriormente que o acesso teria sido restrito aos "alunos dóceis" e às pessoas munidas de senhas. Estas só seriam entregues com a condição de a pessoa assinar nome e morada em livro próprio para esse registro, devendo, ainda, portar-se com "decência e urbanidade". Com esses cursos de leitura repentina, Castilho conseguia certamente boa divulgação, por periódicos da época, de seu novo método, conquistando efetiva notoriedade através desse concreto efeito irradiador de suas ideias. (Boto, 2012, p.63)

A obra *Memórias de Castilho* registrou a importância de Castilho para esse movimento de instrução na Ilha de São Miguel, uma vez que "o mestre, ele, o cego, ele, o utilitário sonhador, ele, o pobre, ele, o forasteiro, era a alma e o centro de todo o movimento, era o sol daquele sistema de satélites, era a encarnação da pacífica revolução do bem" (Castilho, J., 1895, p.493).

Essas experiências e reflexões estão presentes em sua obra *Felicidade pela agricultura*, escrita em 1848 e 1849, quando estava morando com sua família na Ilha de São Miguel. No livro, suas análises no que diz respeito à agricultura, ao trabalho e à instrução apresentavam uma perspectiva de valorização da leitura e da escrita. A obra incluía escritos seus destinados ao periódico mensal provinciano *O Agricultor Michaelense*.

O projeto de instrução popular de Castilho, característico dos homens das luzes do século XIX – que, com o processo de alfabetização, visavam difundir os "germes de uma piedade esclarecida" (Chartier; Hébrard, 1995, p.117) –, foi desenvolvido com um empenho laborioso e incessante de aperfeiçoamento e busca por adoção de seu método de ensino de leitura, sendo tais atividades imprescindíveis, em sua visão, para o desenvolvimento da civilização.

Nunca jamais a fortuna sorrira tão benigna a projetos meus! Crescemos de semana para semana, até ao ponto de já em minha casa não cabermos, e ser-nos forçoso irmos celebrar no teatro as nossas sessões, e passarmos já hoje (março de 1849) de quatrocentos, incluindo-se nesta conta o Prelado, o Vigário Geral, o Governador Civil, o Militar, o Comandante [...] em suma: tudo que a cidade de Ponta Delgada possui de mais alto, de mais ilustre, de mais instruído, e de mais patriótico; sem falar em muitas senhoras respeitabilíssimas, que prontamente se fizeram inscrever para esta cruzada de civilização. (Castilho, A., 1942, p.118)

No projeto proposto pela Sociedade dos Amigos das Letras e Artes em São Miguel e pela Sociedade Promotora da Agricultura Micaelense, empenhadas na promoção da agricultura e das letras em São Miguel, encontra-se presente a preocupação com a escrita para os lavradores, associada a uma filantropia que buscava abranger as massas rurais.

Começou-se a escrever para os lavradores; entraram-se a fazer exposições: dos frutos da terra, por uma parte; dos produtos da indústria, por outra; a concitar-se os ânimos, pela emulação, para as ideias úteis e generosas; abriram-se escolas gratuitas, a brilharem todas as noites, na cidade, pelas vilas, até pelos montes mais desconversáveis. (ibid., p.134)

A obra *Felicidade pela agricultura* (1942) registra os serões realizados nas saudosas tardes de domingo. No capítulo VII, intitulado "Primeiro serão do casal, propriedade territorial", Castilho expôs sua apreciação pela temática da leitura e escrita como o caminho para a libertação do homem, que, para ele, não poderia enquanto direito básico ser extraída e retirada do ser humano. A leitura, na sua relevância, tornava-se uma forma de saber acessível que pouco custava, quando se pensava em sua importância.

O mestre é um médico, o discípulo um doente; enquanto o doente se não conhece como tal, enquanto não deseja saúde, enquanto não implora socorro, o médico, ainda que perto more, não aparece para o salvar. Seja o nosso ponto, primeiro que outro nenhum, acender em vós mesmos e em vossos filhos o gosto da leitura; dele, como efeito da causa, virá tudo o mais. (ibid., p.159)

Tais serões e ações filantrópicas, como a Sociedade dos Amigos das Letras e Artes em São Miguel e a Sociedade Promotora da Agricultura Micaelense, caracterizavam o projeto dos liberais que vislumbravam propagar a alfabetização, fundar escolas e difundir métodos pedagógicos eficazes.

a assimilação frequente, pelos liberais, do leitor popular à criança escolarizada, a retomada da imagem pós-tridentina da criança que estuda e educa os pais nos serões familiares, graças aos bons livros que lê para eles – esses são os dados que levam a crer que o século XIX era incapaz de considerar a leitura pública de modo que não fosse "paternalista". (Chartier; Hébrard, 1995, p.118)

Segundo Júlio de Castilho (1926), algumas utopias sociais presentes na obra *Felicidade pela agricultura* seriam irrealizáveis. Com os altos e baixos das tentativas de popularização do projeta reformista de Castilho, o poeta português registrou com pesar que, cinco dias após a segunda Exposição Industrial, que tinha sido tão bem avaliada em Ponta Delgada, perdeu o cargo de redator da *Revista Universal Lisbonense* por motivos financeiros, conforme registrado em ofício de 31 de dezembro de 1849. Em 7 de abril de 1850, comunicou à Sociedade dos Amigos das Letras e Artes em São Miguel sua resolução de deixar a ilha, tornando-se presidente honorário e perpétuo da sociedade.

Tal despedida foi registrada com saudosismo no undécimo serão do casal escrito na obra *Felicidade pela agricultura* (1942). O projeto civilizador de Castilho foi reconhecido por diversas autoridades e pelo tribuno operário Vieira da Silva, que, em 1852, escreveu acerca da ação do poeta português:

> Ontem triunfou a civilização da barbárie nas salas do sr. Castilho. O distinto poeta, que cantara as glórias da pátria, que desprendera suaves cantos em louvor e para engrandecimento da agricultura, que se lembrara do desvalido fazendo-lhe sentir a nobreza do trabalho sobre a vilania do ócio, o poeta das harmonias da natureza, largara a lira, e com mão possante e animosa, como tudo que dela sai, tentou pôr por obra e conseguiu o difícil e pesado encargo de ensinar a ler e escrever rapidamente aos que não sabiam, aos que não podiam dispender tempo em tão santa tarefa. (Castilho, J., 1899, p.55)

Em sua passagem pela Ilha de São Miguel, Castilho foi revertendo a decepção inicial de sua mudança por um apego a duas áreas de que se aproximou a partir de sua experiência com os insulanos: a agricultura e a instrução, tecendo, por essas duas vias, sua proposta reformista para um projeto que vislumbrava a regeneração social e a felicidade da nação.

1.4 Felicidade pela agricultura: regresso à terra e às virtudes simples do trabalho

Nas advertências registradas por António de Castilho no início da obra *Felicidade pela agricultura* (1942), escrita nos anos de 1848 e 1849, quando residia na Ilha de São Miguel, foram apresentadas suas proposições como utopias, momento em que o próprio autor afirma "que a maior parte das minhas esperanças nestas páginas vem prematura, e que poucos destes bons e santos desejos, ou nenhuns, se realizarão em vida dos nossos netos" (ibid., p.53).

Esse desejo de Castilho gerava um sentimento de angústia, ao ver a imensidão da terra portuguesa sem, na sua opinião, a devida cultura de plantio e colheita e a urgência de um projeto civilizador de instrução para seus compatriotas, em sua condição de analfabetismo. Por isso, Castilho reclamava sempre que "temos terra, que pode ser mais, e melhor cultivada, devemos cultivá-la; temos alma, que pode ser mais, e melhor alumiada, devemos alumiá-la; temos coração, que pode ser mais puro, mais virtuoso, e mais amante, e mais coração, devemos aproveitá-lo" (ibid., p.55).

A agricultura era considerada por Castilho uma arte da "velha e robusta mãe dos povos, auxiliada dos seus dois incansáveis primogênitos: indústria e comércio" (ibid., p.62). Em seu projeto idealizador do campo, a agricultura assumia o papel do "último e único Messias terrestre" (ibid., p.77). Pela via do campo e de seu cultivo, haveria uma regeneração social.

Os camponeses são menos ruins e infelizes que os cidadãos e mais felizes e melhores se hão de tornar, quando a lei passar de sonho a realidade. O campo como ponto de contato de todas as idades e civilizações, centro da unidade da espécie humana. Numa palavra, as cidades conhecerão e amarão os campos; e os campos perdoarão e abençoarão a opulência das cidades. Os grandes terão ido lá retemperar a saúde, gastada dos vícios e cuidados, e repousar a bolsa dos duelos do jogo, das tiranias da moda, das violências da vaidade e das paixões. (ibid., p.147)

A regeneração social pela via da agricultura era uma utopia que Castilho vislumbrava para angariar novos adeptos.

> Oxalá, todavia, que alguns loucos sublimes, convencidos, como nós, de que já não temos salvação possível, senão pela Agricultura, e de que Portugal, como o Anteu da fábula, derrubado pelo Hércules do luxo, só da terra pode reassumir as perdidas forças, apareçam intrépidos a Apostolar Agricultura, uns na imprensa (que é a grande charrua de desbravar entendimentos), outros na tribuna (que é onde a razão pública se concentra em lei), outros no governo (que é onde, até sem lei, não só há, senão que sobram forças para o bem), outros finalmente, e sobretudo, entre os cabeças administrativos, e os cabeças espirituais do povo. (ibid., p.95)

Castilho atribuía à agricultura a primazia do desenvolvimento da indústria e do comércio presentes nas grandes cidades. Segundo o autor, dificilmente o centro do luxo das cidades não devia seus tributos à indústria agrícola: "Ouvis nas cidades grandes aquele sussurro profundo de mil vozes, como bramir de oceano? É o estrépido da indústria, o tráfego do comércio, a ebriedade das mesas, o vozear dos espetáculos: Que fada produziu e conserva tudo isso? – A agricultura" (ibid., p.60).

Segundo seus registros, suas contribuições com os serões e com o projeto de agricultura consistiam em levar a poesia e a instrução aos agricultores para renovação de suas forças para o trabalho.

> Quanto a mim, meus bons vizinhos, estou muito satisfeito com a minha tarefa literária: outros mais capazes de vós instruiu [sic] na agricultura, tem a bondade de tomar a si esse encargo, para o qual eu mesmo vos confessei já que me não sinto habilitado. À minha conta está em procurar desenfadar-vos algum serão do domingo: que quereis? Quem nasceu para pouco... um poeta é como um destes passarinhos que Deus criou para recreação do lavrador, na força dos seus trabalhos. (ibid., p.138)

Castilho relatava a relação do homem com o meio ambiente como inspiração para suas poesias.

> O Campo, sondado pela Ciência, em cada camada do seu terreno, em cada elemento dos seus adubos, em cada gota do seu orvalho, em cada molécula dos seus gases, em cada poro das suas plantas e animais, em cada tácita relação de tudo seu com os meteoros, com a eletricidade, com o frio e calor, com a luz e as trevas, com cada um dos ventos, com cada uma das quadras, com cada um dos meses, com cada um dos dias, e horas do dia, o Campo, repetimos, encerra, pois, mais alta poesia, Poesia mais bela, mais fecunda, mais vivaz, mais duradoura que as antigas. (ibid., p.70)

O projeto civilizador das associações agrícolas apresentado por Castilho deveria ampliar a instrução dos povos, tomando como alvo os países que ele considerava mais adiantados no campo dos estudos.

> O que as Associações Agrícolas estão dando de si nos povos representantes e corifeus da civilização é história já tão pública e corrente que ainda aqueles que a não estudam a sabem pouco mais ou menos: mas preterindo, como lugares comuns, a França e a Inglaterra, figuras obrigadas em qualquer página dos nossos contemporâneos, como aquelas outras de Grécia e Roma em cada escrito dos nossos pais, preguemos à nossa gente com o exemplo, muito mais persuasivo, dos "santos de casa". (ibid., p.74)

Uma proposição polêmica que rendeu a Castilho a acusação de querer ser eleito na política foi a defesa feita para que se elegessem deputados agricultores, com o intuito de que o parlamento atentasse com veemência para as necessidades do campo.

> À vista da incontestabilidade de ser a Agricultura a que só nos pode restaurar, poderia perguntar-se? "não conviria votar unicamente em Agricultores para deputados?" a nossa opinião é que o

parlamento deve conter de tudo sem o que não seria representação nacional: e por outra parte, a não ser assim, se acharia carecente de muitos conhecimentos necessários. (ibid., p.111)

António Feliciano de Castilho desejava, pela via da eleição do agricultor e do suposto investimento financeiro no campo da agricultura, instruir e formar novos cidadãos, hábeis tanto na leitura e escrita quanto no ofício permeado pelo saber científico, a ser compartilhado nos novos espaços instrucionais que seriam construídos. Sua utopia de instrução e de regeneração social pela modernização da agricultura conquistou inúmeros adeptos, mas também diversos opositores.

Cultivada convenientemente a alma humana, a indústria rural e todas as indústrias subsequentes para logo entrariam a regenerar-se. A resolução prática do primeiro problema, a instrução bem feita, e no sentido das verdadeiras exigências do mundo atual, facilitará em pouco tempo a regeneração de todas as artes produtivas: todo o operário instruído na respectiva escola profissional, e subsequentemente pelos tratadinhos ou pelo jornal do seu mister, produzirá mais, e melhor, em menos tempo: afeiçoar-se-á para o seu tráfego, e, fazendo-o progredir, colocar-se-á a si próprio no caminho da fortuna. (Castilho; Leite, 1857, p.4)

Em sua defesa pela divulgação do saber agrícola, Castilho recomendou, entre outras propostas, a leitura da obra *Guia e manual do cultivador, ou Elementos de agricultura*, escrita por seu amigo ainda dos tempos de mocidade, José Maria Grande, bacharel em Filosofia e Medicina pela Universidade de Coimbra, doutor pela Universidade de Louvain e lente de Botânica e Agricultura na Escola Politécnica de Lisboa. Segundo Castilho, a obra, composta por dois volumes, continha os segredos do nascimento, crescimento, florescência, frutificação e reprodução das plantas, sua alimentação, vida, respiração e suas relações de benefício mútuo com o ar, a terra, os animais e os homens (Castilho, A., 1942, p.211).

Referindo-se à biografia de José Maria Grande,[8] Castilho descreveu a experiência deste professor com as práticas agrícolas, agregando para si o conhecimento científico advindo da sua formação.

> Lavrador ele mesmo, e imbuído copiosamente nas teorias, por sua experiência verificadas, compreendendo até onde é dado os mistérios da natureza; afeito a explicá-los; e sabendo realçá--los ainda, com a lucidez e cores do estilo; cometeu com a melhor estreia, e com as fadas mais propícias conseguiu, criar para vós o que de toda a parte há muito tempo se pedia em vão, o código sucinto, mas completo, dos vossos trabalhos. (ibid., p.210)

Após tecer elogios e sugerir a adoção do livro de José Maria Grande, Castilho criticou a pequena quantidade de catálogos dos livros portugueses em comparação às produções da França, Inglaterra, Alemanha e Itália. As discussões referentes ao projeto agrícola associado ao projeto de instrução não foram específicas do território português. Nesse mesmo período, no Brasil, também foram compiladas práticas em forma de opúsculo destinado às crianças.

1.5 A agricultura no projeto de instrução do brasileiro Antônio de Castro Lopes

Meu contato inicial com a produção do professor e médico brasileiro Antônio de Castro Lopes (1827-1901) foi um desdobramento

---

8 Segundo o *Dicionário Histórico de Portugal*, José Maria Grande, nascido na cidade de Portalegre em 13 de abril de 1799 e falecido em 15 de dezembro de 1857, foi membro honorário e presidente da Sociedade das Ciências Médicas de Lisboa; membro honorário da Sociedade Farmacêutica Lusitana; sócio correspondente da Academia Real das Ciências de Madri, da Academia Médico--Cirúrgica de Gênova, da Sociedade Nacional e Central de Paris, da Academia de Medicina e Cirurgia de Cádis, do Instituto Médico Valenciano e de diversas outras instituições científicas nacionais e internacionais. Disponível em: http://www.arqnet.pt/dicionario/grandejosemaria.html. Acesso em: 18 mar. 2018.

de pesquisa realizada no Arquivo Público de Goiás,[9] no qual foi localizada uma carta do próprio autor, datada de 1869 e endereçada ao presidente da província de Goiás, divulgando seu opúsculo *Catecismo de agricultura para uso das escolas de instrução primária do Brasil* (1869), conforme pode ser observado na Figura 2. A obra foi adotada nas províncias do Rio de Janeiro e Ceará, tendo sido submetida para aprovação ao Conselho de Instrução Primária e Secundária da corte brasileira. Esse manuscrito apresenta o seguinte registro:

> Conforme tenho a honra de submeter a consideração de Vossa Excelência o opúsculo que compilei sob o título "Catecismo pela Agricultura" para uso das escolas de instrução primária do Brasil. Adotado já oficialmente nas províncias do Rio de Janeiro e Ceará, venho requerer a Vossa Senhoria que o mande também admitir como simples livro de leitura nas escolas de instrução primária dessa província – os pareceres acerca da obra publicados no *Jornal do Comércio* de vinte e sete de maio próximo findo que tenho a honra de apresentar a *Vossa Excelência* foram lavrados por cidadãos conspícuos e não a desabonaram, parecendo-me portanto que *Vossa Excelência* não deixar de convir na utilidade resultante ao derramamento de nações agrícolas em um país onde a agricultura é o mais precioso elemento de riqueza pública, faço voto para que seja bem sucedida a minha súplica por cujo deferimento serei eternamente grato a *Vossa Senhoria*. O preço de cada exemplar é 500, mais de 500 volumes para cima, as encomendas estão de prontidão na rua da Quitanda número 19, onde serão remetidas com as preciosas cautelas aguardando respeitosamente as ordens de Vossa Excelência. (Goiás, 1869)

---

9 Essa imersão nas fontes em Goiás é decorrente da minha formação acadêmica desde a graduação em 2002, bem como de minha atuação profissional no Instituto Federal de Goiás (IFG) desde 2013 até o presente momento, culminando no desenvolvimento de projetos de pesquisa como o Programa Institucional de Bolsas de Iniciação Científica (Pibic), cadastrado no IFG em 2016, intitulado "Caminhos da educação em Goiás: vestígios de materiais e métodos de ensino nas escolas de primeiras letras oitocentista", e ainda no projeto cadastrado em 2017 e 2018, "História e memórias da educação: a constituição do discurso científico na escola brasileira".

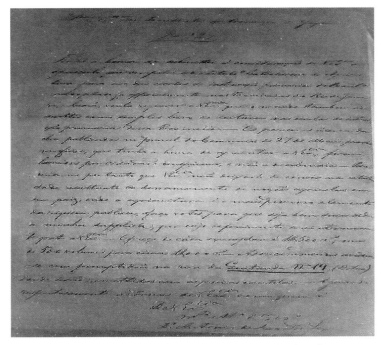

Figura 2 – Ofício enviado por Antônio de Castro Lopes divulgando seu opúsculo (1869)
Fonte: Documentos Avulsos. Caixa 144. Arquivo Público do Estado de Goiás

A partir da localização de fontes acerca da vida e das obras desse médico brasileiro, foi encontrada a interlocução com Antônio Feliciano de Castilho no que tange a um projeto civilizador, de instrução e de preparação da criança para um ofício pela via da agricultura. Com a ascensão da modernidade, o mundo natural passou a ser objeto de estudo, observação e controle; por conseguinte, o projeto de instrução ganhou um caráter científico, convertendo o saber em "conteúdo" de ensino e aprendizagem nas escolas primárias.

Tomando como referência a história do meio ambiente sob esse prisma do caráter científico, o opúsculo de Antônio de Castro Lopes era um projeto de instrução dedicado às crianças brasileiras, voltado para o uso social e cultural da terra, relacionando, para isso, ciência e prática da agricultura. A agricultura estava sendo trabalhada na instrução pública dentro de um projeto civilizador, pressupondo, assim, tanto o ensino da leitura e da escrita quanto o ofício, a arte do fazer.

A leitura, meus amigos!... sabeis vós bem o que é a leitura? É de todas as artes a que menos custa e a que mais rende. Há livros que, semelhantes a barquinhas milagrosas, incorruptíveis e inaufragáveis, nos levam pelo oceano das idades a descobrir, visitar e conhecer todo o mundo, que lá vai. (Castilho, A., 1942, p.136)

O apelo à formação das crianças para o trabalho rural no império brasileiro pode ser observado a partir da lente do opúsculo *Catecismo de agricultura para uso das escolas de instrução primária do Brasil* (1869), de autoria do professor e médico brasileiro Antônio de Castro Lopes, que também atuou como escritor, médico homeopata, tradutor dramaturgo, latinista, professor, poeta, gramático e político. Tais atividades de Castro Lopes estão assinaladas na capa de seu opúsculo, conforme apresenta a Figura 3.

Segundo Miranda (s.d.), Antônio de Castro Lopes nasceu no Rio de Janeiro no ano de 1827 e faleceu em 1901. Foi autor de inúmeras obras, sendo nomeado em diversas delas como doutor Castro Lopes. Sua formação em matemática aconteceu em 1848, e já em 1849 ministrava aulas de matemática imperial no Colégio Pedro II. Como membro representante da assembleia, foi nomeado ministro das Finanças em 1854 e das Relações Exteriores em 1859.

Suas obras pertencem a gêneros variados, com destaque para peças de teatro, poemas, biografias, crônicas e artigos de jornal, traduções e textos para periódicos. Algumas de suas obras incluem *Acróstico a Luiz de Camões, A arte de ganhar dinheiro, Musa latina, Dicionário clássico latino e português, Conferências sobre a homeopatia*.

O opúsculo *Catecismo de agricultura* foi publicado em 1869 no Rio de Janeiro, destinado à utilização das escolas de instrução primária do Brasil. Ele foi escrito em forma de modelo catequético de perguntas e respostas, visando facilitar o entendimento e a internalização do que a pátria exigia como formação necessária para a infância e com o intuito de inspirar gosto e simpatia como manual de orientação para que as crianças conhecessem desde as estações do ano para preparar a terra e realizar o plantio e a colheita até os elementos relacionados à terra e sua composição e à criação de animais.

Figura 3 – Capa de *Catecismo de Agricultura*
Fonte: Arquivo Público do Estado do Ceará

A obra descreve o mundo brasileiro em sua "vegetação frondosa e bela que por todos os montes e vales se ostenta majestosa" e conclama os meninos estudantes a se debruçarem sobre a agricultura, em sua ciência de cultivar a terra, em um movimento de exaltação da grandiosidade das terras brasileiras, um discurso que inclusive chegava também de fora do Brasil, trazido por viajantes estrangeiros como Humboldt, conforme apresenta o *Catecismo de agricultura* (1869). Várias foram as apropriações realizadas por Antônio de Castro Lopes para a construção de seu opúsculo. Logo no prefácio, o autor destaca a importância, para a compilação de sua obra, do *Novo manual prático de agricultura intertropical*, de autoria do francês Sigismond Victor Vigneron de la Jousselandière, nascido em 1788 e que residia no Brasil há pelo menos 37 anos, o qual tinha experiência como lavrador.

Apesar de esta pesquisa ter localizado poucas informações sobre a bibliografia de Jousselandière, o *Novo manual prático de agricultura intertropical* e seu calendário agrícola evidenciam os conhecimentos por ele adquiridos com suas práticas agrícolas no Brasil, incluindo noções claras e precisas acerca de terras, queimadas, horticultura, instrumentos para arado e máquinas, cultura de cana-de-açúcar, café, chá, tabaco e plantas em geral e criação de gado, animais domésticos e abelhas.

O manual de Jousselandière, de 209 páginas, destaca no prefácio que a agricultura seria o elemento constituinte do ser do autor, uma vez que nasceu entre agricultores e desde a saída do colégio, em 1809, dedicou todos os seus estudos e objetos a ela, aliando 37 anos de trabalho braçal no Brasil a viagens e teorias de matrizes francesa, inglesa e alemã.

Além de reverenciar o grande mestre teórico da agricultura Jousselandière, Antônio de Castro Lopes também se apropriou de inúmeros conceitos dele, inclusive copiando seu calendário agrícola na íntegra. Essa defesa da agricultura vinculada ao projeto de instrução também foi eternizada por António Feliciano de Castilho, que até destinou sua obra *Felicidade pela agricultura* para tratar da necessidade de um engrandecimento progressivo, tendo como objetivos a serem alcançados o "aumento das faculdades intelectuais, morais e físicas dos indivíduos, no redobramento das riquezas pelo solo e pela indústria" (Castilho; Leite, 1857, p.4).

Ao defender o progresso industrial e agrícola aprimorado por métodos pedagógicos para a alfabetização das massas, o projeto da escola moderna esboçado por Castilho incentivava o aumento das faculdades morais por meio de uma teia de valores e significados morais.

A escola agiria como local de agregação, de coesão social, de transmissão de toda uma teia de valores e de significados morais, cuja preservação e reforço eram postos como necessários ao desenvolvimento da nação, compreendida esta como um coletivo dotado de identidade moral. (Boto, 2012, p.53)

Dessa forma, o projeto reformista de Castilho propunha uma moralização do ofício da instrução, depositando na escola o papel de responsável pela regeneração social.

2
CASTILHO PEDAGOGO: UM MÉTODO DE ENSINO DE LEITURA E SUAS TENTATIVAS DE RUPTURA

"Pinto devagar, porque para a eternidade é que estou pintando" (Castilho, J., 1893-1894, p.7)

O projeto da escola moderna de António de Castilho vinculava a prática da agricultura a um plano de instrução pública sob a ótica de um projeto civilizador, visando, assim, tanto ao ensino dos rudimentos da leitura e escrita quanto ao ofício, à arte do fazer. Castilho, que considerava a agricultura o "manancial de toda a civilização humana" e a fonte onde os portugueses deveriam se "regenerar" (Castilho, J., 1895, p.161), destinou seus anos de estada em São Miguel à construção e difusão de conhecimentos teóricos para os habitantes da ilha desenvolverem as práticas agrícolas, bem como à escrita de seu *Método Castilho para o ensino rápido e aprazível do ler impresso, manuscrito, e numeração e do escrever*.

De algum modo, o problema da instrução se colocava, para os homens da política portuguesa, como uma hipótese de prosperidade. Instruir as populações rurais, que até então viviam na ignorância, significaria retomar e desenvolver a economia do país, pela irradiação de hábitos, de conhecimentos, de técnicas e inovações quanto aos processos agrícolas. Supunha-se, pois, regenerar, a partir do desenvolvimento pedagógico da nação agrícola, a própria ideia nacional. (Boto, 2012, p.50)

Com a criação desse método de ensino da leitura e com obras como *Felicidade pela instrução*, Castilho buscou romper com um ensino que denominava velho e criou uma escola metódica, na qual, segundo ele, imobilidade, punição, enfado, cansaço, espera e demora não teriam espaço.

Caracterizou seu método como prazeroso e o intitulou inicialmente como *Leitura repentina*, justamente pela vantagem tão propagada de ensinar a ler rapidamente. A representação de seu método a partir da ilustração de uma máquina a vapor alude a esse predicado – ensina a ler em menos de um ano, sem exageros, como proposto pelo método francês de Lemare. Em sua definição, "o ensino primário pelo *Método português* é a lavoura a vapor para a enorme charneca intelectual e moral" (Castelo-Branco, 1975, p.347).

Tal rapidez pode ser observada na Figura 4, que retrata o poeta António Feliciano de Castilho manuseando um compassador[1] em um material impresso em frente a uma fábrica chamada Método a Vapor, de onde saem, pela fumaça das chaminés, pela porta de entrada e pelas janelas, as letras do alfabeto.

O lúdico, a rapidez e a alegria são anunciados como características constitutivas de seu método, sendo registrados em várias obras, como em *Felicidade pela instrução* (1854).

O estudante nas escolas libertas marcha, palmeia, canta, assiste a espetáculos, ouve histórias, compreende tudo, ama tudo, e em menos de um ano lê como não lê a maior parte dos mestres das escolas velhas, escreve legível e corretamente e fala mais claro, mais exato e mais acentuado que as pessoas da sua família e os seus vizinhos em geral. (Castilho, A. 1854, p.29)

---

1 "Máquina que ideei para marcar aos olhos e aos ouvidos os tempos com qualquer grau de velocidade desejável, a cadência rítmica com muita mais facilidade se adquirirá e com muita mais perfeição" (Castilho, A., 1853, p.16).

MÉTODOS DE ENSINO DE LEITURA NO IMPÉRIO BRASILEIRO 93

Figura 4 – Método Castilho: método a vapor
Fonte: Castelo-Branco (1975, p.145)

António de Castilho considerou os franceses charlatões por anunciarem um tempo de alfabetização menor do que o de seu próprio método, o que, para ele, era uma promessa mentirosa e impossível de ser cumprida.

Mais outra, que prova que não há no mundo charlatões como os franceses, nem terra para charlatões como a França. Publicou-se em

Paris, já neste ano de 53, um volume de 80 páginas em 8º grande, com o título de *Statilégie*, ou Método de Lefort para o ensino da leitura. Nesta obra inteira, o fanfarrão do tal Lefort diz que ensina a ler, e ler francês, em nove horas; que já o ensinou mesmo em quatro horas a um cozinheiro muito rude do Sr. Fulano; e traz testemunhas da eficácia do método, homens cujos nomes são realmente dos mais respeitáveis. E, entretanto, é de primeira intuição que mente, não como um dentista, mas como dez dentistas, dez periodiqueiros, dez fabricantes de repertórios, dez alfaiates, dez dançarinos de ópera e dez Satanases, pai da mentira. (Castelo-Branco, 1975, p.188)

As rixas de Castilho com os franceses, seja pela via do mercado editorial (visto que as obras francesas ganharam espaço em Portugal e no Brasil, influenciando a leitura, a cultura e até mesmo a constituição da língua nacional) ou pelo discurso dos apropriadores de ideias francesas nesses países lusófonos, foram por nós analisadas. Esse apego do autor ao seu espírito nacionalista pode ser notado nas *Memórias de Castilho*, no episódio da revolução cênica no território português, sendo ele e Herculano os "cabeças do motim", favoráveis ao teatro português e contrários aos efeitos da arte dramática do francês Émile Doux (Castilho, J., 1891-1892, p.763).

Esse ataque de António de Castilho aos franceses legitima a defesa ao seu método como o único capaz de cumprir o tempo prometido, sendo comparado, por isso, à legítima máquina a vapor.

O método Castilho foi defendido no *Relatório sobre a instrução pública da Bahia*, apresentado por Abílio César Borges, diretor da Instrução-Geral dos Estudos da província da Bahia, cargo indicado em relatório (Bahia, 1856, p.55-6) . O futuro barão de Macaúbas[2]

---

2 Abílio César Borges, barão de Macaúbas, foi um educador brasileiro. Suas ideias, na época, eram inovadoras na educação brasileira: abolia completamente qualquer espécie de castigo físico, realizava torneios literários, promovia culto ao civismo etc. Imaginou um método de aprendizagem de leitura que denominou de "Leitura Universal", para facilitar o estudo das primeiras letras, e abriu vários cursos públicos gratuitos de leitura, convencido de que

se tornou um adepto do método, afastando-se dos embates que seus colegas da medicina do Rio de Janeiro viriam a travar pessoalmente com António de Castilho na defesa do ensino universal de Jacotot.

Pelo método moderno decora-se o abecedário, termo médio, em 5 a 6 horas, e alegremente, com toda a perfeição, ficando impossível o confundi-lo [...]. Pelo método antigo consumia-se largo tempo num silabário tedioso, excusado e inexatíssimo: no moderno, desde que se entram a conhecer as letras, entram-se a ler palavras, e dentro em pouco tempo. (Bahia, 1856, p.55-6)

Diane Valdez (2006) apresentou, em sua tese de doutoramento, os fragmentos de uma história particular da vida e obras de Abílio César Borges em sua trajetória como jornalista, abolicionista e nacionalista em suas diferentes funções sociais e territoriais, bem como as ideias que propagou enquanto diretor da Instrução-geral dos estudos da província da Bahia . Na mesma tese, apresentou também a representação da infância presente nas concepções pedagógicas do barão referentes aos professores da instrução primária, aos métodos de ensino e aos programas de matérias para a formação da infância brasileira que auxiliassem as crianças no cumprimento de seus deveres.

A preocupação de Castilho com a instrução das crianças foi fundamental para sua passagem pela educação; entre inúmeras desilusões vindas não de um pedagogo, mas, antes, de um autor com escassa fundamentação científica e defensor de uma dialética verbalista.

Castilho não era um pedagogo nem um professor. Teria nesse campo um saber prático e teórico deveras reduzido e, dada a sua personalidade intelectual, os condicionalismos que o limitavam, não pôde adquirir os conhecimentos ou poucos conhecimentos

---

assim prestava o melhor serviço ao país. Disponível em: http://pt.wikipedia.org/wiki/Ab%C3%ADlio_C%C3%A9sar_Borges. Acesso em: 30 jan. 2023.

pôde adquirir dos que exigia a índole da campanha em que se lançou. Valeram-lhe principalmente os seus dotes de inteligência, que lhe permitiram aproveitar a fundo as experiências que ia vivendo, e a sua inegável intuição pedagógica. (Castelo-Branco, 1975, p.20)

Essa passagem também não foi projetada em um gabinete, mas ocorreu por "acaso" e pelas circunstâncias em que se encontrava quando partira de Lisboa, por questões econômicas, para Ponta Delgada, em 1847. Ao sair de Lisboa, em 16 de agosto, foi buscar a sua subsistência e à da família que tanto amava; ele próprio relatou o motivo de tal mudança: "minguaram-me os meios; não via modos de os granjear em Portugal, deliberei-me ir buscá-los onde quer que fosse [...]. Hesitei algum tempo entre as atrações do Brasil e as dos Açores; os Açores, por mais à mão, prevaleceram" (Castilho, A., 1909a, p.5).

Após sua ida para a ilha, apesar de ter logrado um sucesso inicial com o seu método, observa-se, em suas correspondências e nas fontes analisadas, um descaso por parte do governo para a adoção e apoio do referido método, o que levou António de Castilho ao desespero na tentativa de ser ouvido. Castilho buscava a popularização dos livros de leitura, incluindo, entre eles, suas compilações.

Queremos a terra coberta de livros, como de um maná; queremos os livros para todos os paladares; queremo-los em todas as oficinas e choupanas, em todos os palácios, em todas as feiras, em todas as carruagens, em todos os navios, nas mãos de todos os ativos, nas de todos os ociosos, aqui, ensinando; além, consolando; mais longe, distraindo; sempre amigos; sempre reformadores, sempre criadores, sempre progressivos [...]. (Castilho; Leite, 1857, p.21)

Decorridos oito anos de sua partida para os Açores, vieram à tona, em seu pensamento, as atrações do Brasil como possibilidade para divulgação e adoção de seu método. Ele esteve no Brasil em 1855, em uma campanha pedagógica.

Segundo seus relatos em *Felicidade pela agricultura* (1942), Castilho foi um dos fundadores da Sociedade dos Amigos das Letras e Artes em São Miguel, onde começou a lecionar e iniciou seu processo de elaboração de um método a partir do ensino de leitura para um grupo de 200 crianças analfabetas dividido em três turmas, coadjuvado por quatro auxiliares.

Depois de uma luta pertinaz para a adoção de seu método e em meio a uma generalizada descrença dos pedagogos sobre a sua eficácia, o governo o nomeou comissário para a propagação do método português e deu-lhe um lugar no Conselho Superior de Instrução Pública, que nunca adotou oficialmente o método para uso generalizado nas escolas públicas, apesar da eterna e persistente esperança nutrida por António de Castilho.

O periódico brasileiro *O Liberal Pernambucano* registrou tal nomeação, ocorrida em 18 de agosto de 1853: "por uma lei votada por aclamação em ambas as casas do parlamento, sobre proposta do governo, foi criado o cargo de comissário geral da instrução primária para ser confiado ao inventor do método de leitura repentina" (*O Liberal Pernambucano*, 1854, n.371, p.2). Em tal matéria encontram-se elencadas as obrigações do comissário geral da instrução primária e as informações e os ofícios a serem expedidos acerca de suas atividades de inspeção e proposição para escolas primárias e escolas normais.

Nessa publicação, o método de leitura repentina foi apresentado como o ideal a ser empregado em diferentes escolas a partir da ação de seu comissário, uma vez que

em todas as capitais dos distritos administrativos do continente do reino e ilhas adjacentes, se estenda com zelo e atividade na fundação de escolas de leitura e escrita repentina, as quais, servindo de escolas normais para o método novamente estabelecido, hajam de ser frequentadas não só pelos alunos, mas até pelos professores públicos de instrução primária, que a elas quiserem concorrer voluntariamente, ou por obrigação, que sem grave inconveniente do ensino a seu cargo lhe deva ser imposta. (ibid.)

Nas *Memórias de Castilho* (1926) foi descrita a experiência do poeta, que buscava êxito no ensino e na construção de um método aprazível para a educação de crianças pobres. Essa carência da população, atrelada às atividades promovidas por António de Castilho para levar a instrução às crianças de maneira rápida e agradável, levou-o a elaborar o *Método português-Castilho para o ensino rápido e aprazível do ler, escrever e bem falar* (1853). No prólogo da segunda edição, ele responde a três perguntas: Qual é a história de seu método? O que é esse método? De quem é esse método?

Em relação à primeira indagação, cita como marco inicial a experiência adquirida na Ilha de São Miguel em 1848, quando era professor nas escolas rurais de primeiras letras, momento em que iniciou a criação de seu próprio método a partir do contato[3] com diversas cartilhas nacionais e estrangeiras, modernas ou antigas. O autor descreve que revolveu "cardumes de cartilhas portuguesas e estrangeiras, antigas e modernas; achei em quase todas o mesmo fundo; isto é, coisa pouquíssima; e só nas formas algumas variações; em geral de pouquíssimo momento ou de nenhum" (Castilho, A., 1853, p.72).

Castelo-Branco (1975) elenca alguns tópicos que tratam dessa inquietação de Castilho no que se refere à problemática do analfabetismo, que o levou a construir seu método de leitura.

1) Castilho nunca se preocupara ou estudara a problemática respeitante à didática da leitura;
2) Castilho vai tomar o encargo de encontrar um melhor método para o ensino da leitura por mero acaso e em circunstâncias perfeitamente fortuitas;
3) Nesta fase inicial, Castilho apenas procurava achar um método melhor e que permitisse mais rapidamente ensinar a ler. (Castelo-Branco, 1975, p.15)

---

3 Tais apropriações de outros materiais serão analisadas quando apresentarmos os debates sobre seu material no campo pedagógico.

O método de António de Castilho foi elaborado a partir de sua atuação com a população rural da Ilha de São Miguel, onde, para além da atividade de pedagogo, desenvolveu propostas de associação mutualista e de educação socioprofissional,[4] pois se preocupava com as questões sociais, como o analfabetismo, que assolavam a ilha.

Ao descrever a vida de António Feliciano de Castilho, a revista *Brasil-Portugal* abordou a preocupação do poeta com o analfabetismo, que, de certa forma, motivou-o a elaborar um método de leitura considerado uma obra redentora, o qual ele buscava implantar na instrução.

Mas, como se fosse pouco tudo isto, e se este pródigo do ouro do espírito achasse ainda mesquinha e deficiente a parte com que contribuía para a civilização do seu tempo, dez anos pendurou a lira, como ele mesmo disse e exemplificou, para se entregar a outro trabalho, a outra missão, moda de amor, de dedicação, de altruísmo. A redenção da infância pela luz, pelo ensino amorável e prático, foi a empresa nobre e altíssima a que Castilho consagrou alma e coração, difundindo por toda a parte o seu método de leitura, levando-o pessoalmente às escolas, explicando-o ele mesmo às crianças, tornando-se, enfim, o porta-voz de uma religião nova, o evangelista de uma ideia redentora. O edifício luminoso da sua vida é rematado por esta cúpula magnífica! (*Brasil-Portugal*, 1900, n.25, p.1)

A mesma revista mencionou a "carta de um poeta a um escultor", na ocasião em que António de Castilho enviou ao escultor Bordalo Pinheiro um texto expressando sua gratidão pela homenagem que recebeu em forma de estatueta. Interessantíssimas são as palavras de Castilho ao afirmar que o amigo escultor o conhecia bem, por ter colocado, na ordem de importância de suas obras, em primeiro lugar, a carta de alforria que ele escrevera para as crianças.

---

4 Observa-se essa preocupação a partir de obras como *Felicidade pela agricultura*.

Estudando-vos na minha estátua, folgo de descobrir que neste particular pensais vós como eu; pois destes na comemoração das minhas obras o lugar primeiro à carta de alforria que Deus me permitiu trazer à puerícia. E que valem realmente em comparação deste código de amor depositário misterioso de tanta civilização; que valem, que pesam, que avultam, uns cantos passageiros, feitos pela ociosidade para a ociosidade, dependentes dos caprichos da moda, e que as transformações das línguas e do gosto poderão dentro em pouco deixar sepultados, tantos outros, de todos os séculos, nas Necrópoles e nas livrarias? (ibid., p.4)

De acordo com a revista, ao se desfazer de obras depositadas nas livrarias e esquecidas pelo tempo, Castilho não conseguiu se esquivar de sua obra redentora; ele a diferenciou por ser regada com amor em uma espécie de

redenção que eu evangelizei à escola, e cujo triunfo já no meio do martírio se começa a entrever, esta sim é obra das obras, e não de palavras; de beneficência efetiva, não de ternuras vagas; não de talento, nem de brilhar, nem de ambição egoística, mas chã, obscura, calcada e fecundíssima como a própria terra; obra de crer e de querer; obra fundida de fé, esperança e caridade; obra que a Providência há de infalivelmente amparar contra perseguições e invejas, como a coisa sua; pois é ao mesmo tempo alegre como a infância que já a ama; carinhosa, como os corações maternos que algum dia a adorarão; sisuda, forte e empreendedora, como o espírito viril da nova era. (ibid.)

Seu projeto de civilização consistia em jogar luzes sobre a alfabetização e a profissionalização. Castilho anunciou, no prefácio de sua obra, que, na tarefa da civilização, ele cumpriu sua missão, cobrando que "vós haveis de cumprir a vossa; o parlamento e o governo ao-de-cumprir [sic] também, segundo espero, a sua" (Castilho, A., 1853, p.27). Dessa forma, assumia uma posição de militante na cobrança dos governantes pelo cumprimento do que seria necessário para o melhoramento da instrução.

Castilho demonstrava e divulgava uma ruptura com os métodos e modos de ensino praticados até a sua inserção na instrução. Para o autor, seu ingresso nessa área e a criação de seu método marcaram a redenção e a solução para as agruras de uma escola caracterizada por ele como velha. A escola que se pretendia nova, criada da pena de António de Castilho, denunciava o método que ele considerava antigo, o qual, em sua opinião, além de não instruir a criança, continha uma face perversa.

> Quero eu à minha parte mostrar a quem governa que um ensino simpático e perfeito mete no escuro a uma dúzia de senzalas de escravozinhos brancos onde o que só abunda são os castigos, donde o que só se aprende é ódio às letras, e preguiça! (Castelo-Branco, 1975, p.352)

António de Castilho era enfático ao denunciar a escola calcada em práticas memorialistas e punitivas, marcada pelo terror, repugnância e imobilidade dos alunos perante a antipatia do professor.

> Entre-se numa escola velha. Sente-se logo o que quer que seja de repugnância, de terror, de reprovação instintiva, de execração involuntária, vendo naquele espaço estreito, mal arejado, nem sempre bem alumiado, desgracioso, fétido, um bando de inocentes condenados à imobilidade, ao silêncio, ao pasmo estúpido, sobre bancos duros e sem encosto, como os das galés, com as pernas pendentes, os olhos automaticamente fitos sobre o indecifrável e odioso enigma de uma página; isto em face de um mestre antipático, tão cativo, tão desgraçado com eles, seu tiranizado e seu tirano alternativamente, e a cujos lados avultam os brasões milenários do ensino desnatural, os instrumentos de dor e de vergonha, os impotentes auxiliares da impotência dele, a vara, a férula, as orelhas asininas. (ibid., p.342)

Em um tom repleto de fúria, António de Castilho atacou todos os métodos, modos de ensino, materiais e relações pessoais, entre outros aspectos da escola até então existente.

Os miseráveis inocentes veem na escola um cárcere e um desterro; no mestre um juiz apaixonado e um algoz; no ensino, um caos; fogem dos bancos escolares sempre que podem; distraem-se, até por instinto de vida, de uma aplicação a que nem a inteligência, nem a fantasia, nem o carinho, os afeiçoa; tomam ódio prematuro aos livros, que os despojam das suas mais suaves horas, sem nada lhes darem, nem prometerem... (ibid., p.334)

Não economizou adjetivos pejorativos às "escolas-açougues" e ironizou a caducidade do método antigo de soletração ante o seu, como pode ser observado na carta enviada a seu amigo d. António da Costa de Sousa de Macedo, escrita em Lisboa em 27 de agosto de 1852, na qual diz que "a Casa Pia de Lisboa conserva ainda na sua numerosa escola o modo de ensino de que talvez se servia nos serões da arca o papá Noé entre seus filhos" (ibid., p.166).

Ao denunciar a face perversa da escola velha, António de Castilho defendeu a educação maternal e natural em detrimento dessas escolas-prisões.

Tomam-se as criancinhas do regaço de suas mães, ainda quentes dos seus ósculos, ainda agitadas dos seus folguedos livres, amigas da luz e do movimento, perguntadoras por instinto, pedindo a razão de cada coisa, ávidas de compreender, e que dispensariam tudo menos o carinho; tomam-se, enfeixam-se; onde as põem? Num cárcere, escuro aos olhos, tenebroso ao espírito, ornado de instrumentos de suplício, presidido por um gênio carrancudo, e onde a desatenção ao que é incompreensível, e o desamor ao que é repugnante, se castigam como atentados. (ibid., p.320)

A posição social que António de Castilho possuía era estratégica para tratar desses conflitos sociais (como o analfabetismo) e denunciar a face perversa de um sistema escolarizado até então institucionalizado, uma vez que havia sido enjeitado pela elite política e social portuguesa e, por mais esforço que fizera, não conseguira apoio governamental para a adoção oficial de seu método em Portugal, nas ilhas e, posteriormente, no Brasil.

Tais tentativas isoladas e sem uma determinação administrativa de adoção de seu método sob a forma de iniciativa oficial foram denunciadas como "discursos prospectivos e messiânicos desenvolvidos por pessoas eminentes, desejosas de deixar a marca das suas ideias na ordem social" (Chartier; Hébrard, 1995, p.119).

Castilho desejava deixar sua marca e, na ânsia de ser ouvido e de institucionalizar a escola que nascera de sua pena, percebendo que tal apoio não aconteceria, tornou-se agressivo com seus opositores, bem como com todos os métodos, modos e teorias educacionais propostos por esses adversários. De um monárquico convicto, amigo das letras e do povo, passou por um momento de isolamento e cobrou respostas sobre as tentativas feitas visando à adoção de seu método, o qual, em sua visão, havia tido sua rapidez e eficácia comprovadas há mais de uma década.

Entre inúmeros clássicos lidos por Castilho, a leitura de Rousseau é perceptível em sua escrita. Ao defender uma educação natural, António de Castilho criticava o encarceramento das crianças na escola como em galés; Rousseau, por sua vez, criticava o aprisionamento desde o nascimento, com o envolvimento em cueiros, até o encerramento em caixão na morte.

> O homem civil nasce, vive e morre na escravidão; ao nascer, envolvem-no em um cueiro; ao morrer, encerram-no em um caixão; enquanto conserva sua figura humana está acorrentado a nossas instituições. (Rousseau, 2004, p.17)

As reflexões acerca da condição da infância de Emílio, em Rousseau – na obra *Emílio, ou da educação* –, apresentaram uma perspectiva diferenciada para a época em que foram escritas, por tentar conservá-la em sua forma original, preservando-a desde que viesse ao mundo.

> Quando se trata de examinar a criança, fazem-no desembrulhar sua mercadoria; ele a exibe, todos ficam contentes; em seguida, ele embrulha de novo o pacote e vai embora. Meu aluno não é tão rico

assim, não tem pacote para desembrulhar, nada tem para mostrar, a não ser ele mesmo. (ibid., p.205)

Apesar da aproximação teórica com Rousseau nesse aspecto, António de Castilho não é seu companheiro de viagem. Rousseau desconfiava dos progressos prometidos pelo ideal do projeto civilizador; Castilho, ao contrário, abraçou tal projeto, entrando em uma campanha pedagógica e civilizatória que defendeu até o final de sua vida.

Rousseau, companheiro de viagem do movimento iluminista, não poderia ser com este confundido. Desconfiado do percurso adotado pelo gênero humano na rota da civilização, crítico dos progressos da razão humana por seu deslocamento da virtude, Rousseau dialoga com a Ilustração, legando-lhe inegavelmente rastros importantes. (Boto, 1996, p.26)

Essa é uma das contradições inerentes ao pensamento de António de Castilho; como ele, defensor e criador de um projeto de instrução para iluminar o "terrível achaque da ignorância popular", que se encontrava nas trevas, evocou um autor que visava justamente ao contrário, ao libertar a criança da servidão? Sob esse prisma, o Emílio de Rousseau não era tão livre assim. Tal contradição é inerente à história do homem moderno, pois, "se pudéssemos resumir toda a história do homem moderno em duas palavras simples e precisas, diríamos que sua linha mestra encontra-se no conflito entre a liberdade e a autoridade" (Machado, 1968, p.19).

Outra contradição de António de Castilho emerge de sua defesa da educação natural e maternal em contraposição à escola oficial. Como o autor de tantas cartas e reivindicações para a melhoria da instrução pública defendeu a supressão da escola oficial? Em uma espécie de surto de desespero contra os ataques de seus opositores, essa supressão das aulas públicas oficiais foi defendida em sua carta destinada a J. M. do Casal Ribeiro de 1º de março de 1859.

Tenho toda a fé, meu caro amigo, que o Método português, ou outro mais eficaz que depois dele possa aparecer (a questão não é de nomes nem de autores), tem de suprimir por derradeiro, como inúteis, as aulas públicas na sua quase totalidade; assim como se aboliriam os hospitais, a ser possível haver em cada casa quem pudesse e soubesse curar os enfermos. (Castelo-Branco, 1975, p.324)

O entendimento sobre essa contradição é que, como não havia conseguido apoio oficial para a adoção de seu método e desdenhava da escola que não nascera de sua pena, defendeu a supressão das escolas exigentes, apresentando às mães o seu método para que tomassem conhecimento dele e ensinassem seus filhos. A educação natural no espaço doméstico, pela mãe educadora, substituiria esses espaços de instrução por ele denunciados.

Para mim é dogma que tudo quanto da mãe se pode tomar, nem mesmo noutra mulher deve procurar-se, quanto mais em homens. E não é tudo, nem é isto o mais que em favor da escola natural pode alegar-se; o mais, o importantíssimo, é que desde que os filhos assim forem doutrinados por suas mães, já também doutrinadas assim, esses mútuos benefícios de ciência e de moralidade melhorarão por derradeiro e infalivelmente não só os futuros educandos, mas até as suas próprias educadoras (ibid.).

Como seu filho anunciou, Castilho fundamentou seu pensamento nas ideias de Froebel e Pestalozzi e admirava o caráter do último, atribuindo erroneamente à Alemanha o berço de seu princípio humanitário, que tendia a renovar e rejuvenescer o mundo pela educação.

Pestalozzi, alemão como ambos eles [Basedow e Wolke], e dotado de igual sentimento filantrópico e religioso, mas de espírito mais observador, e de coração ainda mais amante, funda com lidas honradas e perseverantes outra glória muito mais brilhante e sólida para a sua Alemanha, ampliando, como verdadeiro gênio que era, a obra daqueles seus predecessores. (Castilho, A., 1909c, p.41)

Referiu-se a Froebel nessa mesma linha humanitária, de pobre, mártir, "como todos os homens de coração" que, mesmo com dificuldades, "viaja a pé, carece de tudo, muitas vezes até de teto que o abrigue, reparte com a heroica esposa, companheira de seus trabalhos, uma fatia de pão negro muitas vezes escassa; espera sempre, e tudo do céu" (ibid., p.42) e, nesse espírito de abnegação e caridade, instituiu os jardins de infância, "segundo os intuitos da Providência" (ibid.).

O axioma religioso e filosófico que António de Castilho incorporou de Pestalozzi e Froebel evocava a missão do educador de averiguar as vocações especiais, resultantes das variedades dos organismos, e dirigi-las, em vez de contrariá-las, pelos caminhos mais curtos e de modo natural, preparando toda a gente para atuar em prol do bem comum, buscando a felicidade plena individual e coletivamente.

Pestalozzi! Verdadeira alma de grande homem, ou de grande mulher – tu foste o redentor da puerícia –, as mães deviam consagrar um monumento à tua memória, e os meninos emancipados por ti, engrinaldá-lo de geração em geração, como os escravos libertos iam pendurar os grilhões aos deuses Lares. (ibid., p.141)

Essa concepção harmônica da sociedade seria alcançada a partir do emprego do amor; António de Castilho exemplificou, por meio da parábola de Jesus, as barreiras que o mestre quebrou ao solicitar que as crianças se aproximassem, destruindo os muros que foram impostos a partir da repressão e separação das crianças de seu meio. Tal repressão era, para Castilho, incorporada às práticas da escola velha, que seu método português visava eliminar.

Tal fundamentação teórica incentivava sua busca pelas luzes para todos os cidadãos e todas as crianças, indistintamente. Seu método era, em suas palavras, uma obra "patriótica, humanitária e cristianíssima" (ibid., p.134).

Nas cartas de António de Castilho analisadas, havia inúmeras reclamações acerca do silêncio que recebeu ao solicitar posicionamentos sobre a possibilidade de adoção de seu método e de amparo oficial a ele.

> Amparo oficial para este ensino rápido e fecundo ainda também não principiou; o Conselho Superior de Instrução Pública limitou-se a dar ao meu método, quando se imprimiu, a banal aprovação que tem concedido a quarenta cartilhas de A B C; isto é: como era novo para os Mestres, como diminuía o tempo do ensino, e por consequência a dois títulos lhes repugnava, o Conselho desfavoreceu-mo, e, quanto dele dependia, enterrou-mo. O benemérito Comissário dos estudos deste Distrito, pagos pelo Estado para ensinar bem, veio aqui observar as nossas tarefas. (ibid., p.166)

Na batalha incansável pela adoção de seu método, Castilho o divulgava sempre, valorizando a rapidez e o gosto das crianças em aprender com ele, em oposição ao tédio dos estudantes expostos ao modelo antigo.

> O que V. Ex.ª já sabe neste assunto, porque os fatos notórios e numerosos lho disseram, e testemunhas das mais competentes e insuspeitas lho confirmaram, é que as crianças que fugiam das escolas velhas correm para as novas com alacridade: e que nelas não aprendiam em anos o que nestas aprendem em meses. (ibid., p.321)

O otimismo presente no início[5] da campanha pedagógica, em 1850, levara-o a supor que veria uma geração nova arrasar as "es-

---

5 Não é possível datar esse início em um ato específico. O autor refere-se a tal princípio em duas cartas presentes na coletânea de Castelo-Branco (1975). Ele relata sobre seus catorze anos de luta para implantação do método na carta de 1867 (Castelo-Branco, 1975, p.349) e sobre os cinco anos de criação e reformulação do seu método de ensino na carta datada de 1853 (ibid., p.198). De acordo com o conteúdo dessas duas cartas, tem-se como marco inicial o ano de

colas-açougues" velhas em suas práticas arcaicas. Registrou que "a geração nova há de lhe dever a ela o poder dançar sobre o terreno das escolas-açougues arrasadas, como os Parisienses do fim do século passado dançavam na área da Bastilha" (ibid., p.217).

Essa esperança António de Castilho levou até o final de sua vida, apesar de não conseguir sua materialização. Em carta de 1867, escrita catorze anos após o início de sua campanha pedagógica, relata seu cansaço diante de tantas lutas na tentativa de fazer a escola nova dançar sobre a velha; esse cansaço, porém, não minou sua esperança. "Mas também nisto que eu ia a dizer agora, eu desarrazoava. Quem me diz a mim que desses catorze anos de trabalho aparentemente baldos, paciente, debaixo da pedra?" (ibid., p.349).

Se a esperança de reconhecimento de seu método e de seu esforço fosse coroada por uma pátria agradecida, Castilho seria conduzido ao triunfo.

Que homem de alma, que homem de coração, que homem se não tornaria superior a si mesmo, para obter além dos prêmios de consciência e de Deus, estes da pátria agradecida! Sobre o peito o testemunho de que trabalhou! Nos sítios mais frequentados dos seus concidadãos a sua imagem! Sobre a sua sepultura um troféu! O túmulo assim se tornaria fecundo; e a estátua eloquentíssima. (Castilho, A., 1854, p.73)

Além da proposta de adoção do método português, que objetivava o ensino rápido da leitura, da escrita e do bem falar, Castilho escreveu obras que apresentavam concepções acerca de diferentes modos de ensino até então adotados e apontavam a necessidade de investimentos na instrução, entre inúmeros outros assuntos.

1847 para a produção do método e de 1853 para o começo da publicidade de sua campanha. Foram localizadas, porém, cartas do ano de 1850 em que Castilho enviava seu método a diferentes autoridades, pedindo ampla divulgação e adoção (ibid., p.132).

Uma dessas obras é a *Felicidade pela instrução*, coletânea de 15 cartas enviadas ao jornal *O Arauto*, apresentando uma série de propostas para a instrução primária que visava a essa ruptura com o "velho" na busca pela implantação de sua escola metódica. Nessa obra, António de Castilho descreveu a necessidade de uma instrução primária a todos a partir da descrição de seu programa, contemplando três aspectos: 1) mestres e escolas; 2) métodos e modos de ensinar; e 3) discípulos.

No primeiro ponto, direcionado a mestres e escolas, o autor critica a ausência de mestres habilitados, a precariedade do programa para os exames desses mestres e a falta de retribuição em dinheiro como estímulo para o ofício, pois "parece portanto que três coisas haveria aqui para fazer: simplificar racionalmente o programa; ativar severidade nos exames; ampliar, e muito, os ordenados, e mais vantagens aos professores" (ibid., p.55)

Em seu programa de reforma, no que tange aos mestres e às escolas, defendeu a necessidade de abrir uma Escola Normal em Lisboa e contratar quatro comissários inspetores, que se dividiriam em três para o reino e um para as ilhas, os quais, ao visitarem de surpresa as escolas, proporiam prêmios, castigos ou quaisquer outras providências para o bem do ensino. Outra sugestão consistia na distribuição de prêmios pecuniários anuais aos seis melhores mestres e doze melhores discípulos de cada um desses distritos literários do reino e das ilhas.

Tais escolas para instrução primária deveriam estar instaladas em casas apropriadas, sem luxo, espaçosas, claras, arejadas, mobiliadas, com cômodos para a residência do mestre e terreiro ou pátio com sombras verdes.

Até agora as escolas, quase todas têm sido nas residências dos respectivos professores. Não ponderarei a iniquidade de se compelir um pobre homem, ou uma pobre senhora, que tão pouco recebem do tesouro, e em tão duras lidas se consomem, a alugarem maiores casas do que para si necessitariam, a fim de terem nelas uma sala para o serviço público. Rogo porém se considere ou se examine com os próprios olhos, o como a pobreza, a penúria do mestre o força, quase em toda a parte, a tomar para escola uma enxovia, apertada, mal situada, mal distribuída, sem ventilação, sem luz, sem requisito algum dos que exigem a higiene, a humanidade, e o interesse do ensino. (ibid., p.56)

No segundo ponto proposto como reforma para a felicidade da instrução, Castilho diferencia os métodos dos modos de ensino.

O *método* é o processo; mas o *método* é processo interior e essencial, e o *modo* processo exterior e acidental. O ensino de qualquer disciplina supõe portanto um *método* e um *modo*; pois consta de uma parte intrínseca, e de outra extrínseca. (ibid., p.16)

Castilho desdenhava do modo de ensino baseado na monitoria e decúria, enaltecendo o simultâneo por constituir uma ordenação do múltiplo, visando formar de uma classe um só indivíduo moral. Nesta pesquisa, serão diferenciados os termos conforme utilizados pelo autor, sendo "modos" as maneiras de execução (como mútuo, individual, simultâneo e misto) e "método de leitura" o processo de didatização referente à metodização da alfabetização em suas diferentes marchas (sintética, analítica ou sintético-analítica).

Para a execução de seu método, António de Castilho indicou o modo simultâneo, entre um leque de opções até então praticado nas diferentes instituições. Para o autor, seu método introduziu o modo de ensino simultâneo, até então inexistente, uma vez que "o ensino simultâneo real não o havia nem o podia haver antes do aparecimento do Método português" (ibid.).

O *modo* de ensino é coisa muito diversa; a sua natureza é menos didática do que regimental, e policial. Ensinará o mestre a cada discípulo separadamente? Ensinará a todos conjuntamente? Estabelecerá decúrias conforme ao uso dos jesuítas? Círculos hierárquicos, desde si até os mais atrasados, como nas escolas lancasterianas? Eis aí *modos*; *modos* perfeitamente distintos dos *métodos*. (ibid.)

É descrita, por António de Castilho, a superioridade de seu método e do modo simultâneo em relação aos demais, superioridade essa referente também ao ordenamento da sala e ao disciplinamento dos discípulos. Ao tratar destes como último ponto da sua reforma, atribui a eles uma necessidade de estar sob constante vigilância.

O mestre começa desde logo a girar por entre eles, ensinando-lhes a pegar na pena, a terem os braços, o corpo, e cabeça na devida posição, vigiando que se não perturbem uns aos outros, e apontando a cada um o erro ou erros, que na sua escrita cometera; mas fazendo com que seja o próprio pecante quem por si reconheça, confesse, explique e corrija o seu pecado, e não o mestre. (ibid., p.77-8)

Os segredos para a felicidade pela instrução passavam por uma reforma na escola e pela habilitação e remuneração dos mestres, bem como pela implantação dos novos métodos e modos de ensino por ele propagados e pelo controle e vigilância dos discípulos, atribuindo a estes prêmios e punições. O controle e vigilância defendidos não se limitavam aos alunos.

Muitos pais não podem dar por si mesmos o ensino e a educação a seus filhos; mas nem por isso estão desobrigados de lhos darem por via de outrem, que será nesse caso vice-pai. O como estes vice--pais debaixo do nome de mestres, educadores, instituidores, pedagogos etc. devem ser aprovados e vigiados pelo Estado, o qual é o pensamento, a consciência, a autoridade e a força pública, já ficou provado segundo me parece. (ibid., p.59)

Dessa forma, observa-se que Castilho tinha um perfil projetado para o mestre de primeiras letras, que ultrapassava,

na perspectiva do autor do Método português, caracterizações de ordem psicológica ou mesmo moral, que compunham, por assim dizer, o senso comum acerca dos deveres do professor da época.

Ao mestre-escola – no parecer de Castilho – caberia um cuidadoso treinamento para adestrar todos os órgãos de seu corpo – desde a postura física, a ereção da espinha dorsal até a potência e volume da voz – como dispositivos a serem usados na composição de seu papel, para a tarefa de liderança, à qual ele estaria inevitavelmente vinculado, na direção firme daquele corpo coletivo e disciplinado constituído por seu grupo-classe. (Boto, 2012, p.66)

Quanto ao espaço físico das instituições de ensino, a descrição idealizada postulava que deveriam ser casas vastas, bem distribuídas e bem fáceis de servir e policiar. Essa constante vigilância deveria ser facilitada, inclusive, pela estrutura das salas e espaços escolares.

Seu terceiro pedido de ajuda, apresentado na obra *Correspondência pedagógica* (1975), em favor da escola primária, expunha uma sugestão autoritária para adoção e manutenção de seu método, implicando a perda de cadeira dos que desistissem do curso normal, obrigando-os a adotá-lo e "nunca mais ensinar por outro método" (Castelo-Branco, 1975, p.103).

Em sua forma de autoridade no trato com os professores, sugeria a fiscalização por parte dos inspetores e uma vigilância policial constante no cotidiano escolar.

O triste operário suporá, e bem, que morando numa cidade policiada onde o padeiro ou cortador que furtam ao peso, o taberneiro que tem medidas falsas, o merceeiro que vende comestíveis corruptos, e o boticário que tem as drogas velhas e sem virtude, todos são legalmente punidos, como, repito, poderá suspeitar, que numa tal cidade se tolere, sob alcunha de mestre, um homem que, por incapacidade ou desleixo, vende o alimento do espírito sem o devido peso, e os remédios contra a ignorância adulterados, ou como remédios contra a ignorância dos outros, a sua própria ignorância e os seus erros? (Castilho, A., 1854, p.46)

Dessa forma, observa-se que suas ideias propagandeavam uma ruptura com a mentalidade pedagógica de seu tempo.

2.1 Rupturas apresentadas no método português

No prólogo de sua obra *Método Castilho para o ensino rápido e aprazível do ler impresso, manuscrito, e numeração e do escrever* (1853), Castilho tratou da necessidade de levar as luzes da instrução ao povo e, consequentemente, tirá-lo do "reino das trevas" (Castilho, A., 1853, p.20). Essa revolução intelectual e moral rumo à emancipação estava anunciada na entrega de seu método de ensino ao príncipe d. Pedro II do Brasil.

A carta de emancipação da puerícia: é a boa nova já festejada por mães e a augura porque no ler e escrever popular se encerra tudo, uma nova era, uma revolução moral, destas em que reis, príncipes e pontífices devem arvorar o estandarte, tocar o primeiro rebate, e postar-se na primeira linha dos combatentes. (ibid., p.26-7)

Na dedicatória da escrita de seu método ao príncipe d. Pedro II, António de Castilho definiu a instrução como patrimônio geral, não como privilégio "nem como virtude nem mercê, e sim como justiça e pagamento da dívida, uma vez que subtrair, sonegar, aos espíritos o seu sol, dificultar-lh'o encubrirlh'o, e mesmo vender-lh'o é falsear a lei divina; é profanar a obra prima do Criador" (ibid., p.14).

Sua radicalização também teve início a partir da valorização do gosto da infância, ao desenvolver atividades e utilizar metodologias lúdicas (como o canto), abrindo espaço para o riso, alegria e prazer. "Como cantar é inteiramente do gosto da puerícia, convém que por um canto se abra a escola, e por outro se remate; d'este modo os discípulos terão pressa em chegar, e empenho em se conservar até o fim" (ibid., p.10).

A valorização do gosto da infância por atividades lúdicas se tornava em Castilho uma questão metodológica, porém não adquiria centralidade no processo educativo, uma vez que "alegre ou não, a escola deveria ser – de acordo com Castilho – minuciosamente regrada mediante procedimentos disciplinadores e moderadores da avidez da leitura" (Boto, 2012, p.52). Apesar de propagandear um método centrado na atividade da criança, o projeto pedagógico de Castilho vislumbrava uma prática de leitura controlada pela escola moderna, que surgia como "a instituição autorizada para o ensino da leitura". Para ele, "a escola primária seria o meio socialmente controlado para regrar o efeito da leitura, trazendo equilíbrio, ponderação e bom senso àquilo que, em princípio, seria atividade subversiva: a liberdade das vozes e indagações da leitura" (ibid.).

A segunda edição da obra *Método Castilho para o ensino rápido e aprazível do ler impresso, manuscrito, e numeração e do escrever*, datada de 1853, encontra-se disponibilizada no *site* da Biblioteca Nacional de Portugal. Apropriada, segundo o autor, para a escola e a família e dedicada ao príncipe d. Pedro II do Brasil, discorria sobre a necessidade da verdade e da ciência, filhas de Deus, como patrimônio de todo o gênero humano.

No prólogo, António de Castilho responde a três perguntas: Qual é a história de seu método? O que é esse método? De quem é esse método? Ao responder à primeira questão e historicizar sua prática de ensino, ele relembra sua estada na Ilha de São Miguel, em 1848, quando era professor nas escolas rurais de primeiras letras e percebeu a necessidade de criação de um método de ensino de leitura e escrita, escrevendo a partir do contato com diversas cartilhas nacionais e estrangeiras, modernas ou antigas.

Sobre o conceito do método, o autor anuncia características inovadoras, como a decomposição e a leitura auricular, a "mnemonização" por figuras e histórias de todos quantos caracteres e sinais pudessem apresentar, como letras do alfabeto e números e a introdução do ritmo pela frequência do canto, palmas e marchas. Ao anunciar um método novo, Castilho ia além dos modos de ensino (simultâneo, mútuo, individual, misto etc.), trazendo à tona, ou talvez introduzindo, a discussão acerca da divisão entre os métodos sintéticos de ensino e o método analítico.

Embora na obra *Felicidade pela instrução* (1854) tenha caracterizado o seu ensino como analítico e o de Jacotot como sintético, observa-se uma contradição em outras cartas acerca dessa classificação. Entre inúmeras rupturas propostas, a de transitar entre os polos dos métodos sintético e analítico trouxe uma inquietação e uma difícil tentativa de entender elementos que aproximariam e separariam o método português do método sintético, uma vez que aquele, apesar de refutar este, fazia uso dele constantemente. Pressupõe-se que a ruptura tão anunciada por António de Castilho se relacionava ao método alfabético de soletração, e não à marcha sintética.

Essa confusão entre as marchas sintética e analítica foi superada no texto que ele escreveu ao *Jornal de Coimbra*, quando, ao responder a um censor e crítico de seu método, diferenciou-o do método de Jacotot, de marcha analítica. Castilho definiu e diferenciou tais métodos, situando o seu ao lado da marcha sintética, uma vez que "Jacotot desce do maciço do período às palavras, às sílabas, às letras. Eu subo das letras às sílabas, às palavras, ao período, e termino aviventando-o com a pontuação" (Castilho, A., 1853, p.3).

Braslavsky (1971, p.59) diferencia os métodos de marcha sintética, "que vão da leitura dos elementos gráficos à leitura da totalidade da palavra", entre: 1) *alfabético, da letra, literal ou grafemático*, que parte dos sinais simples, letras ou grafemas; 2) *fonético*, que parte dos sons simples ou fonemas; e 3) *silábico*, que emprega como unidades-chave as sílabas, que depois se combinam em palavras e frases.

Castilho partia da decomposição da palavra falada e, preocupado com a escuta dessas palavras, partia da oralização, que para ele precederia o ato da escrita.

Acerca disso, dizia ele que a voz do homem, antes de expressar o pensamento, seria um desdobramento das afeições e do ânimo. Pelas palavras, poder-se-ia averiguar o corpo da frase, perscrutando nele as inflexões da alma. [...] Preocupado com a escuta da linguagem das palavras faladas, Castilho parte da oralização, compreendendo que este nível precede o ato da escrita. Acerca disso, dizia ele que a voz do homem, antes de expressar o pensamento, seria um desdobramento das afeições e do ânimo. [...] A arte da fala se haveria desmembrado a possibilidade da escrita, em torno da qual, posta a necessidade de comunicação do ser humano, cria-se o hábito da leitura. Por ser assim, qualquer movimento do aprendizado do ler e escrever passaria, no entender do poeta, necessariamente pela oralidade. (Boto, 2012, p.55-6)

Ao tomar a oralidade como ponto de partida no processo de ensino da leitura e da escrita, Castilho se encontrava em consonância com a matriz fonética, introduzindo críticas ao método alfabético da antiga soletração. Braslavsky (1971) trata das vantagens que os defensores do método fonético anunciavam em relação aos métodos da soletração e da silabação.

Para Braslavsky (ibid.), os defensores do método fonético o caracterizam pela economia de esforços da criança para aprender e do mestre para ensinar. Isso porque tal método partiria do desenvolvimento da capacidade para emitir o som de qualquer palavra nova e pronunciá-la combinando novos sons.

Ao evidenciar a confusão categorial dos métodos de ensino de leitura, a autora diferencia o método fonético do alfabético, fundamentado na antiga soletração.

A confusão é muitas vezes deliberada, já que precisamente a querela apela para qualquer recurso, ainda que não muito leal. E ela aumenta porque o método fonético parte dos elementos simples dos sons, do mesmo modo que o alfabético parte dos elementos simples das letras. Ambos são "de marcha sintética", como inicialmente vimos; no entanto, a natureza de um e de outro é diferente. (ibid., p.51)

Talvez fosse essa confusão que António de Castilho denunciava ao criticar o método velho e ao não romper com a marcha sintética. Mesmo partindo das "partes", buscava uma natureza diferente da matriz alfabética e silábica, que se aprisionava à mnemonização das letras sem estabelecer uma relação com o som da linguagem falada.

Ele adotaria, assim, uma matriz fonética, distanciando-se da alfabética e da silábica.

Dessa forma, Castilho diferenciara os métodos de marcha sintética em suas naturezas, movimento que, para Braslavsky (ibid.), os defensores da marcha analítica não conseguiram realizar naquele momento.

Os partidários do método global, especialmente quando defendem o seu caráter ideovisual, criticam o uso que o fonético faz do sentido da audição, que, para eles, corrompe a leitura da "ideia". Mas, ao mesmo tempo, atribuem a ele todas as calamidades que não pertencem precisamente ao fonético, mas derivam do propósito errôneo de ensinar de memória o nome das letras escritas, sem relação alguma com o som da linguagem falada. (ibid.)

O que António de Castilho reivindicava para si, mesmo não tendo elementos teóricos bem definidos naquele momento para uma designação e definição das marchas analítica e sintética, era a ruptura com a antiga soletração e silabação da marcha sintética, que tomavam as letras ou grafemas como ponto inicial do ensino da leitura. Para ele, o valor sonoro deveria ser o ponto de partida. Talvez a sua cegueira, que culminou em uma trajetória escolar traçada sobre as bases de uma matriz sonora, tenha causado o rompimento com os métodos de sua época, por evocar a sonoridade das palavras como pontapé inicial do ensino da leitura. A ruptura do seu método fonético com os modos sintéticos que circulavam – alfabético e silábico – é evidenciada aqui; ele rompeu com os métodos até então existentes, porém permaneceu no seio do método sintético. Tais aproximações e afastamentos são objeto de análise deste livro.

2.1.1 Rupturas no processo de ensino de leitura

A ruptura com o método da antiga soletração, em que se partia do conhecimento de cada letra do alfabeto para a composição das sílabas e, em seguida, das palavras, é anunciada por António de

Castilho ao defender como início do processo de alfabetização a sonoridade da palavra falada.

Apesar de anunciar o ensino de seu método pela palavra falada, na prática, seu ponto de partida eram as letras, ensinadas de forma isolada. A renúncia ao método sintético da antiga soletração não se materializava no cotidiano das escolas metódicas.

Ora, a leitura, segundo tais preceitos, não é diversa da do meu método; é diametralmente oposta. Eu faço somar os valores das letras para achar a palavra; Mr. Lemare mostra primeiro cada verso inteiriço; depois, cada palavra do verso, inteiriça; depois, cada sílaba de cada palavra do verso inteiriça; e só ao final se chegará às letras. (Castilho, A., 1853, p.54)

Castilho não abandonou o ensino do abecedário como forma de iniciar o processo de leitura, mesmo propondo o início pela palavra falada. No método moderno "decora-se o abecedário, termo médio em cinco ou seis horas, e alegremente, com toda a perfeição, ficando impossível o confundi-lo, e quase impossível o esquecê-lo" (id., 1854, p.27).

Conforme pode ser observado no Quadro 1, inicialmente, seriam ensinadas as letras, logo "entram-se a ler palavras, e dentro em pouco, períodos" (ibid., p.28); nesse processo de mnemonização rápido e alegre das letras, Castilho apresentou o abecedário como um código breve, claro, rimado e cantado.

Cada letra estava representada por uma figura que, além de se assemelhar na feição de sua imagem, era produzida a partir de uma historieta, "clara, agradável, óbvia e impossível de esquecer ou de se confundir, a razão do nome ou valor da mesma letra" (Castelo-Branco, 1975, p.147).

As letras não eram apresentadas na forma convencional do método de soletração, seguindo a disposição do alfabeto rigorosamente. Adotando o princípio da analogia das letras ou simpatias mútuas, Castilho as rearranjou em lições. Para a introdução de cada letra, contava-se uma história baseada na figura representativa da

MÉTODOS DE ENSINO DE LEITURA NO IMPÉRIO BRASILEIRO   119

Quadro 1 – Lições do "Método português", de António de Castilho

Lição 1	Análise e síntese das palavras; distinção dos seus elementos em sons e articulações; letras vogais ou sinais visíveis em que os sons se traduzem; ritmo.
Lição 2	Recordação da primeira lição. Mostram-se as consoantes que não têm análogas: m, n, l, r.
Lição 3	Repetição dos exercícios. Mostram-se as consoantes que têm análogas: b, p; d, t; f, v.
Lição 4	Repetição das precedentes. Reúnem-se as consoantes uníssonas ou de idêntico valor: q, k, c; c, s, z, x; j, g.
Lição 5	Recordação dos precedentes. Sons nasalados.
Lição 6	Recordação dos precedentes. Articulações compostas.
Lição 7	Recordação dos atrasados. Leitura em palavras.
Lição 8	Recordação dos atrasados. Elementos da palavra que se representam por mais de um sinal. Sinais que representam diversos valores.
Lição 9	Divisão das letras em vogais e consoantes.
Lição 10	Recordação dos atrasados. Leitura de "logogrifos". Vencem-se as dificuldades para a leitura de certas combinações de letras. Leitura de palavras com sucessivas subtrações de letras.
Lição 11	Recordação. Exposição e formulação mnemônica da ordem alfabética.
Lição 12	Recordação. Vários alfabetos impressos, mostrados uns pelos outros.
Lição 13	Recordação dos atrasados. Pontuação e diversos sinais que, na escrita, se empregam para aclarar o sentido e determinar as inflexões.
Lição 14	Recordação. Catálogo das palavras curtas mais usuais. Catálogo das terminações mais frequentes em português. Contos para ler com pontuação.
Lição 15	Pontuação, regras, leitura auricular, leitura de manuscrito.
Lição 16	Abreviaturas mais notáveis.
Lição 17	Decomposição; leitura auricular; regras; pontuação; escrita na ardósia.
Lição 18	Pré-noções numéricas.
Lição 19	Recordação de contagem vocal. "Mnemonização" dos algarismos arábicos.
Lição 20	Leitura de números.
Lição 21	Leitura de numeração romana.

Fonte: Sintetizado e elaborado pela pesquisadora a partir da obra *Método Castilho para o ensino rápido e aprazível do ler impresso, manuscrito, e numeração e do escrever* (Castilho, A., 1853)

própria letra, quer era apresentada como sombra do desenho. Ao término de cada lição, havia um divertimento, uma forma lúdica de aplicar o que foi ensinado (Castilho, A., 1853, p.14). O ponto de partida do processo de ensino da leitura era o ensino da sonoridade das letras.

Ora, se na compreensão de Castilho o segredo da língua reside na sonoridade das letras, estas situavam-se como o princípio mesmo da alfabetização. Criticando os modos tradicionais de proceder à soletração, Castilho atribui à nomenclatura do alfabeto as dificuldades no aprendizado do ler. Seu trabalho, então, centrar-se-á no estudo do método. (Boto, 2012, p.54)

Observa-se em Castilho uma dependência entre "os pares ler-
-escrever e escrever-falar, onde o ler se subordinaria ao escrever e a escrita estaria subordinada à fala; daí a suposição de todo o processo da leitura remeter-se à fala" (ibid.), evocando princípios do método fônico.

Braslavsky (1971) anuncia tais adaptações como tentativas, por parte do método fônico, de despertar o interesse dos aprendizes, em contraposição aos excessos de mecanização propostos pelos métodos silábico e alfabético.

Outras objeções se referem à falta de interesse que o método oferece e seus excessos de mecanização. A repetição de sons sem sentido, dizem certos autores, adormece a capacidade para compreender o que se lê. Para superar esse gênero de dificuldades, introduziram-se diversas inovações. Em alguns manuais se apresentaram animais, ou pessoas, que em situações determinadas produzem o som que se deseja sugerir. Por exemplo, uma mulher produz a interjeição – Aaaaa, ante um vaso que se quebrou. Outra variante consiste em acompanhar a letra de uma gravura que represente a palavra, cuja letra inicial seja esse som. São as "palavras-
-chave". (ibid., p.54)

No método Castilho, a figura da letra U, por exemplo, está apresentada sob a forma de um "formidável" poço, que "faz lá embaixo uns ecos, que é gosto ouvi-los! Os rapazes, e mesmo a gente grande, em se chegando a ele debruçam-se para baixo a gritar: u, u, u! que sai lá do fundo!" (Castilho, A., 1853, p.38). Pela sombra do poço apresentava-se a vogal U em seu sinal gráfico e em sua sonorização.

Figura 5 – Introdução da letra U, u por meio historietas no "Método português"
Fonte: Castilho, A. (1853, p.9)

Cada sinal gráfico era representado por uma história que buscava harmonizar o aspecto gráfico com o sonoro. Na lógica de António de Castilho, ao apresentar a letra U graficamente, os discípulos a associariam ao poço e ao som U, representando o eco no fundo do poço.

Essa lógica de associar a sombra do elemento central da historieta (nesse caso, o poço) à representação gráfica de cada letra (nesse exemplo, a letra U), relacionando a imagem ao som de cada palavra, foi empregada na apresentação de 52 consoantes e vogais, incluindo suas formas maiúsculas e minúsculas. Para Castilho, a decomposição dessas palavras seria, ainda, a leitura auricular, "só com a diferença de que, em lugar de se proporem os valores, ou letras, se propõem as figuras a que as letras se referem" (ibid., p.118). Para cada valor sonoro e gráfico, ele elencou uma palavra (representada pela figura da historieta), como mostra o Quadro 2.

António de Castilho exemplificou a composição de palavras pela leitura auricular por meio da representação de figuras que, em suas projeções, apresentavam as grafias das letras.

Quadro 2 – Objetos cujas sombras são usadas para apresentação das letras

E	Padeiro
I	Pateta
Y	Arlequim
O	Arco
U	Poço
M	Medida
N	Bordão (mandrião arrimado como bordão ao pilar)
L	Ledor
R	Pandeiro
B	Bois
P	Mastro (homem trepado ao mastro)
D	Escudo
T	Martelo
F	Escorva (velho da pistola)
V	Bomba
Q	Trombeta
K	Ferro
C	Comprimenteiro
Ç	Fitas no sapato
S	Cobra
Z	Raio
X	Tesoura
J	Pistola
G	Repucho
H	Turco

Fonte: Sintetizado e elaborado pela pesquisadora com base na obra de Castilho (1853, p.118-9).

Exemplo deste modo de fazer a leitura auricular:
Pergunta: Medida, Árvore, Pandeiro, Pateta, Árvore?
Resposta: Ma-ri-a – Maria.
Pergunta: Comprimenteiro, Árvore, Pandeiro, Árvore, Bomba, Padeiro, Ledor, Árvore?
Resposta: Ca-ra-ve-la – Caravela. (Castilho, A., 1853, p.183)

A leitura auricular por meio das palavras que representavam o objeto central das historietas, cujas sombras, por sua vez, referiam-se ao sinal gráfico das vogais e consoantes, era apresentada como uma diversificação na aplicação do método português, como mais uma das atividades que não deixariam o tédio vencer os alunos. Em sua lógica, essa associação do sinal gráfico ao som facilitaria o aprendizado e envolveria os discípulos. A figura e sua sombra, ou seja, o objeto e a letra, tornar-se-iam "uma mesma coisa" (ibid., p.182).

Castilho exemplificou a diferença entre aprender a letra U por meio de seu método e pelo modo convencional (método da soletração).

A letra U, que o nosso estudante aprendeu de relance, ficou-lhe para toda a vida; por quê? Porque o feitio do U é o da cisterna que ele viu pintada; e o som do U é o que da cisterna sai quando lhe gritam ao bocal. O vosso martirzinho aprendeu entre lágrimas, e em largo tempo, que a letra U se chamava U, porque se chamava U, e tinha aquele feitio, porque tinha aquele feitio. (id.; 1909c, p.56-7)

O autor clamava para seu método o lúdico e o atrativo em busca de uma educação natural, não repressora ou adestradora. Advertiu que suas histórias foram resumidas e concentradas, cabendo ao professor a imaginação e ampliação com novas circunstâncias, pessoas e elementos bem conhecidos e familiares aos ouvintes. A participação das crianças nas histórias que introduziam as letras seria fundamental, em sua opinião.

Quando a natureza do assunto for de riso, como na história da figura d'algumas letras, os seus discípulos podem rir; até lhes deve ser consentido o comentarem, o gracejarem, o responderem todos simultaneamente, o fazerem bulha; tudo isso (não passando a excesso) contribui para tomarem, desde o princípio, o gosto do estudo, e os predispõe para fazerem nele maior progresso. (id., 1853, p.3)

Ao citar sua novidade no ensino das letras, Castilho (ibid., p.30) descreveu a dificuldade para completar os desenhos e as historietas, chegando a desistir por três vezes. Segundo ele, sua amizade com o desenhador e escultor d. Manoel Monteiro o socorreu, já que este desenhou as 52 figuras em grandes quadros.

Após a segunda lição, em que eram apresentadas as vogais e as consoantes m, n, l e r, seriam mostradas palavras para os alunos lerem. As palavras aprendidas nas lições precedentes seriam introduzidas para a composição de novas palavras, partindo das mais simples para as mais complexas, atendendo à lógica da gradação.

Na carta enviada por António de Castilho ao redator de *A Revolução de Setembro*, datada de 21 de fevereiro de 1851, o autor respondeu ao ataque do Sr. Rosa, que definia o método português como sintético e afirmava que, apesar de apresentar elementos novos (como historietas e marchas), ele não rompia com a lógica de partir das palavras para a composição do todo. Em sua defesa, Castilho afirmou a impossibilidade de ensinar de outra forma (partindo de textos ou palavras mas desconhecendo as letras).

Ao tocar nesse ponto, o autor mostrou conhecimento sobre a proposta analítica de Joseph Jacotot, chegando a criticar seu método como aforismo por se tratar, em princípio, de uma obra filosófica, desprovida de elementos práticos que demonstrassem e provassem como ensinar a ler sem conhecer as letras.

Ao opor dois métodos de ensinar, o que parte das letras e o que desconsidera esse ponto de partida, Castilho afirmou que, "se então se provasse que o ensinar a ler antes de conhecidas as letras dava em classes plenas mais plausíveis resultados, seria eu o primeiro a pedir, a persuadir, e por minha parte a fazer que ao meu método se antepusesse esse decididamente" (Castelo-Branco, 1975, p.150). Diante dessas oposições, emitiu seu parecer: inclinava-se ao método analítico pela via do ensino universal de Jacotot, em que "não havia nada que inventar, era abrir o primeiro livro e começar a ler" (ibid., p.144), mas na busca por ensinar muitos alunos ao mesmo tempo, o método sintético era o preferido.

O método sintético sim, esse era para as multidões, e quanto maiores elas fossem, mais energicamente havia ele de operar, pois era na máxima parte um espetáculo; empreendi-o pois, estudei-o, meditei-o longa, pertinacissimamente, desfi-lo peça por peça, refundi muitas, limei-as, poli-as, muitas fabriquei novas, introduzi-mo-las mais possantes, variei o jogo do mecanismo, multipliquei experiências, baldei não poucas, lidei enquanto incrédulos riam, e enquanto dormiam eles a frouxo as suas noites, velei eu as minhas, e amarguei-me, preparando, calado e obscuramente, instrução para os pequeninos, e para mim as pedradas inevitáveis que já começam a chover-me. (ibid., p.145)

Para António de Castilho, leitura e escrita faziam parte de uma mesma moeda, sendo imprescindível apresentar as letras a partir de elementos já conhecidos da palavra falada.

Cada ideia é imagem de um objeto, cada palavra falada representação de uma ideia; cada palavra escrita representação de uma palavra falada; cada palavra lida tradução fônica de uma palavra escrita. O ler é portanto dependente da escrita, como a escrita dependente do falar. Para bem se ensinar devia começar-se por estudar e reconhecer a palavra falada. (Castilho, A., 1853, p.26)

O autor buscava para si a honra de ser criador de um método disruptivo pautado em uma análise prévia minuciosa da palavra falada e, após a pronúncia e leitura auricular, sua decomposição em sílabas para distinção de seus elementos. A máxima do método português consiste em partir da palavra falada para chegar às letras isoladas;

apresentar a palavra falada antes da escrita; "a palavra falada não se pode fazer palavra escrita elementarmente, senão dividindo-se elementarmente; dividiu-se sem custo em sílabas; subdividiu-se das sílabas ainda em elementos" (id., 1909b, p.14). Fundamentados na definição do método de leitura de Braslavsky (1971), pode-se situar António de Castilho na defesa do método fonético, justamente por partir da palavra falada decomposta em elementos e, dessa forma, reivindicar a primazia da linguagem falada na aprendizagem da leitura, partindo do que se "ouve e fala" para chegar ao que se "escreve e vê".

Quando analisarmos as correntes que atualmente tratam de interpretar esse processo, veremos que todas coincidem em destacar o papel que desempenha a linguagem falada como antecedente da aprendizagem da leitura, e que, para chegar a ela, parte-se da linguagem que se ouve e que se fala, chegando-se depois ao que se escreve e se vê, segundo os símbolos convencionais representados numa superfície. (ibid., p.56)

Na proposta de Castilho, ao processo de decomposição e análise das palavras estava atrelado o processo de composição e síntese. A partir do momento em que os discípulos conseguiam seguir a marcha da decomposição, o mestre elencava as palavras isoladas para que estes as juntassem em sílabas e palavras; "decompuseram palavras, componham-nas; têm andado no caminho que leva pela escrita à leitura, entrem no que leva pela leitura, são por este método inseparáveis" (Castilho, A., 1853, p.23).

A leitura auricular consistia na decomposição e síntese do objeto de leitura: a palavra falada. Seguem dois exemplos de decomposição da palavra trabalhada inicialmente em um contexto globalizante.

MESTRE = F, e, r; m, em; t, u?
CORO DE DISCÍPULOS = Fer; men; tu: Fermento.
MESTRE = Q, â; r, â; v, é; l, â?
CORO DE DISCÍPULOS = Ca; ra; ve; la: Caravela.

É isto o que nas nossas escolas se chama leitura auricular. (Castilho, A., 1853, p.24).

Boto (2012, p.57) define a leitura auricular como uma "biforme repetição do mesmo processo", a partir da decomposição do objeto da leitura (a palavra), para que o aluno reconhecesse seus elementos sonoros correspondentes aos valores da escuta das letras.

Compreendendo que a habilidade da leitura deriva da competência da fala, o método de Castilho, que se pretende explicitamente simples, eficaz e rápido, combina, analisa e disseca sons da palavra falada, decompondo-a em seus elementos fônicos e recompondo-a na sua totalidade de significado. É para tanto que Castilho sugere práticas entrelaçadas de decomposição das palavras em letras, atribuindo a estas a sonoridade que lhes seria original, para reconstituir, no final, a lógica da palavra inteira. (ibid., p.56)

Tal método se baseava no ritmo a ser acompanhado pelos discípulos com uma palmada ou pancada de vara a cada palavra, sílaba ou letra proferida, sendo indispensável o uso do compassador, "máquina que ideei para marcar aos olhos e aos ouvidos os tempos com qualquer grau de velocidade desejável, a cadência rítmica com muito mais facilidade se adquirirá e com muito mais perfeição" (Castilho, A. 1853, p.16). A marcha também estava presente para marcar a decomposição da palavra em sílabas e destas em letras.

Este exercício, em que tem de se harmonizar três coisas, o movimento dos pés, o das mãos, e a voz, é forçosamente irregular e quase tumultuário no seu princípio, mas como é parte importantíssima para o ritmo, convém aplicar-lhe todo o cuidado até se obter a marcha silábica perfeita; também para aqui pode ser de grande auxílio o compassador. (ibid., p.20)

A marcha silábica e fonética proposta por António de Castilho consistia em um exercício de decomposição da palavra pela leitura auricular; após esse exercício, prosseguia-se à leitura ocular, em que eram apresentados quadros de formas e sons de letras. Assim que os discípulos estivessem adiantados na leitura de palavras soltas, antes de passarem da segunda para a terceira classe, seria introduzido o estudo da escrita, que auxiliaria e seria auxiliado pela leitura de palavras soltas.

Ao relegar o ensino da escrita a um segundo plano, após a aprendizagem da leitura, observa-se que algumas renovações propagandeadas por Castilho não eram efetivadas na materialização de seu método.

Ainda que se pretendesse renovador, o Método Castilho supunha o aprendizado da escrita posteriormente à aquisição da leitura, tal como ocorria cotidianamente no interior das escolas portuguesas. Para Castilho, haveria inclusive uma anterioridade lógica da leitura sobre a escrita. (Boto, 2012, p.55)

Na prática, o professor, seguido pelo discípulo, dizia uma palavra, depois a repetia e a dividia compassadamente em sílabas, marcando cada sílaba com um passo e com uma pancada sonora da mão direita na mão esquerda. Após essa decomposição silábica inicial, realizar-se-ia uma decomposição em letras. O exercício que até então estava limitado aos ouvidos e boca entrava em um terceiro estágio, a leitura ocular, na qual as letras móveis, fixadas na grade, eram agrupadas e passavam a compor tais palavras.

Para escrever, restava-lhe saber fazer letras de mão. Para isso, o professor utilizava cartões pretos com letra pintada com tinta branca, ordenados em ordem crescente de dificuldade, e os discípulos com giz, lápis branco ou lápis de pedra copiavam a letra na ardósia ou tábua preta. Segue-se a ordem do processo:

> O processo para a escrita de cada uma destas palavras deve ser invariavelmente o seguinte: apenas o discípulo a ouve, repete-a desmembrada em sílabas com uma palmada da mão direita na esquerda; depois pronuncia a primeira sílaba à moda de bêbado,

isto é, estirando a voz por todos os elementos de que ela consta; finalmente: esses mesmos elementos ou letras que proferiu, escreve-os seguidamente, faz o mesmo com a segunda sílaba, o mesmo com a terceira, se a há, e assim até ao cabo, de maneira que, por mais comprida que seja uma palavra, a atenção nunca se acha carregada de mais de uma só sílaba. (Castelo-Branco, 1975, p.154)

A cultura material escolar na obra de Castilho se apresentava na forma de cartões indicando as letras e lápis para sua reprodução, além do giz para escrita na ardósia, sendo imprescindível verificar a relação entre método e material, "exercício historiográfico que possibilita evidenciar marcas de um modelo escolar que se está forjando" (Barra, 2016, p.80).

Era um novo rosto que se desejava para a situação escolar. A modificação pretendida visava sobretudo à institucionalização do modo simultâneo, até então praticamente inexistente [...]. Haveria, também, "um quadro preto de madeira, em que se possa escrever com giz, e que se monta, ou adapta, quando é preciso, em maior ou menor altura, segundo convém". A sala de aula de uma classe de *Leitura Repentina* contaria, ainda, para ficar completa, com giz, esponja (ou pano para apagar), vara para apontar, coleção de estampas com figuras das letras, estantes armadas com os quadros do alfabeto, um exemplar do livro do método para o professor, "uma ardósia para cada discípulo, com a competente pena de pedra, lápis ou *gessetto* [giz]". (Boto, 2012, p.65).

Com base nos fundamentos apresentados no estudo de Valdeniza Barra (2016), observa-se como esses materiais escolares estavam permeando o processo de transição do ensino individual e mútuo para o simultâneo. A autora conceitua a ardósia, bem como seu uso escolar, sob dois prismas: o natural, que se assemelha ao material utilizado na arquitetura, e o artificial, que, suprindo os inconvenientes do natural (como peso, textura, fragilidade e rigidez), passou por um processo de transformação rumo à consolidação do uso do quadro-negro.

O quadro-negro teria surgido entre o final do século XVIII e o início do século XIX. Em ambos os registros, é um instrumento de ensino coletivo, que aparece vinculado à simultaneidade do ensino de ler e escrever. É material escolar que marca o método de ensino de transmissão simultânea e divide espaço, tempo e exercícios com a ardósia de uso individual. (ibid., p.36)

A técnica de apresentação das letras a partir de cartões fixados em mural já era recorrente nas escolas de La Salle,[6] sendo definida como "carta mural".

A carta era um quadro com a lição de leitura impressa, recurso material proposto por La Salle e cujo caráter coletivo possibilitava a superação do ensino individual pela instituição da intervenção simultânea do ensino. Este tipo de material coletivo possibilitava maior rapidez na aprendizagem inicial da leitura. E não era só isto. (ibid., p.37)

Segundo Barra, até então, o princípio da simultaneidade era expresso pela prescrição aos alunos de ter "livros semelhantes" para que pudessem "ter a mesma lição" (Campagne, 1886, p.636 *apud* Barra, 2016, p.37).

António de Castilho (1909c, p.16) afirmou que seu método português suprimiu o silabário que reinava nas escolas antimetódicas, passando logo das letras às palavras. Na ânsia por entender o pensamento pedagógico de Castilho, é importante destacar sua oposição à soletração e à silabação sem uma ruptura com a forma sintética de ensinar.

---

6 "Jean-Baptiste de la Salle nasceu em Reims, em 30 de abril de 1651, e morreu em 7 de abril de 1719. Fundou o Instituto dos Irmãos das Escolas Cristãs. Defendia a instrução gratuita para crianças pobres, órfãs e outros pobres que precisavam trabalhar e não podiam estudar. Teve conflitos com as corporações de mestres-escrivães, porque propunha a vulgarização da escrita" (Barra, 2016, p.35).

O Sr. Rosa autorizou o termo, meter os inocentinhos tão alegres de terem aprendido o alfabeto na enjoada galé do *ba, be, bi, bo, bu*; *ca, ce, ci, co, cu*; *da, de, di, do, du*? Que gosto podiam eles achar nessas sílabas abstratas, nesses sons magnetizadores, que nada encerram nem para a razão nem para a fantasia? Em vez disso o que fiz? Fiz obra de amigo da infância, e de alma caritativa, dei palavras curtas para que as lessem, leram-nas, gostaram, aprenderam. (Castelo-Branco, 1975, p.152)

Na ruptura proposta por António de Castilho, a imobilidade e a repetição davam lugar à variação de exercícios.

Leram muito no quadro? passem a ler auricularmente; – decompuseram sentados? Decomponham marchando; – responderam às perguntas sobre cada letra? Cantem as regras; – leram no impresso? Escrevam nas ardósias; – leram por figuras? Façam-se hieróglifos, ou desenrole-se o Mississipi; – leitura em coro; – leitura individual; – leitura por bancos; – leitura alternada a dois coros; – um parágrafo sentado, um parágrafo em pé; – numeração arábica; – leitura por cima; – escrita ditada; – escrita *ad libitum*, etc. etc. (Castilho, A., 1853, p.11)

As atividades envolvendo a relação entre professor e discípulos, o material escolar, os tempos e os espaços estão bem representados na apresentação do método de Castilho, que talvez por isso tenha sido tão crítico ao ensino universal de Jacotot, que, para ele, é recheado de aforismos e carecedor de explicações pontuais que envolvam o cotidiano escolar e a materialização do método proposto. O método de Jacotot será analisado no Capítulo 4.

2.1.2 Rupturas com o modo de ensino mútuo

António de Castilho considerava seu método superior ao do ensino mútuo pois, segundo ele, "um só mês de ensino rítmico nas nossas escolas dá mais fruto real que dois anos bem repicados e apitados de ensino mútuo" (Castilho, A., 1853, p.XLVI). Ele via a criança como um ser ativo, que deveria ser conduzida para adotar uma postura questionadora em relação aos saberes que a cercavam, e por isso propunha considerar "os discípulos como filhos, pelo menos como amigos, em todo o caso como homens; não recuse jamais uma elucidação que se requeira; provoque até proporem-se--lhe dúvidas" (ibid., p.8).

A superioridade descrita por Castilho em relação ao método mútuo consistia na primazia do ensino simultâneo, no sentido de "transformar o heterogêneo, variado e desagregado em uma totalidade uniforme, normatizada, mecanicamente regulada por um único regente da orquestra escolar: o mestre" (Boto, 2012, p.57).

Ao se envolver nesse debate sobre métodos de ensino, António de Castilho encontrou opositores, por defender exclusivamente "a escola que nasceu de sua pena; aliás, segundo ele, essa seria a única instituição pedagógica assente em bases naturais" (ibid., p.58).

A convicção da excelência dele não admitia contradita, mas os professores não lhe aceitaram a ditadura metodológica. A polêmica doutrinal foi áspera e nela acabaram por ser implicados a escola tradicional, a deficiente preparação dos professores, os obstáculos à difusão do ensino. (Fernandes, 1978, p.116)

A necessidade de aprofundar as fontes para análise das matrizes do método de ensino proposto pelo português António Feliciano de Castilho e da forma como ocorreu a apropriação dessa inovação em território brasileiro, atentando para a concepção de infância daí decorrente, é desafiadora por conceber a necessidade de entender as próprias matrizes do método de ensino simultâneo, bem como sua forma de introdução no Brasil.

Castilho desdenhava dos que recusavam o ensino simultâneo e não adotavam inovações (como atividades ritmadas com nítida conotação disciplinadora, a leitura escolar feita em coro e das demais atividades previstas para um grupo).

O método simultâneo, definido por Boto (2012, p.288) como "maestro da orquestra escolar", foi responsável pela delimitação de um espaço próprio para aprendizado, pela marcação de um tempo para cada lição (que naquele momento não era mais dada de forma individual), pela definição de um universo de saberes e pela exigência de um profissional dotado de competências para reger uma classe homogênea.

Na visão de Castilho, a fuga para os discípulos submetidos ao método individual (que, na maior parte do tempo, ficavam entregues à própria sorte) eram as provocações, confusões entre colegas, inquietação, cansaço e falta de sentido no cotidiano escolar. A saída dessa prisão escolar estaria no trajeto da escola para a casa, no qual um ataque de gritos de liberdade como forma de protesto de ordem da natureza denunciava a pressão absurda e inútil que esse espaço impunha.

Que significa tudo isto, espectadores homens e humanos? Tudo isto são protestos da natureza contra uma pressão absurda, inútil, contraproducente; quando não, aguardai a hora do levantar da escola; é uma debandada, um frenesi, uma fúria; saltam fugindo uns por cima dos outros; a rua, ou a praça são campo estreito para as suas carreiras, para as suas lutas, para os seus tripúdios, para as suas guerras; é o delírio e o excesso da liberdade que se reconquistou; os livros aborrecidos tornaram se projéteis; as vozes represadas rebentam em celeuma; a árvore, a vidraça, o animal descuidoso, o passageiro indiferente, são outros tantos alvos a pedradas; os mais pacatos vingam-se em arremedar, entre as risadas dos circunstantes, a carranca, a voz, as posturas, e os movimentos do preceptor. (Castelo-Branco, 1975, p.342)

Em consonância com o desejo de António de Castilho de democratizar a instrução pública, em seus primeiros trabalhos na instrução, na Ilha de São Miguel, a historiografia da educação mostra o processo de obrigatoriedade da frequência das crianças às escolas, sob pena de multa, que os pais obtiveram ao longo dos anos. Castilho não acompanhou a materialização de seus desejos, mas a história se manteve do lado de seus ideais.

Para escolarizar as crianças, Castilho propôs modelos de espaços instrucionais e modos de ensino que, além de homogeneizadores de comportamento, tornaram-se espaços de "experimentações" de diferentes métodos. Dentro desse espaço, o método simultâneo ganhava força em Portugal e, em menores proporções, no Brasil. Diante da inquietação com o velho método, foi anunciado um novo, coordenado, regulado e atraente, que operava de modo simultâneo. Observa-se uma necessidade de analisar as matrizes teóricas e históricas desse ensino, que mantém uma infância vigiada e calculada em seus tempos e ações escolares; necessidade de se aprofundar nas fontes para análise dessas matrizes históricas, filosóficas e sociais do ensino simultâneo e da forma como se deu a apropriação desse método "inovador" em território brasileiro, atentando para a concepção de infância daí decorrente.

2.2 Adeptos do método português em Portugal e no Brasil

Um sujeito atuante na instrução, com tamanha pretensão de reformar todo o sistema de ensino até então existente, desdenhando de todos os elementos da escola por ele intitulada velha – principalmente em seus métodos e modos – e propondo uma revolução intelectual e moral seria no mínimo polêmico, atraindo alguns opositores e outros adeptos.

António de Castilho se orgulhava de sua produção e atuação, enumerando, dentre várias fontes, as medalhas que recebera de seus adeptos, que o reconheceram como um patriota dedicado. Essas medalhas foram dadas por diferentes instituições e com elas o "autor do *Método português* se ufana de cobrir o seu peito portuguesíssimo" (Castelo-Branco, 1975, p.54).

A primeira, pela Sociedade dos Amigos das Letras e Artes em S. Miguel, berço da invenção; a segunda, pelos alunos, e no encerramento do curso normal de Lisboa, em Janeiro deste ano; a terceira pelo centro leiriense e seus alunos, depois do curso normal finalizado ali no mês pretérito. (Castilho, A., 1854, p.21)

Para responder aos ataques dos adversários, Castilho nomeou as associações, escolas, professores e departamentos do governo que adotaram seu método e reconheceram a superioridade dele em relação ao antigo.

As sociedades mais respeitáveis, a dos amigos das letras e das artes de S. Miguel, a dos asilos de infância desvalida, a industrial portuense, o centro promotor dos melhoramentos das classes laboriosas, o centro promotor de instrução primária no distrito de Leiria, as associações fraternais de algumas das artes e ofícios, o comando em chefe do exército, os governadores, civis, quase todos, o governo, o parlamento, e a parte sã e ilustrada da imprensa, tudo se tem alta e solenemente declarado pelo Método português, não a priori, mas depois de provas práticas. (ibid., p.20)

Para a elaboração deste livro, foram localizadas cartas dos dirigentes dessas instituições que adotaram o método português e que registraram em jornais suas experiências e elogios, além de cartas entre Castilho e as associações e cartas pessoais, entre outras fontes que apresentavam louvores ao referido método.

Um exemplo dessas fontes históricas localizadas é a resposta dos senhores Wirth e Silva Rosa, que, depois de uma prudente e longa dúvida, louvaram o método português em favor da nação com grande crédito e juízo, defendendo-o nos periódicos *Revolução de Setembro* e *A Lei*.

O voto do snr. Silva Rosa é para nós precioso, como o do habilíssimo Professor o snr. Wirth, e como o do snr. Mendes Leal, que no seu periódico *A Lei* confessava, por ocasião de relatar o que vira no Asilo dos Calafates, deu a sua opinião em favor do Método novo algum peso devia ter, pois a esse respeito fora Saulo antes de ver, e depois de ver ficará Paulo. (id., 1909b, p.114)

Evocando uma história bíblica, Castilho comparou a contemplação miraculosa que Saulo tivera antes de se transformar em Paulo aos resultados visíveis da rapidez do método e da forma como as crianças participavam ativamente, com palmas, marchas e gosto. O artigo intitulado "Leitura repentina", assinado por A. Forjaz, foi localizado no periódico *O Instituto* de 1853 e apresentava a "grande e maravilhosa revolução literária" (*O Instituto*, 1853, v.1, p.174) proposta por Castilho, com um resultado extremamente positivo, uma vez que

> meninos, que não haviam passado das primeiras tabelas durante meses e talvez anos, leem na escola do asilo, sem grande dificuldade, palavras, que se lhes escrevem, ou apontam nos livros; e isto em muito poucas lições. Quase todos conhecem o abecedário com os sons racionais e variados de cada vogal e consoantes. E o que não é menos, concorrem com tal prazer que nunca o asilo da infância teve menos faltas de frequência. Cativa-os um contínuo movimento de historietas agradáveis sobre figuras curiosas; de decomposição de palavras a compasso; de canto das regras de leitura no tom da Mariannita; – de marchas nestes mesmos exercícios. (ibid.)

Segundo Boto (2012), Forjaz buscava colaborar com Castilho e registrou os resultados positivos da aplicação do método de leitura no Asilo da Infância de Coimbra.

> Forjaz pretendia ser um colaborador de Castilho, declarando-se defensor de uma jornada de ensino da leitura capaz de produzir grandes e significativos resultados. Para isso, entretanto, havia de se estruturar o método – organizado e pensado a partir de experiências bem-sucedidas de ensino, perante o pioneirismo que, sobretudo, Castilho teria trazido. (ibid., p.124)

Os elogios a António de Castilho não se limitaram aos portugueses. Expandindo a visão nacionalista, o método foi reconhecido

MÉTODOS DE ENSINO DE LEITURA NO IMPÉRIO BRASILEIRO 137

pelo embaixador espanhol, que, fascinado com os resultados, disse nunca ter vido algo tão proveitoso.

Quando o famigerado orador espanhol, o snr. D. Antonio Alcalá Galiano, achando-se Embaixador nesta Corte, visitou pela primeira vez a escola da rua dos Calafates, disse ali, ao cabo de horas de examinar as alunas, repetiu depois por toda a parte, e a quem o quis ouvir, e cremos que assim o oficiara para o seu Governo, que [...] da escola de todos os Países que tenho visitado, nunca saiu alguém com mais ciência, que a de decifrar palavras. O ler animado, gracioso, artístico, esse ler, que em toda parte se aponta como prenda rara, não são os mestres primários que o ensinam; eu, que me prezo de bom leitor, comecei-o a aprender comigo próprio, depois de saído com aprovação dos bancos da classe. (Castilho, A., 1909b, p.154)

A admiração pelo método repercutiu em diferentes países.

Alcalá Galiano, depois de ter presenciado a leitura das criancinhas de seis, de cinco, de quatro, e de três anos no Asilo da rua dos Calafates, disse-me que, tendo ele, em todos os países onde se tem achado, querido reconhecer por si mesmo os métodos e modos de ensino, em nenhuma parte achara coisa que se pudesse comparar com esta; e que, portanto, ia comunicar ao seu Governo esta novidade, aconselhando-o a adotá-la. (ibid., p.198)

Em carta ao amigo José de Macedo Araújo Júnior datada de 1858 e apresentada por Castelo-Branco (1975, p.315), Castilho relatou o apoio que seu método recebeu em Roma e sua tradução em castelhano feita pelo redator do *El Porvenir*.

O apoio a António de Castilho chegou ao Brasil. Albuquerque (2013) descreve relatos em território baiano sobre a prática de Antônio Gentil Ibirapitanga, um professor da Bahia adepto do método e ferrenho defensor de seu idealizador. Esse admirador foi localizado no ofício expedido à Instrução Pública[7] da província alagoana que relatava a viagem do vice-diretor de Instrução Pública (Manuel Lourenço Silverio), em 1855, para a província da Bahia, com o propósito de avaliar o trabalho do professor Ibirapitanga, que já utilizava o método à época. Sua filiação ao método de Castilho foi registrada no jornal *O Liberal Pernambucano*, de 1854.

Parecia já não restar dúvida alguma acerca das vantagens do Método Castilho, sobre a velha rotina: Na Bahia já existem quatro aulas por esse sublime método; uma por conta do governo, e três particulares; e não há mais por que – os rançosos e preguiçosos – fingem ignorar os progressos alcançados e sabidos de uma população inteira. Consta-me que em todas as províncias do Império já há militantes alistados nas bandeiras do ilustrado e sábio português António Feliciano de Castilho [...]. A escola pública ou nacional já tendo dado provas destas apregoadas vantagens, à vista do presidente de província, arcebispo Metropolitano, professores da Escola Normal, deputados, etc. (*O Liberal Pernambucano*, 1857, n.1.349, p.3)

Nos relatos do observador, o professor Antônio Gentil apresentava uma visão do método Castilho não como um mero luxo para figurar nas bibliotecas, mas satisfatório pela economia de tempo no ensino e pela eliminação da fadiga dos meninos – que se tornavam alegres e ativos, devido ao constante movimento do corpo em consonância do canto. O professor responsável por tal visita sugeriu a adoção do método na província alagoana e, consequentemente, o envio de um ou dois representantes à corte brasileira, já que António de Castilho viria ao país ministrar cursos sobre seu método.

Em carta enviada a d. Pedro II do Brasil em janeiro de 1857, como um dos pedidos de ajuda em favor da escola primária, Castilho mencionou a defesa ao seu método feita na Bahia por homens ilustrados de tal província.

---

7 Relatórios da Instrução Pública. Arquivo Público de Alagoas – Caixa 60.

Senhor: um projeto de lei de instrução pública, apresentado por uma comissão de homens graves e ilustrados à assembleia provincial da Bahia, onde o Método português tem dado consecutivas e brilhantes provas de si, como em tantas outras partes do Brasil, não prescreve nem impõe, um ou outro dos dois ensinos; mas favorece desenganadamente com interesses e consideração os professores que ensinarem pelo Método português. (Castelo-Branco, 1975, p.120)

Albuquerque (2013) apresenta alguns ofícios[8] da Instrução Pública relatando o envio à corte, por parte do governo da província alagoana, do professor de primeiras letras do 2º distrito, Francisco José Soares,[9] no dia 26 de março de 1855, para estudar o método com o próprio António de Castilho, que fora ao Rio para expor o modo de operá-lo. Sua ida estava condicionada à elaboração de um parecer apresentando uma ideia geral acerca do sistema, destacando os proveitos e as vantagens que dele poder-se-ia colher.

O professor encarregado de participar do curso emitiu um ofício[10] à Diretoria de Instrução Pública de Alagoas em 9 de maio de 1855, informando a interrupção do curso por Castilho, por ter sido rejeitado por motivos nacionalistas e políticos. Castilho, entretanto, propôs a reposição das 30 aulas que faltavam em sua casa, somente para os interessados.

No mesmo ofício, o professor Francisco José Soares se referiu às visitas à casa onde hospedava António de Castilho nas terças e sextas-feiras, momentos em que aprendia mais sobre o método e se preparava para as aulas práticas, que estavam sob a direção do professor Antônio Gentil, da província da Bahia, que também participava do curso. As aulas práticas contavam com a presença de

---

8 Ofícios e Relatórios da Instrução Pública do Estado de Alagoas (1855-1857). Arquivo Público de Alagoas – Caixa 60.
9 Francisco José Soares foi mestre e proprietário do Colégio de São José, escola primária de Maceió.
10 Ofícios e Relatórios da Instrução Pública do Estado de Alagoas (1855-1857). Arquivo Público de Alagoas – Caixa 60.

21 alunos, sendo registrado pelo observador que o método sem dúvida era preferível para o ensino da leitura.

A vinda de Castilho ao Brasil possibilitou seu reconhecimento na corte e em diferentes províncias, que enviaram seus representantes ao curso para entender o método português. Nessa ampliação de reconhecimento, alguns participantes, como o da Bahia, tornaram-se adeptos, mas outros se tornaram ferozes opositores, o que provocou o encerramento do curso.

Nessa rede de conhecimento do método português em diferentes províncias, Albuquerque (2013) registra o momento em que o presidente da província de Goiás, Antônio Cândido da Cruz Machado, enviou à corte o professor de primeiras letras de instrução pública da capital da província, Feliciano Primo Jardim, para aprender o referido método com seu próprio idealizador, a fim de depois o colocar em prática na província goiana (Goiás, 1855).

Os representantes das províncias de Goiás e Alagoas não demonstraram, no entanto, o mesmo otimismo que o professor Gentil. O parecer expedido pelo representante alagoano apontou uma melhora no sistema de ensino da leitura, porém ele discordava da rapidez espantosa que era anunciada na aprendizagem das crianças pelos defensores do método.

Em relação ao seu parecer a respeito do proveito e vantagens, Francisco José Soares: "é minha opinião que o método de Castilho não pode apresentar essa vantagem da rapidez espantosa, que se diz. Creio, sim, que ele pode melhorar o sistema antigo pelo processo que cria da mnemonização e da leitura auricular e o da leitura auricular alternada. O primeiro prende a atenção das crianças, e pode fazer com que elas aprendam o alfabeto em muito menos tempo do que pelo sistema antigo, portanto, quanto a escrita o sistema de Castilho melhora o antigo nos seguintes termos: que a criança que pelo sistema antigo aprendia a escrever bem e caligraficamente em três anos (suponhamos) mas sem ortografia alguma, hoje poderá aprender em mesmo três anos caligráfica e ortograficamente. É por certo um melhoramento, não há dúvida; mas não há a rapidez espantosa". (Alagoas, 1855)

Segundo Albuquerque (2013), o método português não foi adotado na província goiana, apesar de o representante enviado ter constatado um melhor resultado em um mesmo período. O relatório mostra a conclusão do professor Feliciano Jardim:

se o Método Castilho não podia ser admitido na corte, onde o próprio autor o explicou a vários professores, muito menos o seria na província de Goiás (Relatório do professor Feliciano Primo Jardim). O presidente da província concluiu que o Método Castilho não poderia ser adotado em Goiás, uma vez que não havia na província professor habilitado para aplicá-lo nem rendas provinciais suficientes para adquirir todos os utensílios exigidos para a adoção dessa metodologia. (Abreu, 2006, p.196)

Várias cartas de António de Castilho foram destinadas aos seus amigos e parentes residentes em Porto Alegre. Na carta enviada aos portugueses que lá habitavam, datada de julho de 1857, ele agradeceu a "vossa pena de ouro, as expressões de afeto, mais preciosas que ouro e brilhantes" (Castelo-Branco, 1975, p.307), que o cobriram com glória, nomeando esses adeptos concidadãos.

Em outras fontes analisadas, Castilho relatava menções de apoio ao método português.

De documentos desta espécie estão cheios os periódicos de S. Miguel; *O Leiriense*; o *Jornal da Associação Industrial Portuense*; *A Revolução de Setembro*, os jornais do Rio de Janeiro, os da Bahia, os de Pernambuco, e quantos outros! Fechar as janelas, e dizer que é noite, não faz com que o sol do meio-dia desapareça. (Castilho, A., 1909b, p.93-4)

Abílio César Borges, o barão de Macaúbas, tornou-se partidário de António de Castilho, defendendo a adoção de seu método no

"Relatório sobre a instrução pública da província da Bahia apresentado ao Ilmo. e Ex.ᵐᵒ SNR Presidente Comendador Alvaro Tiberio de Moncorvo e Lima, em 1856". A defesa apaixonada e contagiante do método Castilho feita pelo barão decorreu de sua participação nas aulas de Filippe José Alberto.

> Ao entrar na aula deste distinto e inexcedível Professor, declaro sinceramente à V. Ex. que, por mais que fosse a confiança que me merecesse o autor do método e o seu ilustre propagador, nunca me passou pela mente o interessante e edificantíssimo espetáculo que ia desenvolver-se ante mim: nunca me passaram pelo pensamento, nem eu poderia com exatidão trasladá-las para este papel, as doces e agradáveis emoções – todo o prazer e amor que me assaltaram o coração –, todas as esperanças enfim que se me debuxaram n'alma; – e muito menos que eu havia de sair dali sectário devotíssimo desse método divino, dessa verdadeira *carta de alforria* e redenção da infância, ao observar que meninos com menos de dois meses de escola, tendo entrado para ela analfabetos, liam mais ou menos satisfatoriamente, soletravam nomes longos e complicadíssimos, e desenvolviam-se na leitura dos números inteiros até milhares, e nos decimais até milionésimas, com pasmo desembaraço, recitavam regras de gramática e cânticos diversos não breves, tudo com prontidão e inteligência, com animação e prazer, debaixo de indefectível compasso e inalterável ritmo! (Bahia, 1856, p.52)

Abílio César Borges relatou sua experiência impactante decorrente do contato com a materialização do método Castilho na aula do professor Filippe José Alberto. Corroborou a defesa pela brevidade e eficiência do método, uma vez que, em dois meses, as crianças estavam lendo mais ou menos satisfatoriamente e, dessa forma, indicou-o para adoção em toda a província baiana.

> A nossa Bahia, onde todas as ideias de progresso acharam sempre gasalhado o mais animador, principalmente no que respeita a cultura da inteligência, o que está demonstrado pela posi-

ção primeira que entre todas as províncias do Império ocupa em ilustração – a nossa Bahia, certo, há de abraçar amorosa o preciosíssimo presente que o egrégio humanitário português fez ao gênero humano, logo que os homens superiores por sua inteligência e posição se dignarem de visitar a escola do Sr. Alberto. (ibid., p.53)

Segundo registro oficial em jornal, a província de Pernambuco também teria aberto uma escola regida pelo método Castilho, sob a direção do professor particular da escola central Francisco de Freitas Gamboa.

Francisco de Freitas Gamboa, em virtude da lei regulamentar da instrução pública desta província artigo 88, vai no dia 2 de junho instalar uma escola filial pelo Método Castilho, no bairro do Recife, rua da Cadeia n.59, sob a direção do Sr. Bernardo Fernandes Viana [...], que vai prestar os seus desvelos e fadigas a prol da instrução primária pelo Método português de *Leitura Repentina*. (*O Liberal Pernambucano*, 1856, n.1.088, p.3)

A matéria informa, ainda, que o professor Gamboa obteve do próprio Castilho todos os objetos concernentes ao estabelecimento de tal escola. Castilho apresenta alguns outros de seus apoiadores nominalmente na *Revista de Instrução Pública para Portugal e Brasil* (1857).

Seria precisa uma força sobre humana para fazer voltar ao regresso os Silveiras Lopes, da capital deste império; os Ibirapitangas, e Albertos, da Bahia; os Soares, de Alagoas: os Mennas, os Drimons, os Farias Simões, Fonsecas, Silvas, Viannas, Maximos Figueiredos, e Adrianos, de Pernambuco; os Carneiros da Cunha, os Liberatos, no Rio Grande; os Ruys Florencio, e padre Medeiros, no Apody e Ceará. (Castilho; Leite, 1857, p.1)

Castilho apresenta, em sua *Revista da Instrução Pública para Portugal e Brasil* (1857), a carta recebida do educador Valentim José da Silveira Lopes, de Macaé, relatando as experimentações exitosas advindas da utilização do método Castilho.

Conforme havia anunciado na minha última carta, dei as provas públicas no dia 13 de dezembro próximo passado, perante um auditório escolhido e respeitável e em resultado obtive uma completa adesão ao Método Castilho. Principiei por fazer a exibição das letras com todas as suas combinações gráficas e fônicas, e as regras cantadas; em seguida, leitura auricular e visual em livro, aberto ao acaso pelos espectadores, tendo a satisfação de apresentar discípulo de 4, 3 e mesmo 2 meses, a ler corrida e desembaraçadamente havendo começado analfabetos! (ibid., p.82)

O poeta propôs um método de ensinar que pretendia ser original desde o processo de decifração das letras. Contrário aos procedimentos tradicionais da soletração, a letra era nomeada pelo som que teria no vocábulo, em um modelo de soletração moderna. Foi bastante criticado em seu tempo, particularmente por professores presos ao tradicional modelo de ensino, os quais ele passaria a designar como "adversários".

3
REJEIÇÕES AO MÉTODO PORTUGUÊS EM PORTUGAL E NO BRASIL IMPÉRIO

Não foram poucos os adversários que António de Castilho encontrou após anunciar seu método de ensino. Suas defesas ao método ao longo dos anos de embates pedagógicos foram registradas em várias fontes, como *Correspondência pedagógica* (1975), em jornais que circularam e, especificamente, na obra *Resposta aos novíssimos impugnadores do Método português* (1909), em que destacou com muitos detalhes os ataques da oposição.

> Levantou-se desde o princípio, mas tem crescido nestes últimos tempos uma perseguição pertinaz, minuciosa e cruelíssima contra a puerícia que vós e eu, e conosco todas as almas generosas, supúnhamos haver para sempre resgatado da pior de todas as tiranias: do ensino irracional e desumano. Esta crescente nuvem de insetos, que tanto zumbem e picam, não prova senão que o fruto do nosso amorável granjeio, se não está já maduro a pleno, amadurece desenganadamente. (Castelo-Branco, 1975, p.240)

Em carta direcionada a José de Macedo Araújo Júnior, Castilho nomeou os seus adversários.

> Na despedida impressa que dei a Coimbra, agradecia a diversas classes e corporações, e com especialidade à Imprensa adversa,

que tão bem havia coadjuvado a santa causa. E é verdade: se não fosse *O popular,* obra de dois Lentes da Universidade, e intérprete do Conselho Superior; se não fossem as mesquinharias do Conselho dos Decanos, que fecharam na cara ao Método a porta da Sala dos Capelos, não tinha eu feito o meu *Ajuste de Contas.* (Castelo--Branco, 1975, p.278)

Apesar de defender a posição de não perder tempo com os "burros [que] zurram e escoicinham" (ibid., p.238), é certo que António de Castilho passou grande parte da vida escrevendo respostas aos seus impugnadores, cujos ataques partiam de pareceres de associações, de periódicos e de jornais, entre outros meios.

De periódicos basbaques e mariolas não façamos caso algum; é a marcha que sigo há muito tempo. Os homens falam e trabalham; os burros zurram e escoicinham. Assim como os burros não mudam de natureza por viverem entre os racionais, assim não deve a gente perder o seu tempo a reparar neles. (ibid.)

Sua insatisfação se dirigia ao parecer do Conselho de Instrução Superior e do Conselho dos Decanos, que não se posicionaram favoravelmente em relação a uma oficialização na regulação da adoção do método nas escolas. A carta destinada ao seu amigo de confiança José de Macedo Araújo Júnior é iniciada pela gratidão, apoio e reconhecimento da superioridade do método português. Nela, Castilho agride os "assassinos" adeptos da escola velha.

Agradeço infinitamente a V. S.ª a sua perseverança nos bons trabalhos, e o seu zelo no apostolar e a sua indignação de homem contra os brutos partidários sistemáticos da ignorância, almas corcundas e eunucas. Sem dúvida nenhuma, que é necessário dar-lhes a matar, e é isso que eu faço quando me passam ao alcance. Guerra por todos os modos, guerra com a evidência dos fatos; guerra com o raciocínio, o supremo ridículo... Eu reputo homens destes como assassinos da pior espécie: que matam sem a mais leve razão de interesse próprio; que matam por atacado; que matam inocentes; que matam até os ainda não nascidos. Ferve-me a bílis quando penso em tais mondongos. (ibid., p.217)

Orgulhoso de sua criação, António de Castilho não economizava adjetivos pejorativos às escolas-açougues e aos mestres, comissários e conselheiros de ensino, designados como "orangotangos, vermes e tiranos", que, no lugar de abraçarem seu método redentor, fixaram-se no ensino velho. "Mal por nós e pela causa que advogamos, se uns certos *orangotangos* que eu sei, e não nomeio por ora, o suspeitam a V. Ex.ª cúmplice meu, nesta conjuração" (ibid., p.360).

"O método inventado pelo poeta era, pelos oponentes, taxado de pueril, de dispendioso, de trabalhoso – não factível, portanto, para escolas de um único professor" (Boto, 2012, p.59). Essa oposição não se limitou a Portugal; apesar dos relatos favoráveis ao método, houve oposições ferrenhas no Brasil imperial. O autor era enérgico no combate a seus adversários e não poupava termos pejorativos para qualificá-los.

Enfim: se não fossem aqueles vermes, que picam o fruto para o amadurecerem, não haveria eu ouvido levantar-se daquelas multidões, o grito que mais me podia premiar dos trabalhos feitos e esforçar-me para trabalhos novos, grito cordialmente correspondido por quantos escutavam: Viva o amigo da Instrução do Povo! Viva o amigo do Povo! (Castelo-Branco, 1975, p.279)

Cristão convicto, António de Castilho deixava transparecer sua indignação com os seus opositores por meio de solicitações de perdão da parte de Deus ao povo que se colocava contrário às luzes do conhecimento e regeneração da escola. Em súplica registrada, clamava: "perdoe Deus, ou não perdoe, à gente cizaneira que abusou da sua boa-fé em coisa tão grave, e contribuiu pelas suas mentiras

párvoas e malévolas para a não pequena perda que se tem feito destes anos para a regeneração da escola" (ibid., p.314).
Essa rejeição levou Castilho a responder aos seus adversários em Portugal e no Brasil.

Em sua trajetória pedagógica, Castilho soube identificar e contrapor-se aos argumentos de seus adversários. Costumava, em suas polêmicas, apropriar-se das premissas do interlocutor, tomando-as para si em um ato de inversão, para, a partir delas, alcançar o argumento capaz de calar a oposição. (Boto, 2012, p.60)

Tais respostas foram registradas em diferentes fontes históricas em ambos os países.

3.1 Rejeição ao método Castilho em Portugal

Em 15 de outubro de 1855, António de Castilho solicitou uma resposta e um posicionamento da Associação dos Professores acerca de qual método deveria ser adotado em Portugal, após a realização de um estudo comparado entre o método português e o método antigo. Em sua solicitação, Castilho levantou dez perguntas norteadoras para a construção de tal parecer, conforme apresentado no Quadro 3. Cento e trinta e nove dias após o recebimento desse ofício, a associação respondeu aos quesitos, dando parecer desfavorável ao método português em todos os quesitos. Castilho, que se desagradara dessa resposta, passou a tratá-los como adversários e refutou as respostas na imprensa oficial, no *Diário do Governo*, a partir de 25 de março de 1856. Essas respostas foram posteriormente compiladas e reunidas na obra *Resposta aos novíssimos impugnadores do método português* (1909).

O Quadro 4 foi sistematizado para abordar a resposta da associação e a refutação de Castilho; ele apresenta textos na íntegra, apontando a resposta da Comissão do Conselho de Decanos de Portugal e as discordâncias do autor do método.

Na comparação entre o ensino antigo e o reformado, a Comissão do Conselho de Decanos não deu parecer favorável ao método português em nenhum quesito. A proposta de ensino rápido e aprazí-

Quadro 3 – Perguntas de Castilho à Associação de Professores para análise de seu método

I. Primeiro quesito: Qual dos dois ensinos é mais atrativo?

II. Qual se perfaz em menos tempo?

III. Qual dá fruto mais abundante e melhor?

IV. Qual dos dois combina mais eficazmente a correção da pronúncia e a reforma da terminologia bárbara da plebe, o ler expedito, entado e inteligente e o escrever legível, correto e pontuado?

V. Qual dos dois se acomoda melhor às exigências físicas e instintivas da puerícia, à sua natural tendência para o movimento, para o canto, para o ritmo, para as visualidades e imagens, para as narrações claras e amenas, para as mnemonizações singelas e eficazes?

VI. Qual dos dois merece a palma, sob o ponto de vista moral? Qual emprega menos rigor e mais amor? Qual afeiçoa em maior grau os discípulos ao mestre, o mestre aos discípulos, e todos ao trabalho? Qual deve deixar nos ânimos da mocidade maior tendência, ou maior repugnância, para os livros e para os estudos subsequentes?

VII. Qual dos dois emprega verdadeiramente o modo simultâneo em todo o rigor do termo, e, por conseguinte, qual dos dois promete melhor safra para a cultura popular em grande escala? Se as primeiras impressões exercem algum influxo ao longo da vida, qual, pela manifesta lógica e patente encadeação dos seus processos, educa melhor os espíritos novéis, para que depois, nas ciências, nas artes e no próprio regime do viver prático, discorram com mais acerto e não deem nem aceitem palavras por ideias e nuvens por castelos?

VIII. Em qual dos dois poderão se enxertar, com maior probabilidade de êxito, outros ramos do primeiro ensino, que o Estado tem razão em esperar das escolas, além do ler, escrever e contar, a saber: gramática analítica (isto é, gramática do *entendimento*, e não da *memória*), lógica prática, retórica usual, declamação elegante, noções (mas *noções* raciocinadas e inteligíveis) de religião, de civilidade, de higiene pessoal, de ginástica, tinturas iniciais de história e antegostos, pelo menos, de enciclopedismo?

IX. Qual dos dois afiança mais polícia, atenção e decência às escolas?

X. Finalmente: em qual dos dois aperfeiçoar-se-á melhor e crescerá mais o professor primário aos olhos dos seus alunos, no respeito das populações, na estima da sua própria consciência e no juízo da Providência, da qual é delegado sobre a terra?

Fonte: Sintetizado e elaborado pela pesquisadora a partir da obra *Resposta aos novíssimos impugnadores do método português* (Castilho, A., 1909 a,b,c,d)

Quadro 4 – Respostas da comissão às perguntas sobre o método português com as refutações de António de Castilho

Resposta da comissão	Justificativa da resposta	Refutação de António de Castilho
I. A comissão afirma que o "Método português" nem é mais atrativo nem oferece menos obstáculos	"Segue-se daqui que as crianças avezadas ao cotidiano palmeiam e cantinela, muitas vezes de necessidade hão de cantar involuntária e mecanicamente sem que esta cantinela lhes inspire a menor impressão agradável" (Castilho, A., 1909b, p.18).	"As marchas, as palmas, os cânticos, olhados pela superfície, e de longe, ou antes, não olhados (porque estes circunspetos Professores nem de olhá-los se dignaram), poderão parecer monótonos, mas considere-se, mas veja-se que as palmas, as marchas, e os cantos, são já três elementos diversos, diversamente combináveis; que as palavras, a cuja decomposição ou leitura, se adaptam, diversificam ao infinito; que o lugar em que se executam, que as circunstâncias com que se praticam, que a colocação recíproca dos alunos que as perfazem, tudo se transforma de dia para dia e de minuto para minuto" (ibid., p.21).
II. O ensino pelo método português não se perfaz em menos tempo e o antigo é mais seguro e permanente.	"Além disso, prova igualmente a experiência que poucas são as crianças ensinadas pelo Método moderno que, no espaço de dez ou doze meses, leem seguidamente cinco ou seis linhas, porque acostumadas ao canto diário, e a lerem em coro, quando se veem privadas deste adminículo, acontece-lhes o mesmo que aos soldados em marcha, que, faltando-lhes a música, ou qualquer outro instrumento, perdem logo a cadência…" (ibid., p.47).	"O que a experiência mostra nas aulas onde se sabe e quer ensinar, e não nas regidas inepta e inconscienciosamente, é que, não em *doze* nem em *dez* meses, mas em *seis*, e em menos, fica a pluralidade dos discípulos lendo bem, e escrevendo" (id., 1909a, p.49). "A leitura nas boas escolas, senhores Professores, é acentuada e entoada, mas não cantada; é sempre simultânea, mas nem sempre e toda em coro. Cada aluno é por sua vez corifeu; e tão bem lê quando lê só, como quando acompanha ritmicamente a multidão" (id., 1909b, p.51).

Quadro 4 – *Continuação*

III. O método antigo apresenta frutos mais abundantes e melhores.	"Não tendo portanto aparecido, até o presente, provas e fatos que atestem evidentemente os bons e abundantes resultados conseguidos pelo Método moderno, ao passo que diariamente, e com especialidade na época dos exames, aparecem bons e centenares de resultados no ensino pelo Método antigo, [...] é de parecer que este Método apresenta fruto mais abundante e melhor do que o moderno" (ibid., p.124-5).	"Mas, senhores Professores, suponhamos que o *Método do português* contava, de adoção, não só os cinco anos que lhe liberalizais, mas o dobro, e que ainda não tinha dado *frutos abundantes*. Concluía-se, podia-se concluir daí a sua esterilidade? Ignorais a história de todas as inovações: para todas é fado ou fadário a perseguição; para todos é lei (talvez providencial) a incubação diuturna" (ibid., p.90).
IV. Nem mais profícuo nem de maior vantagem	"Observe-se finalmente que o escrever legível só pertence à caligrafia, no que o Método moderno não somente é muito deficiente, mas também faz contrair vícios e defeitos irremediáveis, como já se disse na resposta ao 2º quesito" (ibid., p.124-5).	"Desejamos, e invocamos com todas as nossas forças, uma ortografia racional, segundo a qual cada elemento da palavra falada só por um sinal gráfico se represente, e cada elemento da palavra escrita só num elemento fônico se traduza. Desejamo-lo, e temos fé viva em que, depois das abreviações que o gênio do homem vai aplicando a todas as coisas, o escrever uniforme e inequívoco há de vir; e vindo ele, o ensino do ler e do escrever (tende paciência, senhores Professores) se há de reduzir a duas ou três semanas" (ibid., p.160).
V. O método antigo pode colher mais segura vantagem das naturais disposições da puerícia do que o método moderno.	"O Método antigo tem sem dúvida sobre o moderno a grande vantagem de poder empregar muitíssimos meios de atrair a atenção das crianças de tal modo que esta seja levada com proveito ao fim desejado, em quanto que pelo Método moderno se auxiliam talvez, sobejamente, os defeitos próprios da idade tornando-as menos aptas, não lhes consentindo mais do que relançar simplesmente os assuntos que lhes são propostos, sem reter deles senão impressões pouco estáveis" (id., 1909c, p.6).	"Se podeis empregar esses *muitíssimos* meios de atrair a atenção, para que é a carranca oficial, a voz grossa, o tom enfático de tirano de comédia, e a vossa razão das razões, a palmatória, a palmatória que sobrevive às varas suplicais do Exército, o escândalo da palmatória, não atenuado mas agravado ainda pelo irracional sistema, que alguns de vós têm formulado em código de perdões, contados e descontados, compráveis, vendíveis, agiotáveis por todos os modos?" (ibid., p.8).

Quadro 4 – *Continuação*

VI. "O Método antigo é mais proveitoso aos discípulos, aos mestres e ao público; as provas desta asserção podem ser avaliadas nas respostas antecedentes" (ibid., p.74).	"O Professor do Método antigo, que sabe viver com as crianças, consegue delas a verdadeira afeição, e, sempre conciliando a gravidade e sisudez com a amabilidade, leva-as por aplicação e brios a consideráveis melhoramentos" (ibid., p.78).	"Quando negamos formalmente zelo aos Mestres das escolas extrametódicas, nem sombra de injúria intentamos fazer aos seus sentimentos morais, que bem poderão ser os mais honrados e patrióticos; depomos contra os vícios orgânicos e insanáveis dessa escola, que aniquila o gosto, a atenção, e até o entendimento, não só nos discípulos, mas no Mestre" (ibid., p.80).
VII. "Ambos os Métodos são simultâneos até onde os deixam ser. Mas o Método moderno não pode deixar o seu *modo*, enquanto que o Método antigo, a bem da safra, que se pergunta, lhe leva vantagem, podendo usar, como efetivamente usa, dos outros *modos*, sem mudar de natureza" (ibid., p.84).	"Sendo pois somente o modo simultâneo de que pode fazer uso o *Método português*, é fora de toda a dúvida ser mais vantajoso o Método antigo, porque acudindo em geral e em particular a todos os discípulos, dispõe melhor safra" (ibid., p.96).	"Dizem mais: que o Método antigo *dispõe melhor safra*, porque esse acode *em geral e particular* a todos os discípulos; quando a verdade sabida é que na escola velha se não atende aos discípulos, nem *em geral*, nem *em particular*; em *geral* não, porque as lições individuais o não permitem; em *particular* também não, porque o tempo evidentemente o não comporta. O resultado é o que todos vemos: que a sua produção é tardia, é peca, é pobre e nunca (nem só os mais hábeis Professores) chega a *safra*" (ibid., p.97).
VIII. "Em presença pois das fortes razões nesta alegadas, a Comissão deixaria de ser imparcial no seu juízo, se não declarasse solenemente que o Método moderno, na parte relativa a este quesito, não leva nem de modo algum pode levar a superioridade ao Método antigo" (ibid., p.169).	"Acresce, além disso, que o Método antigo não é fastidioso às crianças, porque lhes não capta rigorosamente a atenção, enquanto que o Método moderno prende o discípulo físico e moral num jugo de repetições, que geram o aborrecimento. A simplicidade sempre agradável pertence ao Método do antigo; e a complicação, constantemente aborrecida, está no *Método português*" (ibid., p.146).	"O Método antigo emprega o rigor, o maior rigor que pode, e emprega-o por falsíssima necessidade, sem por isso conseguir atenção nas suas vítimas; o moderno continuamente lha suscita e ressuscita, pelo contínuo emprego da amenidade, da clareza, e da benevolência" (ibid., p.147).

Quadro 4 – *Continuação*

IX. "A Comissão, portanto, terminada aqui a sua resposta, pelas razões da análise e da experiência, pelas disposições da justiça e imparcialidade, entende que não pode deixar de dizer que o *Método português* não alcança mais polícia, atenção e decência às escolas do que o Método antigo" (id., 1909d, p.32).	"Talvez daqui provenha o grande ardor com que defende, os exagerados elogios, as fantasiosas conquistas ce preciosidades para o bem público, as quais decidiu fazer acreditar no seu Método, que fere de morte a educação, que é o objeto que ficou oculto, e é o ponto principal da questão, é com a educação que se afiança a boa ordem, ou a polícia, que em si compreende a atenção e a decência" (ibid., p.1).	"A gravidade e sisudez, mas a gravidade humana, e a sisudez paternal, estão pois (e não podiam logicamente deixar de estar) na escola metódica; e a carranca e a desautorização estão (e não podiam logicamente deixar de estar) na escola antimetódica. A atenção não pode sair das nossas, e nas vossas não pode entrar. Logo, também nisto servimos nós grandemente à educação moral, que por vós nunca jamais se conseguiu" (ibid., p.11).
X. "Esta Comissão termina aqui a sua árdua tarefa, bastante árdua, assim por ter de expender o seu parecer em matéria tão importante, e de tão alta gravidade, como por se achar assaz ocupada no grande trabalho do Magistério" (ibid., p.76).	—	—

Fonte: Sintetizado e elaborado pela pesquisadora a partir da obra *Resposta aos novíssimos impugnadores do método português* (ibid.)

vel feita por António de Castilho foi desacreditada em todas as suas promessas, sob alegações de que esse método não tinha gravidade; que ensinava a cantar, e não a ler; que depravava as crianças; que as insubordinava; que transtornava a ortografia; que não fazia calígrafos; e que era mnemônico a ponto de entediar as crianças, entre outras acusações.

Castilho (1909d, p.79) respondeu a cada uma das questões, reiterando a superioridade de seu método em relação ao modelo antigo e atacando seus adversários portugueses, que, para ele, imbuídos de caráter antinacionalista e anti-humanista, chegaram a falsear provas para que seu método fosse desacreditado. "Sempre pronto para o debate e decidido a desmascarar os senões dos adversários, Castilho, aceitando e já respondendo aos provocadores, apresenta, a dada altura, um inventário de tudo quanto até hoje tem constado haver-se dito, escrito ou impresso contra o Método português" (Boto, 2012, p.60).

António de Castilho se defendeu de vários ataques de tal comissão, a qual chegou a relatar que, nas visitas às escolas metódicas de Setúbal e Castelo Branco, presenciou um quadro de insubordinação dos alunos aos mestres, inclusive com agressões. O poeta português expôs um parecer de pároco e de um amigo seu, médico de Ericeira, ambos favoráveis ao método português, para silenciar a denúncia feita pela comissão, que exibiu uma carta escrita pelos pais dos alunos da cidade denunciando a ineficácia da escola metódica.

Nada sei a respeito do que me pergunta. Enquanto vivi na Ericeira, onde a esse tempo era médico, ninguém me falou acerca do seu Método; nem suponho que haja lá juízes competentes em matéria de ensino, sendo poucas as pessoas que sabem escrever o seu nome. Muito desejaria eu poder coadjuvar a V. com alguma pólvora contra seus encarniçados inimigos, pois não ignora que sou amigo velho seu, etc. – Doutor Centazzi. (Castilho, A., 1909d, p.56)

Uma crítica lançada pelos adversários ao método português se referia à proposta de reforma ortográfica fônica de Castilho, que defendia a correspondência direta entre os elementos gráfico e fônico.

A rejeição da nova ortografia decorreria do fato de sua utilização vir a contrariar o que aqui se denomina "índole da língua portuguesa", que não pode renegar as de que se descende, sem que se transforme numa algaravia ininteligível. Tal modificação dos códigos linguísticos tradicionais agiria no sentido de dificultar o estudo das línguas estrangeiras, além de exigir a tradução de todos os livros publicados até então em língua portuguesa. (Boto, 2012, p.187)

De acordo com Ricardo (2009), Castilho foi o primeiro protagonista de um conflito sobre a ortografia da língua portuguesa. Tal rompimento se fundamentava em uma mnemonização da palavra falada em seus elementos decompostos.

Eis aqui o princípio natural e eterno da Mnemônica, arte que todos praticam desde o nascimento, arte sem a qual o pouco saber humano desapareceria quase todo, mas arte infelizmente pouco adiantada ainda do estado embrionário, e à qual desinspirados e indiscretos apóstolos já teriam afogado no ridículo, se a insânia de homens pudesse triunfar da natureza das coisas. Resumamos: o decorar natural, liberal e proveitoso é o que assenta na inteligência e no gosto, e não o que esse opera servilmente, às escuras, esbofeteado, raivando contra os livros como cadafalsos, contra os mestres como algozes. (Castilho, A., 1909b, p.66-7)

Para o autor, a mnemonização não era novidade; o que se tornou ruptura, trazendo para si opositores, foi uma forma natural de ensinar, buscando a participação da criança e o despertar de seu interesse com cantos, palmas, alegria e com um recurso visual lúdico que estimularia a imaginação, rompendo com a visão das escolas como "lugares de disciplina, onde se formam a infância e a juventude pelo terror" (ibid., p.84).

Na defesa de seu método, não aceito por seus adversários, António de Castilho resumiu suas partes, expondo novamente os objetivos e conceituando as leituras auricular e ocular e o princípio da decomposição das palavras de forma ritmada, entre outras etapas. Denunciando uma prática de submissão ao autoritarismo dos comissários, Castilho problematizou o fato de alguns mestres adeptos do método português, racionais para perceber a abreviação no tempo de aprendizagem, depararem-se com comissários que, contrários ao ensino reformador, não aceitaram suas opções metódicas e daí não relataram sua prática eficaz com o método.

Mas... se o Comissário do seu Distrito for um desses "que não correspondem às exigências do serviço? [...]" Se lhe insinuar que não deseja inovações, que não as há de sofrer, que não as há de perdoar? [...] como pode exigir-se-lhe que resista? (ibid., p.98)

António de Castilho apresentou mais uma de suas contradições. Ele anunciara que acataria a decisão da escolha do melhor método que seria escolhido oficialmente. Ao ser vencido, não conseguiu vislumbrar a possibilidade de sua proposta ser derrotada, chegando a dizer que seus vencedores dissimularam os conceitos de seu método para não perder seus lugares na máquina estatal.

Há de desistir do bom propósito, e, para não perder o escasso pão que recebe do Estado, há de até dissimular o conceito que forma de um método, contra o qual se sabe estarem de Mão alçada, além do seu Comissário, os seus examinadores, partidários acérrimos do passado, e tão dependentes como ele próprio d'esse magistrado "que não corresponde às exigências do serviço, nem ao pensamento da Lei". (ibid.)

A resistência por parte daqueles que ele denominou seus opositores se direcionava também ao modo de ensino simultâneo que Castilho propôs em virtude da "dificuldade, em Lisboa, de os alunos começarem o curso regular na idade apropriada" (Boto, 2012, p.186).

Boto (ibid.) elenca outras justificativas que levaram à rejeição do método Castilho em Portugal, como o descaso pelo estilo individual dos professores, obrigando-os a cantar e bater palmas, e a aquisição de vícios no processo de alfabetização, uma vez que "a leitura cadenciada conduziria a criança a decorar a lição, mesmo sem dominar o processo de leitura, o que dificultaria o processo posterior de proceder à leitura sem cadência" (ibid., p.187).

Outras justificativas apresentadas pelos professores para a recusa do método seriam o fato de que "os alunos desse método não teriam qualquer tipo de destaque nos exames de instrução primária", o "aumento das despesas do Estado e dos particulares" e ainda a acusação de que o "método não ensinaria a escrever, o que induzia os professores a recorrerem a outras metodologias de ensino, que, ensinando a escrita, se sobrepusessem ao modelo de Castilho, o que por sua vez produziria o que se caracterizava aqui como nefasto sincretismo" (ibid.).

O parecer do conselho superior de instrução pública de Portugal foi registrado no periódico *O Instituto*, jornal científico e literário da imprensa da Universidade de Coimbra, após o levantamento das notificações enviadas pelos professores que adotaram o método Castilho. A circular apresentada na matéria intimava todos os professores da instrução primária do distrito a declarar por escrito, no prazo de dez dias a contar da intimação, se nas suas escolas tinham praticado o método de leitura repentina e, em caso afirmativo, que especificassem

1º desde quando começou o uso daquele método, 2º se o empregaram geralmente em toda a escola, ou em alguma classe especial; se geralmente, em quantas classes dividiram a escola; se em classe especial, que tempo dura a lição em cada classe e 3º quais os progressos, e estado, em que se acham atualmente os alunos ensinados por esse método. (*O Instituto*, 1853-54, v.2, p.285)

Em uma análise preliminar, o conselho já tinha sido desfavorável ao método Castilho, considerando que as "vantagens, que alguém tem apregoado, são por ventura exageradas: espera porém esclarecer-se mais com o tempo, e quanto tenha colhido todas as declarações que exigira" (ibid., p.26). Outra negativa do conselho foi dada em relação à submissão para juízo da obra do método de leitura repentina, momento em que

> não quis o conselho interpor esse juízo, sem esperar o resultado da experiência, que é a melhor prova da bondade de tais obras; e por isso encarregou o comissário dos estudos de Lisboa, em 12 de outubro do ano passado, de observar e seguir em todo o seu desenvolvimento o ensaio, que o próprio autor ia fazer desse método, no colégio que abriu na capital; e ao vogal extraordinário o Dr. Manuel Marques Pires, para o fazer ensaiar na escola primaria de Estarreja. (*O Instituto*, 1856, p.207)

Os resultados dos pareceres informaram que o método de Castilho "não responde o proveito à promessa do autor, que parece também já por si mesmo desenganado" (ibid.). E acrescentavam: "Se, porém, este livro parece inútil, muito temos já, que assim na parte moral, como na literária, bem acomodados são para o uso escolar" (ibid.).

3.2 "Dos mares experimenta a fúria insana": rejeição de Castilho em solo brasileiro

A expressão "dos mares experimenta a fúria insana" (Castilho, J., 1896 p.543) denunciava que os adversários de António de Castilho não se limitaram a Portugal. Sua vinda ao Brasil para propagação do método foi recheada de embates, levando inclusive à interrupção de seu curso. Entender quais embates ocorreram e quem eram seus principais oponentes em solo brasileiro se tornou um dos principais objetivos da pesquisa que deu origem a este livro.

Uma das causas descrita por Castilho para a rejeição e interrupção de seu curso seria a resistência ao princípio ativo e ao pragmatismo que ele apresentava em sua proposta. O contexto político e nacionalista fez que, naquele momento, não houvesse satisfação unânime acerca desse método ativo baseado na experiência de um ensino simultâneo.

Segundo os defensores de Castilho, observava-se uma resistência aos princípios de uma pedagogia ativa, que pressupunha uma escola com método de ensino simultâneo, definido por Castilho como atraente, com abertura para a experimentação, o movimento e a ludicidade, em detrimento de uma escola caracterizada pela imobilidade das crianças e de correções corporais como a palmatória. Nesse sentido, o ativismo da prática pedagógica dar-se-ia pela via das palmas e do canto em coro das recitações ritmadas promovidas por uma escola regulada e racionalizada em seus ritos.

Adentrando em disputas pedagógicas, António de Castilho problematizava o ensino individual e mútuo, questionando qual seria a dificuldade em se "reunirem na escola primária todos os alunos logo no princípio da lição, e reunidos se conservarem até ao fim? Nenhuma; e a prova é que as escolas secundárias e superiores o conseguem" (Castilho, A., 1909c, p.92).

Para ele, a oposição não aceitava a alegria proporcionada pelo seu método e o princípio do ensino simultâneo, além de considerar inadmissível uma metodologia que, por via do canto coletivo, fosse melhor na correção do discípulo que a repreensão direta e individual do professor.

inadmissível que, por via do canto, se corrijam mais depressa e melhor os defeitos de pronúncia do que por via da leitura individual e explicativa, que o Mestre faz aos discípulos pelo Método antigo; pois que por este Mestre antigo não se lhes deixa ler viciosamente; quando não pronunciam bem alguma palavra, ele lhes faz conhecer o erro em que caíram, assim como o modo mais fácil de o evitar, o que certamente não poderia fazer pelo Método moderno, estando os discípulos agrupados e lendo em coro, por isso que, no meio da gritaria, lhe seria muito custoso, e até impossível, perceber os erros a fim de os emendar e corrigir. (id., 1909b, p.128)

Na defesa de seu método, Castilho propôs uma educação simultânea que, visando à homogeneização, a todos atenderia em uma mesma marcha harmônica.

> cá a instrução é igual para todos; o preceptor não se limita – (atendam, e aprendam) – em fazer perguntas a um só aluno, ou a alguns, se não que todos lhe respondem ao mesmo tempo; todos são atores, e representam o seu papel; perenemente o Mestre lhes desperta e mantém a atenção; todos os órgãos e sentidos estão em movimento e em exercício. (ibid., p.129)

Com essa visão harmoniosa da racionalização do espaço escolar em tempos e espaços cronometrados pelo mestre regente para as perguntas e respostas em coro pelos alunos, o autor do método defendia uma instrução mútua das crianças, por meio da interação e troca de saberes, já que "instrução mútua convém às crianças; devem-se ir afazendo com tempo a ajudarem-se umas às outras, e a comunicarem-se juntamente as coisas que se lhes ensinam, e que lhes devem ser comuns" (ibid., p.132).

António de Castilho não desdenhou do princípio da emulação originado nos jesuítas e readaptado no ensino mútuo, mas, sobre seu emprego, defendeu que todos os alunos "participem igualmente da instrução, sem que haja preferências sensíveis nem desvelos muito especiais em favor de certos alunos, que podem ser mais espertos, ou mais assíduos, que os seus condiscípulos" (ibid.). Fundamentado em uma doutrina cristã, criticou a emulação que desconsiderava esses princípios de igualdade entre os pares e, por conseguinte, gerava inimizades, disputas e hierarquizações nos saberes.

> A emulação, ocasionadora de soberbas e inimizades, não é aqui excitada; a igualdade mais perfeita, e a benevolência mais sincera, presidem aos trabalhos. Cada discípulo é sempre discípulo; o Mestre é sempre Mestre para ensinar; é ao mesmo tempo todo para todos, e todo para cada um. É a caridade cristã em pleno exercício; é com ela o noticiado da fraternidade cívica; é o trabalho em comum

feito à luz, regido pela razão, endereçando pela mais curta via para a perfeição. (ibid., p.83)

Segundo João Craveiro Costa (2011), a rejeição de Castilho em solo brasileiro se deu por embates políticos e nacionalistas entre os que defendiam a forma tradicional de entender o processo educativo (professor detentor do conhecimento e aluno individualmente recebendo a instrução) e os defensores da nova forma de ver a criança, como um ser ativo capaz de interagir com os pares e professores.

O depoimento de Costa demonstrou essa dificuldade de inovação, pois, além do professor Soares, "cremos que ninguém o praticou com perfeição. Todavia, propagou-se um pouco, aceitando-o os professores menos ronceiros e capazes de admitir inovações" (Costa, 2011, p.41).

Nesse momento, surge a necessidade de analisar o contexto político e nacionalista que fez que, naquele momento, esses métodos de educação ativa, baseados na experiência de um ensino simultâneo adotado na segunda metade do século XIX em escolas europeias, americanas e em algumas brasileiras, não lograsse satisfação unânime.

Vários são os questionamentos sobre os motivos que levaram à interrupção do curso de António de Castilho, tão propalado nacionalmente, com 589 inscrições. Questiona-se a natureza desses conflitos, os posicionamentos políticos e pedagógicos desses 589 sujeitos envolvidos, as diferentes concepções de educação presentes durante a realização do curso e as motivações que levaram ao seu cancelamento.

Após esse acontecimento, Castilho propôs aos interessados repor as 30 aulas restantes em sua casa. Dos 589 alunos matriculados, somente 21 participantes aceitaram a oferta, entre eles o representante da província alagoana. Nesse momento, surge a necessidade de se questionar: quem eram esses 21 participantes, além do professor alagoano Francisco José Soares? Que "pareceres" esses sujeitos levaram às suas províncias após a realização do curso?

Ao se debruçar sobre as fontes referentes à instrução pública nas províncias de Goiás e Alagoas, observa-se que ambas enviaram representantes ao curso de António de Castilho, que teve início em 22 de março de 1855.[1] O presidente da província de Goiás, Antônio Cândido da Cruz Machado, enviou à corte Feliciano Primo Jardim, professor de primeiras letras de instrução pública, para aprender o método com seu idealizador e depois aplicá-lo nas escolas goianas (Goiás, 1855). Quando o representante chegou à corte, porém, Castilho já não se encontrava. Tal interrupção do curso justifica o desencontro entre Castilho e o representante da província goiana.

A repulsa ao método Castilho, cujas causas foram descritas pelo próprio autor como nacionalistas, representa as tensões sociais e projetos políticos em conflito na constituição da identidade nacional brasileira, que resultaram em disputas nos projetos de literatura e instrução, entre outros, ao longo do século XIX.

Havia uma diversidade nos projetos instrucionais oitocentista; isso porque "não existe *uma* cultura brasileira homogênea, matriz dos nossos comportamentos e dos nossos discursos", sendo que "a admissão do seu caráter plural é um passo decisivo para compreendê-la como um efeito de sentido, resultado de um processo de múltiplas interações e oposições no tempo e no espaço" (Bosi, 2008, p.208). "O que se chama, portanto, de cultura brasileira nada tem de homogêneo e uniforme e nunca poderá entrar em bitolas jurídicas. A sua forma complexa e mutante resulta de interpenetrações da *cultura erudita*, da *cultura popular* e da *cultura de massas*" (ibid., p.217).

Nesse processo de construção da identidade do Estado brasileiro no século XIX, a difusão da escola para o povo visava a uma unidade nacional por meio de conteúdos e valores unificados, em um processo de constituição do sistema escolar brasileiro que aproxima-se "dos diversos processos de formação da 'escola de massas', no continente europeu e na América do Norte" (Nóvoa; Catani, 2000, p.1).

---

1 Ofícios e Relatórios da Instrução Pública de Alagoas (1855-1857). Arquivo Público do Estado de Alagoas – Caixa 60 – Relatório de 1855.

Com a necessidade de forjar um povo e uma nação, o Estado estabelecia "hierarquias e distinções sociais marcadas pela criação de instituições educacionais destinadas a públicos distintos" (Gondra; Schueler, 2008, p.29), ao mesmo tempo que transmitia valores morais e culturais que considerava desejáveis. Para Cambi (1999), o Estado moderno nasceu centralizador e controlado pelo soberano em todas as suas funções e distribuiu capilarmente pela sociedade o exercício efetivo do poder por meio de um sistema de instituições de controle, como a escola.

Para Gondra e Schueler (2008, p.27), o que estava em jogo nas guerras de independência e nas revoltas regenciais era a disputa pela interpretação do Brasil e pela definição do ser brasileiro, em meio a debates locais e provinciais. Mattos (1994, p.225) conceituou tal contexto como "tempo saquarema",[2] em que o Estado brasileiro seria construído a partir da constituição de uma classe senhorial.

Presidentes da província e chefes da legião da Guarda Nacional; bispos e juízes municipais, de paz e de órfãos; membros das Redações e redatores de jornais locais; empregados das faculdades de medicina, dos cursos jurídicos e academias e juízes de direito; comandantes superiores da Guarda Nacional, párocos e médicos; chefes de Polícia e professores – todos esses e alguns mais, em graus variados e situações diversas, no nível local, municipal, provincial ou geral, tornaram-se peças estratégicas no jogo de construção do Estado imperial e da classe senhorial. (ibid.)

Para além dos motivos nacionalistas citados por Craveiro Costa (2011) no que dizia respeito a professores incapazes de admitir

---

2 "Saquaremas" se refere aos conservadores fluminenses, que tendiam a se organizar sob a direção da "trindade saquarema", a saber, Rodrigues Torres (futuro visconde de Itaboraí), Paulino José Soares de Souza (futuro visconde do Uruguai) e Eusébio de Queirós (Mattos, 1994, p.102).Eles se situavam, "numa primeira delimitação, entre os últimos anos do período regencial e o 'renascer liberal' dos anos sessenta do século passado" (ibid., p.270).

mudanças, foram localizadas resistências ao método em virtude de retaliações de professores na província alagoana. Tais razões, aparentemente pessoais, expressavam-se nas resistências institucionais de disputas por cadeira no liceu de Alagoas, motivadas politicamente e apresentadas inclusive nos jornais locais.

Aparentemente as disputas e tensões manifestas e as hostilidades abertas entre os professores do Liceu das Alagoas parecem ser produtos de situações particulares. No entanto, faziam parte de um jogo de competições para aumentar seus prestígio e poder social. Ao elaborar uma "teoria geral da gênese das instituições", Elias (2006) entende que esses confrontos entre seres humanos que desempenham funções sociais importantes não são lutas individuais, mas de grupos. Para o autor (2006, p.70), "[...] um conflito entre dois seres humanos, por mais que possa ser algo único e pessoal, pode ser ao mesmo tempo representativo de uma luta entre diversos estratos sociais, remontado a várias gerações". Assim, os conflitos aqui elencados não podem ser vistos como atritos casuais, individuais, ainda que, na melhor das hipóteses, esses indivíduos não tivessem consciência disso. (Santos, 2018, p.102)

É preciso pontuar que o presidente da província de Alagoas, doutor Antonio Coelho de Sá e Albuquerque, deixou registrado em relatório de 1856 sua gratidão ao conselheiro António Feliciano de Castilho pelo bom acolhimento dado ao professor alagoano Francisco José Soares, enviado para a corte em 1855 para acompanhar a explicação sobre o método Castilho. No mesmo relatório, o presidente elogiou os saberes apreendidos e aplicados por Soares acerca do método.

> Acompanhado do diretor, do vice-diretor da instrução pública e do secretário da província visitei em abril do corrente ano a aula do dito professor, e declaro-vos que não ficamos descontentes do que observamos. Falando assim, não é meu propósito pedir para

a instrução primária da província reformas radicais no seu método de ensino. Compreendo perfeitamente que o assunto de que trato é da mais grave importância sobre a sorte futura de um povo; e quando as questões atingem esta altura, a reflexão, o estudo, a experiência e outros predicados que as grandes reformas exigem como garantias de utilidade, devem ser condições provadas, e quase já fora do alcance das discussões, ainda mesmo da dúvida sincera. É, pois meu voto que continuem as provas com sinceridade, e que o novo sistema de leitura repentina seja tratado na província com a atenção que merecem os hóspedes finos e amigos do país que o recebem. (Alagoas, 1856, p.32)

Apesar de Castilho ser tratado como amigo do país pelo presidente da província de Alagoas e de seu método ter sido elogiado e adotado nas aulas do professor Francisco José Soares, encontrou opositores na província alagoana, conforme apresentam algumas fontes.

3.2.1. A rejeição do método português na província alagoana

No ofício do professor Francisco José Soares, foram citadas as visitas à casa onde se hospedava Castilho às terças e sextas-feiras, momentos de mais aprendizado sobre o método e de melhor preparação para as aulas práticas sob a direção do professor baiano Antônio Gentil, participante do curso. A aula prática contava com a presença de 21 alunos e, segundo Soares, era sem dúvida preferível como ensino de leitura.

Costa (2011, p.41) apresentou o ceticismo com o qual António Feliciano de Castilho foi acolhido na província alagoana, sendo combatido por José Alexandre Passos, professor e filólogo alagoano autor de várias obras sobre educação. Essa resistência teve causa política. O irmão de José Alexandre Passos, o professor Ignácio Joaquim Passos, perdeu sua cadeira interina de professor de retórica do Liceu de Maceió para Francisco José Soares, representante escolhido pelo presidente da província para frequentar o curso ofertado pelo poeta e filólogo português no Rio de Janeiro. Abelardo Duarte (1961) apontou para as dimensões desses conflitos entre os irmãos e o representante do método português, noticiados inclusive no jornal *Diário das Alagoas* (1859), quando Ignácio Joaquim Passos e seu irmão José Alexandre Passos ainda eram redatores.

Após a imersão nas fontes históricas para descortinar as nuances de Castilho na instrução pública em Portugal e no Brasil, apresentaram-se outros motivos que levaram os irmãos filólogos alagoanos a rejeitar as inovações propagandeadas por Castilho, entrando em conflito tanto com António quanto com seu irmão José; os embates ultrapassaram a centralidade do projeto reformista do poeta Castilho, que era a questão do ensino das línguas.

Além de sua ação na instrução primária, com um método para o ensino da leitura, Castilho transitou na instrução secundária, sugerindo reformas na ortografia portuguesa e buscando introduzir com veemência o ensino do purismo e do vernáculo clássico lusitano no currículo em Portugal e no Brasil. Essa questão é apresentada com mais afinco no último capítulo, trazendo inclusive a resposta de Castilho, registrada na obra *Ortografia portuguesa e missão dos livros elementares; correspondência oficial, relativa ao Íris clássico* (Noronha, 1860), às críticas recebidas do filólogo alagoano José Alexandre Passos.

Para além desses motivos, identificou-se a presença de um professor brasileiro, autor de um método de leitura, na companhia de seus seguidores frequentando as aulas de Castilho, resultando em embates, resistências e discussões que fizeram o português desistir de ministrar o curso. O professor responsável por tal confronto foi o primeiro diretor da Escola Normal de Niterói, Costa Azevedo, criador de impressos para ensino da leitura no Brasil assentado sobre ideias do francês Jacotot e do português Travassos. Ele estava acompanhado de seguidores como Valdetaro, professor da princesa Isabel e diretor da escola que levava seu nome.

3.2.2 Rejeição e interrupção do curso no império brasileiro: embates com os "indolentes" José da Costa Azevedo e Valdetaro

Na carta enviada à sua mulher, António de Castilho relatou detalhes de sua estada no Brasil. Uma minuciosa análise dessa correspondência pedagógica é imprescindível na busca por respostas aos diversos questionamentos aqui levantados.

Nas falas de Castilho, observa-se que o Brasil já possuía, desde 1834, um método de leitura elaborado por Costa Azevedo – caracterizado pelo português como uma espécie de redução dos sistemas pedagógicos de Jacotot e Travassos –, que motivou intrigas e repulsa ao método português.

> Dois traquinas literários com muita bazófia, num discurso muito sobrecarregado de encômios a mim, como escritor e poeta, e muito revestidos de fórmulas hipócritas, procuraram suscitar (e com efeito suscitaram) uma cizânia de nacionalidade chocha, dizendo que também havia aqui, impresso, há vinte e um anos, um Método de leitura, coisa grande, feito por um grande homem, em quem a maior parte deles mesmos nunca ouvira falar, chamado José da Costa Azevedo; que decerto não teria tirado dele o meu, mas que me havia com ele encontrado; que por aquele método se aprendia em seis meses, como se podia ver num colégio desta cidade, etc., etc., etc.... (Castelo-Branco, 1975, p.286)

António de Castilho caracterizou de forma pejorativa o autor do método brasileiro José da Costa Azevedo e seu seguidor Francisco Crispiniano Valdetaro,[3] chamando-os de plagiários de Jacotot.

> O do seu plagiário Costa, ninguém o segue no Império; não o conhecem aqueles mesmos que falam dele; e o tal colégio que se

---

3 Valdetaro nasceu em 1805 no Rio de Janeiro, onde faleceu em 10 de janeiro de 1862, e foi professor da princesa Isabel Cristina, filha do imperador d. Pedro II do Brasil (Calmon, 1941).

apontava, e que pertence a um Fulano Valdetaro, ensina por uma modificação feita pelo mesmo Valdetaro ao mesmo Costa, mas leva-nos para dar maus ledores. Estes dois oradores de tão insigne tarefa fizeram-me perder a cabeça em duas lições. Afinal já levavam para lá clientes, para lhes darem apoiados; era insuportável. Trunquei ali o Curso, dizendo-lhe o *porquê* muito francamente. (ibid., p.287)

No cruzamento entre essas fontes, encontra-se o desabafo de António de Castilho diante da presença de professores com grande prestígio em solo brasileiro, como Valdetaro, que estava a cargo da instrução da princesa, fato esse que suscita questionamentos importantes: será que a princesa teria como responsável por sua instrução um professor "possuidor de uma escola de maus ledores", como Castilho descrevera Valdetaro? Será que o método de Jacotot era mesmo desconhecido até por quem o praticava, conforme afirmou Castilho?

O sujeito caracterizado por António de Castilho como plagiário era José da Costa Azevedo (1791-1860), primeiro diretor e organizador da Escola Normal de Niterói;[4] "um patrício notabilíssimo olvidado pela ingratidão ou ignorância dos nossos contemporâneos" (Nogueira, 1938, p.28). O tenente-coronel José da Costa Azevedo foi nomeado diretor em 27 de junho de 1835, permanecendo no cargo até 1860.[5]

Costa Azevedo foi considerado pelo presidente da província do Rio de Janeiro, Joaquim José Rodrigues Torres, um cidadão com

---

4 A Escola Normal de Niterói foi a primeira do Brasil e da América, sendo instituída pelo Ato nº 10, de 1º de abril de 1835, da Assembleia Legislativa da Província do Rio de Janeiro, sancionado em 4 de abril pelo presidente da província, Joaquim José Rodrigues Torres, depois visconde de Itaboraí (Nogueira, 1938, p.28).
5 Segundo consta nos relatos do *site* do Instituto de Educação Professor Ismael Coutinho, José da Costa Azevedo ficou no cargo de diretor até o ano de sua morte. Disponível em: https://pt.wikipedia.org/wiki/Instituto_de_Educa%-C3%A7%C3%A3o_Professor_Ismael_Coutinho. Acesso em: 18 març. 2023.

conhecimentos especiais para dirigir o ensino público, a quem deveriam ser entregues a "inspeção e fiscalização de todas as escolas primárias da Província" com o objetivo de "dar-lhes a mais conveniente direção" (Rio de Janeiro, 1835, p.3).

No decreto nº 10, de 1835, referente à criação da Escola Normal, o presidente da província do Rio de Janeiro sancionou, no segundo artigo, as matérias e modos de ensino.

A mesma Escola será regida por um Diretor, que ensinará. Primo: a ler e escrever pelo método Lancasteriano, cujos princípios teóricos e práticos explicará. Segundo: as quatro operações de Aritmética, quebrados, decimais e proporções. Tertio: noções gerais de Geometria teórica e prática. Quarto: Gramática de Língua Nacional. Quinto: elementos de Geografia. Sexto: os princípios de Moral Cristã, e da Religião do Estado. (Decreto nº 10, 1835).

Ao trabalhar as relações de poder na Escola Normal da província do Rio de Janeiro no projeto de ação política de Joaquim José Rodrigues Torres (1835-1840), Conceição (2012) abordou algumas funções desempenhadas por Costa Azevedo:

personagem este que estava à frente inclusive tanto dos pedidos de exames públicos de seleção para o cargo de efetivo de Miguel Joaquim da Cunha e João Rodarte da Gama Lobo, quanto da expulsão de Albino Alves de Azevedo, atuando assim também como um poderoso agente do estado no microespaço escolar [...]. A medida de "dar aos professores as instruções necessárias; [e] exigir deles todas as informações convenientes", através da precisa vigilância do Tenente Coronel José da Costa Azevedo, seria uma ação "indispensável para conseguir fim tão importante". (ibid., p.8-9)

Durante vários anos, Costa Azevedo foi diretor da Escola Normal e o único professor dessa instituição lecionando em todas as cadeiras. Esse fato só foi revertido a partir da reforma em 1848, gerada pela Lei nº 402, de 27 de maio de 1846, quando foram solicitados novos professores.

Antes da reforma, era um só professor encarregado de dar toda a instrução aos candidatos ao magistério; não havia tempo prescrito para a duração do curso da escola normal; nem se apuravam bem as disposições, talento e moralidade dos que pretendiam estudar como pensionistas da província obrigando-se a servir ao depois como professores. (Nogueira, 1938, p.49)

A formação desse diretor e único professor de diferentes cadeiras da Escola Normal se deu na Academia Militar, onde recebeu o grau de doutor em matemática e ciências naturais. As fontes localizadas na Biblioteca Nacional, na seção de obras raras, demonstraram a intimidade de Costa Azevedo com a matéria relacionada a cálculo. O documento datado década de 1830 trata da explicação de cálculo diferencial de La Caille elaborada por José da Costa Azevedo, conforme mostra a Figura 6.

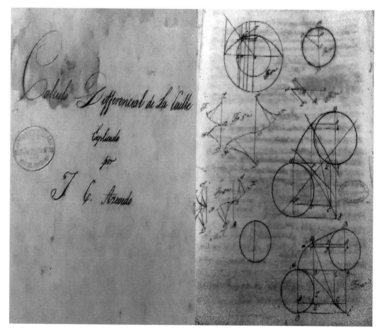

Figura 6 – Cálculo diferencial de La Caille explicado por José da Costa Azevedo
Fonte: Biblioteca Nacional do Rio de Janeiro – Divisão de Manuscritos (1-47,09,010)

Como registro dessa atuação do primeiro diretor da Escola Normal do Rio de Janeiro, Nogueira (ibid., p.38) apresentou o termo de admissão do primeiro aluno (entre os 21 matriculados), lavrado de próprio punho por José da Costa Azevedo em 1835. Para além dessa função de diretor da Escola Normal, fiscal dos professores que foram sendo admitidos na escola e cidadão habilitado para formar por meio da instrução primária, Costa Azevedo atuou na produção de "impressos pedagógicos", termo que será utilizado de acordo com a conceituação de Antônio Batista e Ana Maria Galvão (2009).

Nogueira (1938) registrou a solicitação em que o presidente da província do Rio de Janeiro, Paulino José Soares de Souza, mandou distribuir aos alunos da Escola Normal e a todos os professores da província o *Manual do professor primário*, escrito por um francês e traduzido por Costa Azevedo.

O documento (b) mostra o cálculo da despesa da impressão e encadernação de uma obra, (*) que o Tenente Coronel Costa Azevedo se propõe traduzir para uso da Escola; à da impressão de suas lições de Aritmética e Gramática da Língua Nacional aos discípulos dela; e o que pode custar a gravura e estampa dos quadros de caligrafia. (ibid., p.37-8)

Além da tradução de obras francesas, Costa Azevedo produziu um material para as lições da instrução elementar, denominado *Lições de ler* (Figura 8), composto por 52 lições para a alfabetização das crianças. Tal material foi adotado pela Sociedade de Instrução Elementar[6] do Rio de Janeiro e empregado na escola dessa sociedade, na qual Costa Azevedo era diretor.

---

6 A sociedade presidia o Colégio de Instrução Elementar, estabelecido na Rua do Lavradio, 17. As disciplinas lecionadas na instrução primária compreendiam "leitura e ortografia, caligrafia, noções de ideologia e de gramática geral, aritmética, religião do Estado"; a instrução elementar compreendia "álgebra e geometria elementar, geografia e cronologia, história universal, noções de retórica e de poética, filosofia, escrituração mercantil; a língua latina, a grega, a francesa, a inglesa, e a alemã; dança, música e desenho" (*Almanaque Administrativo*..., 1847, p.266).

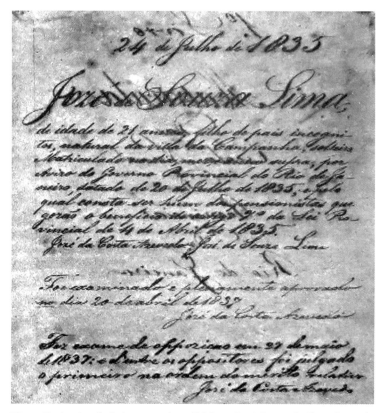

Figura 7 – Autógrafo da 1ª matrícula na E. Normal cuja letra é de Costa Azevedo
Fonte: Nogueira (1838, p.38)

A segunda Sociedade de Instrução que temos a falar, como uma das mais interessantes, é a Sociedade de Instrução elementar [...]. O método que ela tem adotado é do atual Diretor o Sr. José da Costa Azevedo; e é a este método, e a esta sábia Direção, a quem se deve a justa celebridade de que já goza esta Aula; e quem quiser pôr-se melhor ao fato da excelência deste método pode consultar os Mapas estatísticos desta Escola, publicados pelo seu Diretor. (*Correio Official*, 1836, n.81, p.323)

A notícia impressa no *Correio Official: In Medio Posita Virtus (RJ) – 1833 a 1841* aponta a existência de mapas estatísticos

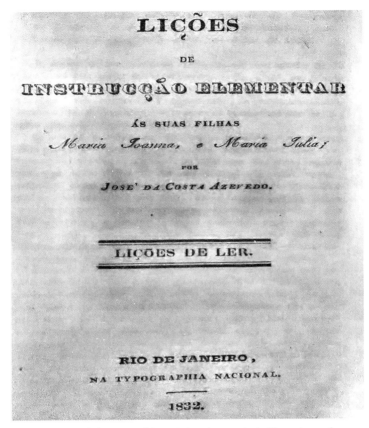

Figura 8 – Capa do impresso *Lições de ler*, de autoria de Costa Azevedo
Fonte: Biblioteca Nacional do Rio de Janeiro – Obras Gerais (IV-132,3,44)

adotados no Colégio de Instrução Elementar, presidido por Costa Azevedo. Foram localizados o oitavo e o nono desses mapas, apresentados ao Conselho da Associação em 1835. Tais mapas têm informações sobre o cotidiano da Escola da Sociedade de Instrução Elementar do Rio de Janeiro. Essa sociedade foi citada em matéria veiculada no jornal *A Aurora Fluminense*.[7]

---

7 Segundo Patroclo (2014), o jornal *A Aurora Fluminense*, fundado em 1827, tinha uma postura crítica em relação à criação e ao funcionamento do Colégio Pedro II, fazendo oposição ao governo imperial.

Temos já Colégios organizados com um bom sistema e aonde se proporcionam aos meninos toda as disciplinas liberais. Mas a maior parte das escolas do ensino primário acha-se ainda num estado de atraso que nos injuria e pode dizer-se que pouco ou nada se tem curado do aperfeiçoamento dos métodos. A este respeito, é com um verdadeiro sentimento de gratidão que temos de falar nos desvelos e ilustração com que o Sr. José da Costa Azevedo presidiu a Escola da Sociedade de Instrução Elementar no Rio de Janeiro, e dirige hoje a Escola Normal da província, na Cidade de Niterói. Se são exatas as informações que temos de pessoas sisudas, desejaríamos que os nossos mestres do ensino primário fossem uma vez por outra visitar aquele estabelecimento, e ali aprendessem a afastar-se dos defeitos da nossa velha rotina. (*A Aurora Fluminense*, 1835)

A Figura 9 apresenta a capa do oitavo e nono *Mapas estatísticos da Escola da Sociedade de Instrução Elementar do Rio de Janeiro*, de autoria do professor José da Costa Azevedo e editados pela Tipografia Nacional no ano de 1837.

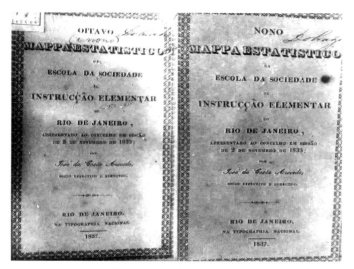

Figura 9 – Oitavo e nono *Mapas estatísticos da Escola da Sociedade de Instrução Elementar do Rio de Janeiro*
Fonte: Biblioteca Nacional do Rio de Janeiro – Obras Gerais (V.261, 1, 1, N-7 e 8)

As Figuras 10 e 11 apresentam listas de despesas com materiais para a Escola Normal de Niterói nos anos de 1839 e 1840, além da despesa com o pagamento do diretor José da Costa Azevedo. Por meio da análise desses materiais, surge o seguinte questionamento: os doze exemplares de *Lições de ler* e os doze *Mapas estatísticos* solicitados e que constaram como despesas no relatório do presidente da província do Rio de Janeiro (1839) se referiam aos escritos de Costa Azevedo?

A Sociedade da Instrução do Rio de Janeiro teve seu trabalho elogiado em relatório oficial, sendo destacada como "sociedade onde se acham reunidas todas as capacidades literárias do país, trabalhando há mais de 10 anos para melhorar a forma do ensino, e seu sistema deverá, por ordem superior, ser adotado como modelo para todas as escolas" (Rio de Janeiro, 1854, p.40).

6.ª Tabella demonstrativa do orçamento da despeza da provincia do Rio de Janeiro para o anno financeiro de 1839-1840.

COM A ESCOLA NORMAL.

PESSOAL.

EMPREGOS.	NOMES.	LEGISLAÇÃO.	ORDENADO.	
Director	José da Costa Azevedo	Lei provincial de 4 de abril de 1833, n.º 10.	1:600$000	
Porteiro	José Antonio de Carvalho	Orçamento.	141$000	
				1:741$000

MATERIAL.

Aluguel da casa	360$000	
Despeza com aceio d'ella	50$000	
Concertos e reparos d'utensis	50$000	
Despezas differentes de papel, pennas, &c.	50$000	
Doze exemplares das lições de leitura	12$000	
Doze exemplares das lições de ler	7$200	
Doze exemplares dos mappas estatisticos	42$000	
Doze exemplares da historia de Simão de Nantua	21$600	
Doze exemplares das poesias sacras e profanas do padre Antonio Pereira de Souza Caldas	36$000	
Doze exemplares da Santa Biblia	48$000	
Doze exemplares de geometria do Vilella Barboza	48$000	
Doze exemplares dos elementos de geographia, e de cronologia, impressos em Coimbra	60$000	
Doze exemplares dos sinonimos da lingua portugueza por Fr. Francisco de S. Luiz	30$000	
Doze exemplares do glossario de Fr. Francisco de S. Luiz	12$000	
		832$800
Total		2:573$800

OBSERVAÇÃO.

A despeza com varios artigos do material foi calculada debaixo da hypothese de se matricularem doze individuos no decurso do anno.

Figura 10 – Solicitação de materiais para a Escola Normal de Niterói (1839-1840)
Fonte: Rio de Janeiro, Relatório do presidente da Província (1839-1840)

No oitavo *Mapa estatístico da Escola da Sociedade de Instrução Elementar do Rio de Janeiro* estavam apresentadas as despesas financeiras que a escola teve desde o dia do seu estabelecimento até outubro de 1835, contando a impressão de 544 exemplares diferentes dos *Mapas estatísticos* para circulação, entre inúmeros outros materiais, como traslados, livros etc.

Supõe-se que esses mapas eram utilizados na formação de professores quando faziam uso das *Lições de ler* propostas por Costa Azevedo e na Escola da Sociedade de Instrução Elementar do Rio de Janeiro porque, pela análise limitada do oitavo e nono volumes, observa-se um detalhamento de disciplinas do corpo docente e discente, prestação de contas da sociedade e o passo a passo das lições propostas em sua obra.

Os oitavo e nono mapas, publicados em 1835, apresentavam lições de caligrafia e ortografia. Supõe-se tratar de um acréscimo ao impresso *Lições de ler*, publicado em 1832 e que estava restrito às lições de leitura.

Os impressos de Costa Azevedo, como as *Lições de ler* e *Mapas estatísticos*, não circularam somente na Escola da Sociedade de Instrução Elementar do Rio de Janeiro. Nogueira (1938) apresentou a circulação desses materiais em um educandário particular, com a dotação orçamentária do ano de 1839-1840, na qual estavam discriminadas as despesas, incluindo a aquisição de *Lições de ler* e os tais *Mapas estatísticos*. Eram as fontes necessárias para indicar uma possibilidade de circulação dos materiais escritos por Costa Azevedo.

Funcionava o educandário em casa particular, e a dotação orçamentária atinente ao exercício de 1839-1840 prescrevia: 36$000 anuais, ou sejam 30$000 mensais de aluguel; consertos e reparos de utensílios, 50$000; doze exemplares das Lições de Leitura, 12$000; doze das Lições de ler, 7$000; doze dos Mapas Estatísticos, de Costa Azevedo, 42$000 [...]. (ibid., p.43)

A gratidão registrada no jornal ao trabalho de Costa Azevedo é justificada quando se verifica o nome de um dos fundadores do jornal, Francisco Crispiniano Valdetaro, o mesmo que faria António de Castilho "perder a cabeça em duas lições" (Castelo-Branco, 1975, p.278). Tratava-se de um republicano antilusófono e defensor do método analítico enaltecedor do trabalho de seu companheiro. Na descrição de Nogueira (1938), observa-se a recusa de Costa Azevedo a convites imperiais.

Conta-se que nunca estivera nos paços imperiais, a despeito de sua prosápia social e de D. Pedro II por vezes assistir-lhe às lições e de o reputar individualidade de larga erudição. E apesar de jamais em partidos políticos ou em pleitos eleitorais se envolver, ofereceram-lhe altas funções no Império. (ibid., p.28)

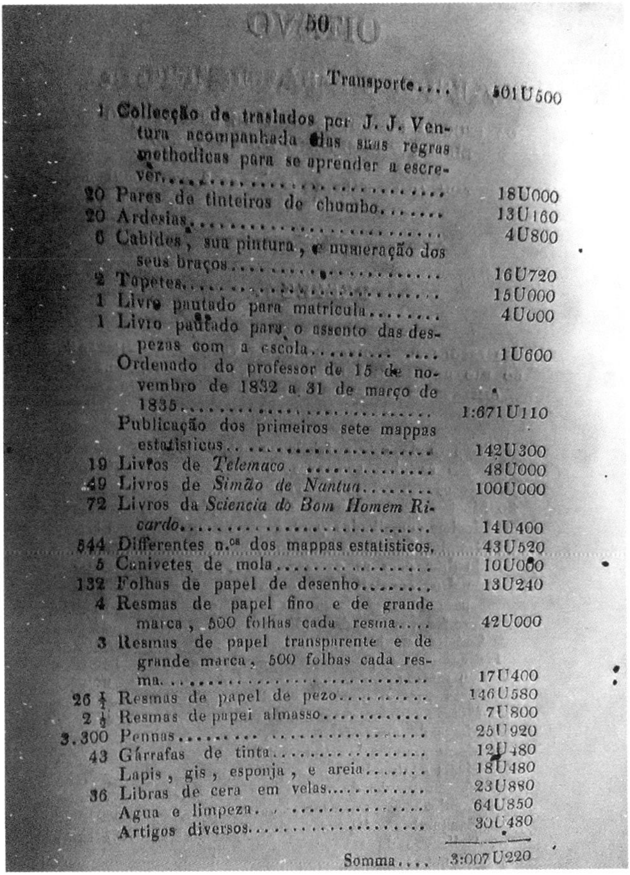

Figura 11 – Despesas com a Escola da Sociedade de Instrução Elementar do Rio de Janeiro apresentada no oitavo *Mapa estatístico*
Fonte: Biblioteca Nacional do Rio de Janeiro – Obras Gerais (V.261, 1, 1, N-7 e 8)

Pensando nessa disputa entre os métodos de ensino, analisou-se que a grande discussão entre os dois métodos de matrizes analítica e sintética não era explicada estritamente por razões didáticas, sendo acrescida de conflitos políticos que tiveram início ainda no primeiro reinado, passando pelo período regencial e pelo segundo reinado no Brasil imperial.

3.2.3 A favor ou contra d. Pedro I e d. Pedro II: querelas políticas e pedagógicas

Antecipando a Geração de 70, caracterizada pelos "conflitos políticos que começaram nos últimos anos da década de 1870 e se estenderam até o início do século XX" (Bittencourt, 2004, p.484), ocorreram disputas entre defensores dos métodos sintético e analítico no ensino da leitura, com destaque para aquela entre o português António de Castilho e os brasileiros Valdetaro e Costa Azevedo, na década de 1850, e ainda entre José de Alencar e José Castilho, na década de 1860, ambas marcadas por posicionamentos políticos que se misturavam às questões metodológicas do ensino da leitura, da escrita e do projeto de constituição de uma língua.

Segundo Bittencourt (ibid.), no final do Império se encontravam mais conceitualmente definidos os seguidores do método analítico para a alfabetização, em oposição ao usual método sintético, representando a posição dos grupos de educadores defensores de uma escola laica. Os seguidores do método analítico eram, em sua maioria, republicanos, com um discurso voltado para a democratização do saber escolar e contrários ao espírito tradicional de educação, cujo ensino era calcado em métodos da Igreja.

Tal debate que englobava um caráter pedagógico do ensino da leitura e da escrita transitava entre o espírito tradicional da educação e seu contrário, o espírito de democratização, e marcou presença no final do Império, fazendo-se presente, nas décadas de 1850 e 1860, nas representações dos intelectuais que atuavam na instrução pública brasileira. A oposição a Castilho em solo brasileiro, em 1855, passou pela defesa da consolidação de um projeto de independência de Portugal, pela filiação a outras matrizes (como a francesa) e ainda pela circulação de ideais que fomentavam um espírito republicano. A veneração que o poeta português dedicou a d. Pedro I (chamado pelos cartistas de Libertador) desde o período do miguelismo em Portugal, na década de 1820, com sua filiação partidária acérrima ao cartismo português, levou a embates com os republicanos Costa Azevedo e Francisco Crispiniano Valdetaro. Em Portugal, Castilho defendia a monarquia ligada à Carta Constitucional, porém, no Brasil, se opunha ao constitucionalismo, defendendo a volta do imperador, que, em sua opinião, deveria assumir "pela força incontestável da hereditariedade, um prestígio não menos singular" (Castilho, J., 1896, p.630).

Após a abdicação de d. Pedro I, em 1831, os irmãos Castilho se tornaram adeptos do movimento da Restauração, momento em que José Feliciano de Castilho redigiu um jornal cartista intitulado *A Restauração* (1842-1846). Os restauradores Castilho se declararam partidários de d. Pedro I do Brasil e, apesar de serem constitucionalistas em terreno português, na política brasileira fizeram oposição ao liberalismo em suas faces moderadas e exaltadas, por aderirem à figura de um imperador após sua abdicação e por defender a sucessão do trono a d. Pedro II do Brasil após a morte de seu pai, em 1834.

A partir dos estudos de Nívea Guimarães (2014), observa-se uma dicotomia entre o conceito de Restauração nos territórios português e brasileiro; na ex-colônia o termo "restauradores" era utilizado para designar aqueles que defendiam a volta do estatuto colonial e de "um *éthos* político ligado ao 'Antigo regime', já em Portugal, indicava os partidários do liberalismo e da carta constitucional" (Gonçalves, 2012, p.43, apud Guimarães, 2014, p.4).

Se no Brasil os restauradores ao defenderem a volta do Imperador são colocados em oposição ao constitucionalismo, D. Pedro, em Portugal, é visto como figura central da luta constitucional. Assim esclarece: Após "7 de Abril", esses setores serão vistos como defensores do retorno do Primeiro Imperador, o que significava opor-

-se ao liberalismo e ao constitucionalismo. O mesmo Imperador que em Portugal, já como D. Pedro IV, enfrentará uma guerra civil para que um regime constitucional fosse vitorioso e o absolutismo extirpado em definitivo. (Gonçalves, 2012, p.43 apud Guimarães, 2014, p.4).

Dessa forma, d. Pedro I representava para os liberais brasileiros o retrocesso diante das conquistas liberais, por conta de seus atos vistos como despóticos, enquanto em Portugal ele era considerado figura central da luta constitucional contra seu irmão d. Miguel. Nesse momento de instabilidade de um Brasil recém-independente, que engendrava diferentes propostas de organização de Estado, liberais exaltados,[8] moderados e caramurus deixaram registrados, nas páginas do periódico *A Aurora Fluminense*, seus ataques e defesas.

A oposição a D. Pedro I, feita por esse periódico, é desenvolvida através do compromisso moderado. Na perspectiva d'*Aurora*, as recentes experiências mostravam que "não é assassinando e matando que as doutrinas da liberdade têm feito a conquista do mundo civilizado". O curso de ação que o periódico escolhia mostra a defesa dos moderados pelo justo meio, princípio aristotélico, utilizado pelos doutrinários franceses da Restauração. (Guimarães, L., 2013, p.40)

O periódico *A Aurora Fluminense* foi fundado pelo médico Francisco Crispiniano Valdetaro (1805-1862), que contou com José Apolinário Pereira de Morais e José Francisco Xavier Sigaud, o qual atuou como revisor no primeiro periódico médico brasileiro, em 1827.

---

8 Ao citar a distinção feita por Paulo Pereira de Castro entre dois grupos na facção política denominada "liberal exaltada", Lucia Guimarães (2013) afirma que os "liberais puros", seguidores das ideias de Thomas Jefferson, como Borges da Fonseca e Teófilo Otoni, e os "agitadores", a exemplo de Cipriano Barata e EzequielCorreia dos Santos, "tocando nos ressentimentos 'de classe e de raça', apontavam para a instituição de uma nova ordem social no país" (Guimarães, L., 2013, p.106).

Dr. José Francisco Xavier Sigaud foi responsável pela fundação do primeiro periódico médico brasileiro em 1827, que ostentava o extenso título de "O Propagador das Ciências Médicas ou Anais de Medicina". Fundou o jornal da Sociedade de Medicina do Rio de Janeiro, intitulado "O Semanário de Saúde Pública", lançado em 3 de janeiro de 1831, do qual foi o editor até 1835. Em 1835, aliou--se novamente a seu amigo Plancher para editar o "Diário de Saúde ou Efemérides das ciências médicas e naturais do Brasil", que existiu até 1836 – tendo como companheiros de redação o médico Francisco de Paula Cândido e Francisco Crispiniano Valdetaro, médico e professor das princesas filhas de D. Pedro II. (Academia Nacional de Medicina)

Evaristo da Veiga comprou o jornal *A Aurora Fluminense* de Valdetaro e passou a ser seu editor. Como adepto do liberalismo em sua face moderadora, segundo Lucia Guimarães (2013), em seus discursos políticos estavam presentes a antinomia moderação/radicalização há um bom tempo, apresentando inclusive uma fala reparadora no contexto das crises de 1829 entre d. Pedro I e o Poder Legislativo. O periódico combatia os ministros e o projeto político de d. Pedro I.

Nada de jacobinismo de qualquer que seja a cor. Nada de excessos. A linha está traçada: é a da Constituição que se jurou no dia 25 de março. Nada de alterações que a desfigurem e lhe façam perder a virgindade [...]. Os verdadeiros moderados são aqueles que detestam toda espécie de excessos, toda espécie de tirania ou de jacobinismo que ela esteja nas mãos de um ou na de muitos. (*A Aurora Fluminense*, 1829 apud Guimarães, L., 2013, p.113-4)

Dessa forma, segundo Lucia Guimarães (ibid.), os liberais moderados temiam o retorno do autoritarismo do antigo monarca, porém, para segurar com firmeza as rédeas políticas, propunham novos mecanismos de controle social, reconhecendo o aprimoramento das instituições pela via da reforma de modo gradual e em um ritmo marcado pelas próprias circunstâncias históricas em que o Brasil se encontrava. Tornava-se necessário, entre os liberais moderados, "preservar dentro das condições da modernidade as velhas opiniões e as antigas regras de vida que haviam permitido o desabrochar da civilização e dos costumes" (Burke, 1833, p.40 *apud* Guimarães, L., 2013, p.120). As querelas entre os moderados e os restauradores adentraram os periódicos brasileiros. Segundo Lucia Guimarães (ibid.), no início de 1832 os restauradores começaram a se reorganizar, fundando a Sociedade Conservadora e o jornal *O Caramuru*. Observa-se, na edição de 1832, a defesa política, por parte dos caramurus, da restauração do trono de d. Pedro II após a morte de seu pai, tecendo críticas aos moderados de *A Aurora Fluminense*, que vislumbravam projetos denunciados pelos caramurus como republicanos.

Quanto ao arrancar o Cetro ao Imperador: nessa parte é menor o crime de restauradores do que dos federalistas de má-fé como a Aurora: aqueles, revocando o ex-Imperador, davam ao Sr. D. Pedro II o direito de suceder, por morte de seu Augusto Pai, no Trono do Brasil; estes preparam Repúblicas miseráveis, ou Ditaduras tirânicas que arrancarão o Cetro ao Imperador por uma vez, então lhe dariam o projetado pontapé com que um deles se expressou! (*O Caramuru*, 1832, p.5)

Segundo Janaína Silva (2012), o periódico *A Aurora Fluminense* se colocou como veículo da oposição, combatendo as práticas absolutistas do governo, assim como todas as formas de opressão, costumes e ideias ligadas a tal postura política. No momento do golpe miguelista no cenário português, o periódico adotou uma postura de vigilância do sistema implantado com a Carta de 1824, defensora de reformas em todos os campos da vida social

Se a força do absolutismo ainda se fazia sentir, como na dissolução da Constituinte de 1823, nem por isso amedrontou os liberais presentes na imprensa e na Assembleia Geral Legislativa, reaberta em 1826. Se os absolutistas, mais próximos de D. Pedro I estavam no poder, não exerceram o domínio total em virtude da onda libertadora, que pedia contas de seus atos. (Silva, J., 2012, p.43)

Com Valdetaro à frente desse periódico, emergia o sentimento antilusitano a partir do combate aos despotismos diversos e de "denúncias às medidas arbitrárias, ilegais e, portanto, despóticas, dos ministérios de D. Pedro I" (ibid., p.80). O sentimento de veneração que Castilho dedicava a d. Pedro I do Brasil, considerando-o o Libertador em períodos sombrios do terrorismo miguelista, e seu apoio ao movimento cartista, que culminou na interrupção do golpe de d. Miguel, não eram compartilhados pelos brasileiros, que se tornaram vigilantes contra qualquer tentativa de recolonização.

A Aurora Fluminense criticou a intromissão do governo brasileiro no período miguelista português, principalmente na política de auxílio aos emigrados, pois, para os editores liberais moderados, o perigo de uma recolonização era latente.

A *Aurora* criticava, sobretudo, as grandes somas despendidas com o auxílio aos emigrados liberais portugueses, censurando o ministro responsável, Sr. Itabaiana, por agir "contra a Lei do Orçamento, que lhe marca todas as cotas para o dispêndio anual e o seu objeto" e era confeccionada na Câmara dos Deputados. Alegava ainda ser importuna a vinda de refugiados portugueses para engrossarem as fileiras brasileiras, pois o "ferimento de divisões", que daí se seguiria, acordaria "ódios e desconfianças mal extintas". Os ódios e desconfianças mal extintas referiam-se ao receio da recolonização do Brasil por Portugal. Ribeiro analisou os conflitos antilusitanos no Primeiro Reinado e identificou, no final de 1822, uma incerteza com relação à concretude da independência proclamada por D. Pedro e, ao mesmo tempo, a constituição dos portugueses em inimigos, que seriam taxados de absolutistas e tirânicos. (ibid., p.7)

Os editores do periódico *A Aurora Fluminense* descreveram os restauradores caramurus como antirrevolucionários, criando em seus leitores o receio de esses sujeitos, como inimigos da nação brasileira, virem buscar estabelecer a ordem anterior à abdicação.

A *Aurora Fluminense* parecia não ter dúvidas de que os caramurus sustentavam um projeto restaurador. Para os moderados, os agentes de D. Pedro desejavam voltar à condição anterior ao "7 de Abril" para reaver seus privilégios. Os caramurus também foram apelidados pela *Aurora* de "antirrevolucionários", devido à crítica que faziam da Abdicação, e foram até mesmo nomeados de "recolonizadores". Com essa última denominação, o periódico formulava a memória do português colonizador e despótico, sendo seu exemplo maior D. Pedro I. A imagem política do português "inimigo da Nação" também foi construída no interior das críticas aos restauradores feitas pela *Aurora*. As críticas mais incisivas partiram do grupo exaltado, mas podemos encontrá-las no periódico moderado. (ibid., p.80)

Para os moderados, o principal objetivo dos restauradores era o retorno ao absolutismo, chegando a ser comparados, em suas estratégias, aos miguelistas. O periódico *A Aurora Fluminense* registrou tal semelhança a partir de "uma generalização capaz de enquadrar todos aqueles que aderiam às correntes conservadoras a uma suposição comum: todos defenderiam o retorno dos excessos do passado, como o despotismo exercido por um monarca ilegítimo" (ibid., p.84).

A autobiografia de Cristiano Benedito Ottoni, declarado inimigo da instituição monárquica, elaborada em 1870 e editada pelo Senado Federal brasileiro no ano de 2014, apresentava o cenário da aliança política entre os vencedores moderados (ou monarquistas) e os exaltados (ou democratas) no ato da abdicação em 1831, bem como suas alianças em 1834 no combate aos desejos de restauração de d. Pedro I. Segundo o autor, os moderados, "que se mostravam tíbios quanto a reformas da Constituição, vendo erguer-se um partido que abertamente pleiteava a restauração de D. Pedro I, assustados, se fizeram um pouco mais democratas, afagavam os exaltados e os chamavam em auxílio da situação" (Ottoni, 2014, p.47).

A radicalização dessa aliança mudou após a morte de d. Pedro I, alterando a cisão entre liberais moderados e exaltados.

Morto D. Pedro I tudo aqui começou a barulhar-se, e a reação contra as conquistas liberais recrutou logo bons contingentes: 1º) toda a gente da restauração que perdera o objeto; 2º) todos os corcundas que se tinham unido aos moderados e não subiram postos; 3º) todos os descontentes por qualquer motivo. (ibid., p.67)

Mattos (1994) incluiu o nome de Teófilo Ottoni, irmão de Benedito Ottoni, na lista dos progressistas ou liberais que travaram acirradas discussões com os arautos da nova orientação regressista. Para Mattos, os irmãos Ottoni se opunham aos detentores de uma força "formada embora por velhas figuras, em parte – ao declarar que fora liberal, e que agora tornava-se regressista para poder melhor servir à sociedade que corria risco 'pela desorganização e pela anarquia'" (ibid., p.132).

Mattos conceitua como tempo saquarema esse estado de conservadores fluminenses que buscavam efetivar proposições regressistas, comandadas pela trindade saquarema, que "constituiria o núcleo do grupo que deu forma e expressão à força que, entre os últimos anos do Período Regencial e o renascer liberal dos anos sessenta, não só alterou os rumos da 'Ação' mas sobretudo imprimiu o tom e definiu o conteúdo do Estado imperial" (ibid., p.102).

Os irmãos Ottoni lutaram contra o perigo iminente da força reacionária que visava "endeusar o imperador, curvar-se a todos os seus caprichos para conservar indefinidamente as lantejoulas do poder" (ibid., p.67) ao lado dos radicais que vislumbravam o projeto republicano, "para quem a monarquia constitucional [...] tinha de ser uma espécie de 'república'" (Silva, João, 2014, p.32).

Ao lado dos irmãos Ottoni, José de Alencar foi considerado progressista por denunciar a "presença ainda avassaladora do elemento português, visto como absolutista e recolonizador, e que emprestava o colorido à 'Restauração dos Saquaremas'" (Mattos, 1994, p.132).

Nesse contexto de alianças, Mattos (ibid.) apresenta a diferenciação entre os projetos liberais, que se empenharam tanto em marcar sua diferença com relação aos regressistas quanto em dissociar o princípio democrático do conteúdo republicano. "Moderados ou modernos, uns; exaltados ou antigos, outros. A presença da plebe desunia os exaltados, pois a associação entre Liberdade e Igualdade entre os homens livres tornava tênues os limites entre a Revolução de cunho republicano e a Desordem" (ibid., p.128).

Havia também, entre os exaltados, alguns movimentos que procuravam

> aproveitar em benefício de suas posições as pressões que a plebe exercia sobre a já mencionada tênue linha que limitava a Liberdade, propondo medidas logo consideradas "revolucionárias" e de "fundo anárquico", como o plano do Grande Fateusim Nacional. Por isso mesmo, mais do que Exaltados, eram vistos como Republicanos. (ibid., p.129)

Os fundadores do Império e a geração seguinte, de 1800-1833, da qual fazia parte a "trindade saquarema", deram "forma aos três mundos e empenharam-se em conservá-los, ao empenhar seus ideais e suas forças na 'consolidação monárquica'" (ibid., p.118). Esses fundadores e consolidadores tinham "os olhos na Europa e os pés na América – eis o segredo da trajetória de individuação de uma classe, e, que se revestia da forma de construção de um 'Corpo político' soberano" (ibid., p.119).

Pensando na "construção da Teia com os fios da civilização" (ibid., p.259), os que dominavam e pretendiam dirigir o império brasileiro lançavam as bases para, ao lado de medidas estritamente políticas, criarem imagens,

> logo traduzidas em ações, objetivando a preservação da coesão de seu conteúdo – um território unificado, num contingente sem comoções, a sua continuidade – na figura do imperador, e na coexistência fraterna dos seus elementos constitutivos – a miscigenação e a confraternização racial. (ibid., p.120-1)

Norbert Elias (1993) utiliza o termo "configuração" para se referir à formação social baseada na interdependência entre os indivíduos. Cada ação individual dependeria de uma série de outras, que por sua vez modificariam a própria figura do grupo social.

Elias demonstra que a estrutura do comportamento civilizado está inter-relacionada com a organização social, sob a forma de Estado, a qual determina uma profunda evolução no sentimento de vergonha e de constrangimento, exigido para a convivência social.

A construção de um Estado brasileiro passava pela elaboração de uma teia tecida com os fios da civilização e da interdependência entre os indivíduos, em uma lógica em que muitos eram deixados "de fora".

Uma lógica que deixava "de fora" aqueles que construíram esse tempo, como condição essencial para que a sociedade buscasse numa "ordem natural" a resposta à questão que formulara sobre a sua instituição e trajetória. Assim, quanto mais os Saquaremas transformavam suas intenções em ações, tanto mais deveriam ser entendidas como naturais as diferenças e hierarquias entre os homens livres. (Mattos, 1994, p.273)

Defensores de d. Pedro I desde sua luta contra seu irmão Miguel, chegando a ter vários membros de sua família exilados e mostrando proximidade e admiração a d. Pedro II no império brasileiro, os irmãos Castilho se colaram à monarquia, criticando os republicanos brasileiros. Ao retratar os conflitos do Segundo Reinado, que culminaram na queda da monarquia constitucional e na proclamação da República, a obra *Memórias de Castilho* descreveu a indignação de António Castilho com o destino de d. Pedro II: "Ninguém ousará insinuar que o senhor d. Pedro II deixasse, um momento sequer, de cumprir os seus deveres paternais de Imperador zeloso. Insurgir-se, pois, contra ele, desrespeitá-lo, exilá-lo, foi parricídio pra que não há perdão" (Castilho, J., 1902, p.177).

Defendendo a permanência do poder nas mãos de d. Pedro II, afirmaram que, apesar de cada nação ter o direito indiscutível de se reger como melhor entender, nenhuma sociedade pode "vilipendiar os seus dirigentes, quando eles são, como foi sempre o senhor D. Pedro II, mantenedores leais e dedicados dos altos ditames do

Direito público, protetores do trabalho, magistrado cultos e de boa-fé, servidores, numa palavra, do Povo entre quem nasceram" (ibid., p.175). Ainda na defesa da restauração, reclamam que

> os sublevados brasileiros, não só calcaram aos pés, sem melindre e sem pudor, os princípios mais sagrados, não só atraiçoaram seus juramentos à Monarquia, mas pela insólita e desbragada maneira, mataram o elemento monárquico, e assassinaram o Imperador. (ibid.)

Nas *Memórias de Castilho*, Júlio de Castilho defende as acusações que seu pai recebia devido à amizade com d. Pedro II. Para ele, não se tratava de adulações, afirmando que "Castilho em nada dependeu nunca de Sua Majestade; o Imperador recebeu a dedicatória do *Camões*, e fez a Castilho Oficial da Ordem da Rosa; nada mais; fê-lo Grã-Cruz e Castilho declinou essa honra" (Castilho, J., 1900, p.164). O relato também destaca que o imperador se mostrava amigo de literatos em geral, porém distinguira Castilho com provas específicas e inequívocas de apreço (id., 1902, p.57).

Segundo os pormenores apresentados por José Feliciano de Castilho e registrados nas *Memórias de Castilho*, em sua estada no Brasil, em 1855, António de Castilho se encontrou com d. Pedro II.

> Conversou muito aquele ilustrado Príncipe com o poeta e seu irmão, pediu muitas notícias de Portugal, interessou-se em saber o que produziam então as letras portuguesas, e depois de um agradável colóquio de cerca de duas horas, despediu os visitantes, pedindo-lhes que lhe dessem mais vezes o prazer da sua conversação. (id., 1900, p.173)

Os republicanos brasileiros, "repelindo o mando da metrópole portuguesa [...], obedeciam às ambições pessoais, ao prurido de republicanismo balofo, aos ditames tenebrosos da maçonaria, ao jacobinismo desorientado de certos palradores [sic]" (id., 1902, p.164). Esses sublevados brasileiros eram considerados por Castilho os "nulos, os despeitados, os intrigantes maçônicos, os ambiciosos pequeninos, que maquinam na sombra. Tinham fardas, tinham títulos, tinham na boca os seus juramentos à Monarquia, e no coração o ódio às instituições" (id., 1902, p.180).

O desdém dos brasileiros destinado a Castilho, além da questão metodológica de seu método, pode ser explicado pelo momento de luta contra os ranços do Antigo Regime e contra os princípios que serviam de instrumento de luta contra o sistema colonial e a metrópole, praticamente a causa da cisão da Questão Coimbrã da Geração de 70 no território português, porém no contexto brasileiro e em um período mais recuado.

3.2.4 A França no Brasil: repulsa aos portugueses monárquicos

Ao tratar dos ideais que circularam no império brasileiro, Neves (2013) apresenta os autores que frequentaram a Universidade de Coimbra, "autores de escritos políticos e de propostas que se situavam entre o velho absolutismo e as novas ideias de liberdade, em que o sufrágio e a representação ficavam restritos aos cidadãos mais prósperos" (ibid., p.81), um grupo de homens abertos às novas ideias do pensamento liberal francês, assimiladas a partir da leitura de livros proibidos.

De acordo com Neves (ibid.), naquele momento convulsivo do ano de 1822 ocorreu um conflito ideológico pautado nas duas vertentes do liberalismo: o brasileiro e o coimbrão. Os representantes do primeiro grupo, em sua maioria, nasceram no Brasil e quase sempre tinham na palavra impressa o único contato com o mundo estrangeiro; agrupados em torno de Joaquim Gonçalves Ledo, defendiam posturas mais radicais e se converteram, assim, nos "ideólogos do separatismo brasileiro" (ibid., p.96).

Acreditavam no progresso universal, colocando toda a sua confiança na educação como um meio de atingir a felicidade da humanidade. No entanto, os censores, preocupados com a proposta de uma revolução que subjazia a essas obras, acreditavam que "poucos livros modernos compostos em francês" podiam resistir a uma censura rigorosa "portuguesa". Tais livros franceses eram sempre "ímpios, sediciosos, inflamatórios e de uma execranda obscenidade, diretamente compostos e destinados para abalar e subverter o trono, o altar e os bons costumes", devendo se exercer particularmente contra eles a "severidade censória", que exigia "medidas mais austeras e vigorosas do que contra a peste, cujo dano parece muito menor que o do moderno contágio mental e moral" (ibid., p.83). Segundo Neves (ibid., p.99), no Brasil dos Oitocentos, por conseguinte, apesar de algumas deficiências, foram implantadas certas práticas rudimentares da cultura política do liberalismo:

uma monarquia constitucional que continuava aliada à Igreja, colocada doravante a seu serviço, pois à falta de uma ideologia da nação, ainda se fazia necessária a doutrina cristã para reunir os indivíduos em um corpo social; uma sociedade em que reinavam os homens ilustrados, cujo papel era o de orientar a opinião pública; uma liberdade que não ultrapassasse os direitos alheios e uma igualdade que se restringisse ao plano da lei. (ibid., p.100)

A ideologia do francês Jacotot e de seus seguidores ia na contramão desse cerceamento literário. A circulação de suas ideias ressoou como uma revolução diante do projeto de impressão do mundo clássico e lusitano na constituição da língua brasileira.

Em um nascente Estado cujos traços pareciam atribuir ao "absolutismo ilustrado a paternidade" (ibid.), a coroação de Pedro I e a vitória da monarquia constitucional triunfaram sobre os atores mais democráticos brasileiros, que, ao serem considerados membros do partido republicano e da anarquia, já se encontravam, em 1822, presos ou exilados.

O ministro José Bonifácio, confiando na opinião pública, que havia abandonado a ideia de república, pois os brasileiros encontravam-se lisonjeados com os títulos de Império e de Imperador, declarou uma guerra aberta contra o grupo brasiliense, considerando seus integrantes como membros do partido republicano e da anarquia. Engendrou uma crise política para afastar os principais representantes do grupo – Joaquim Gonçalves Ledo, Clemente Pereira, Luís Pereira da Nobrega e o padre Antônio João de Lessa –

de seus postos-chave. Alegando a presença de perturbadores da tranquilidade pública, fez abrir uma devassa – contra os anarquistas, demagogos, republicanos e intrigantes membros da elite brasiliense, que foi desarticulada com prisões e deportações (ibid, p.101).

Em um processo de vigilância aos partidários de d. Pedro I (como Castilho), *A Aurora Fluminense* demarcava um terreno oposicionista ao antigo regime, registrando sua desconfiança por atos que levariam a um processo de recolonização do Brasil. Valdetaro se inseria ao lado dos antilusitanos, seja no ato de redigir o periódico ou no de levar adiante seu projeto da Sociedade de Instrução Elementar com Costa Azevedo, que culminou na elaboração de um método de leitura, chegando a travar embates com o português Castilho em 1855.

Apesar dessa filiação a movimentos antilusitanos, Valdetaro se tornou o professor das filhas de d. Pedro II. Conforme mostra a Figura 12, seu nome aparece na terceira linha da lista dos funcionários que serviam a casa imperial, sendo responsável pela instrução particular e doméstica da princesa Isabel.

Na primeira biografia da herdeira do trono do Brasil, Calmon (1941) trata, no terceiro capítulo, sobre a educação da princesa Isabel, apontando para a presença do professor Dr. Francisco Valdetaro e para a utilização do método do professor José da Costa Azevedo.

A filha aproveitou-lhe mais a lição do que o pai, cuja péssima letra se tornava por vezes ilegível. Os estudos gerais da menina aos 11 anos estavam a cargo do Dr. Francisco Crispiniano Valdetaro. Era um pedagogo sério que tinha Colégio disciplinado pelo método do professor José da Costa Azevedo. (ibid., p.19)

O médico e professor das princesas, filhas de d. Pedro II, juntamente com Costa Azevedo, foram citados no desabafo de António de Castilho à sua esposa, e essa parceria incluiu a produção e circulação de impressos adotados em diferentes escolas elementares. Valdetaro atendia as princesas no espaço palaciano e era proprietário da Escola Francisco Crispiniano Valdetaro, uma instituição de instrução particular que influenciou na formação de professores de outras províncias, como consta nesse relato de Santa Catarina de 1840.

No ano seguinte, ainda como presidente da Província, José Joaquim Machado de Oliveira resolve que, para sanar a falta de professor para ocupar a segunda cadeira do ensino primário, enviaria para a Capital do Império um jovem chamado Manoel Ferreira das Neves, o qual teria os estudos financiados pela Província, a fim de adquirir "[...] as habilitações necessárias, não só dos princípios instrutivos, como do modo de os praticar". (Oliveira, 1840, p.13)

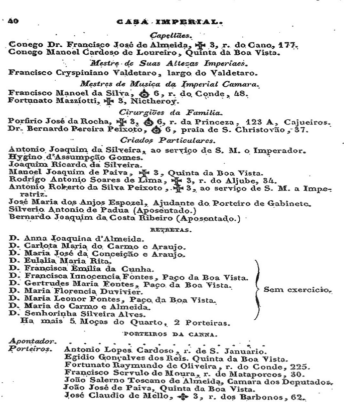

Figura 12 – Listagem dos servos na Casa Imperial com a indicação de Francisco Valdetaro.
Fonte: Calmon (1941, p.29)

Schneider (2008, p.3) destaca que, de acordo com o presidente José Joaquim Machado de Oliveira, o estudante enviado à Escola Francisco Crispiniano Valdetaro retornaria capacitado e habilitado para a província de Santa Catarina, para assumir a cadeira de primeiras letras da capital, e procederia à reforma do método até então utilizado.

Outro ofício[9] localizado no Arquivo Público da Cidade do Rio de Janeiro mostra a circulação das ideias pedagógicas de Valdetaro e Costa Azevedo em um colégio particular. Tratava-se da instituição dirigida pela francesa Luiza Halbout, proprietária de um colégio para meninas criado em 1848 e situado na Rua do Hospício, nº 266, conhecido outrora por casa dos padres Lobos. Nesse ofício, de julho de 1854, a diretora descreve as excelentes condições físicas do espaço (arejado e amplo), bem como as matérias e os nomes dos professores de cada uma delas. Entre os livros adotados, aparece a indicação do Livro de Leitura da Instrução Elementar de Valdetaro.

Figura 13 – Indicação do livro de Valdetaro na escola particular de Luiza Halbout
Fonte: Arquivo Público da Cidade do Rio de Janeiro. *Mapas da instrução pública*, 1854. Códice: 12-3-33. p.39.

Conforme se observa na Figura 14, o ofício localizado,[10] com identificação dos autores de forma rubricada e ilegível, foi destinado ao governo imperial como resposta da Câmara Municipal do Rio de Janeiro acerca da questão da instrução pública. Nele foram en-

---

9 Arquivo Público da Cidade do Rio de Janeiro. *Mapas da instrução pública*, 1857. Códice: 12-3-37. p.159.
10 Arquivo Público da Cidade do Rio de Janeiro. *Mapas da instrução pública*, 1854. Códice: 12-3-33. p.39-41.

contradas várias críticas ao andamento das escolas públicas, principalmente pela falta de padronização na adoção dos métodos de ensino e pela falta de preparo dos professores para tal. Pode-se questionar se a iniciativa partiu de professores de escolas particulares inconformados com exigências como os relatórios de Mme. Júlia sobre a situação de suas escolas e a adoção de métodos, entre outras formas de fiscalização que ocorreram somente nas escolas particulares, criticando a falta de solicitação e inspeção mais eficaz nas escolas públicas primárias e secundárias.

Figura 14 – Rubricas não identificáveis em ofício ao governo imperial
Fonte: Arquivo Público da Cidade do Rio de Janeiro. *Mapas da instrução pública*, 1854. Códice: 12-3-33. p.39-41.

Dentre as críticas tecidas nesse relatório estava a falta de profissionalismo dos "especuladores" que estavam à frente da instrução pública da mocidade brasileira e que enveredavam por mau caminho na escolha dos métodos e autores a serem adotados em suas cadeiras. Valdetaro é descrito como uma solução para essa carência de bons métodos. O relatório defende que "não pode a câmara calar os nomes dos dois cidadãos Francisco Crispiniano Valdetaro, diretor da Escola da Sociedade de Instrução Elementar, e Jannuario Matheus

Ferreira, diretor do Colégio da Instrução Elementar na rua do Lavradio" (Rio de Janeiro, 1854, p.40). A autoria das lições de leitura atribuída por Mme. Julia a Valdetaro deve ser problematizada. Tanto nas *Lições de leitura* quanto nos *Mapas estatísticos*, Valdetaro assina como secretário da Sociedade de Instrução Elementar, como pode ser observado na Figura 15, estando na capa dos impressos o nome do diretor da associação e autor, José da Costa Azevedo. Valdetaro era o secretário da Sociedade de Instrução Elementar do Rio de Janeiro, fundada e presidida por Costa Azevedo, verdadeiro autor desses materiais citados por Mme. Julia.

No embate travado entre o método sintético, defendido por António de Castilho, e o analítico, defendido por Costa Azevedo e Valdetaro, foi encontrada uma das matrizes das discórdias ocorridas em solo brasileiro. Braslavsky (1971) conceitua didaticamente a diferença entre tais matrizes, definindo o método analítico da leitura pelas palavras de Decroly.

Bastar-nos-á recordar que o método que empregamos na aplicação dos princípios que são a base dessa psicologia parte da ideia interessante e viva, expressada pela frase e palavra para chegar, no momento desejado, por meio de *análise*, à sílaba e à letra e, finalmente, pela síntese, à reconstrução de novas palavras. (Decroly, 1923,[11] p.105 *apud* Braslavsky, 1971, p.75)

No método de ensino de leitura de António de Castilho, observa-se uma preocupação em tornar conhecida da forma mais depressa possível os elementos representados pela letra ou pelos sons, de modo que permitam à criança os reunir para chegar à leitura de todas as combinações possíveis.

A delimitação do método Castilho sob um prisma gerou confusão até em seu próprio idealizador, conforme discussão trazida

---

11 Decroly, O. La función de la globalización y su importancia pedagógica. *Revista de Ensino*, Madri, a.V, 1923.

Participo á V. S.ª que em sessão de *8* do corrente, procedendo-se, na forma dos estatutos, á nomeação do concelho da — Sociedade de Instrucção Elementar do Rio de Janeiro — foi V. S.ª eleito *~~~~~~~~~~~~~~~~~~~~~~* e outro-sim que *~~~~~~*, em huma das salas do pavimento baixo do museu nacional, onde está estabelecida a escola da sociedade, e cuja entrada he pela rua dos siganos.

Deus Guarde a V. S.ª Sala das sessões em *14* de *setembro* de 183*7*, *7º* da Regeneração.

Illm.º Snr. *João José Dias Camargo*

Figura 15 – Assinatura de Valdetaro como secretário da Sociedade de Instrução Elementar do Rio de Janeiro

Disponível em: http://objdigital.bn.br/objdigital2/acervo_digital/div_manuscritos/mss1428098/mss1428098.pdf. Acesso em: 9 fev. 2023.

na pesquisa que deu origem à presente obra, ao tratar das rupturas promovidas pelo autor português na área pedagógica. A verdade é que as normas para os métodos do ensino da leitura permaneceram envoltas numa grande confusão (Braslavsky, 1971, p.76). Dessa forma, Costa Azevedo e Valdetaro, como republicanos, estariam na negação do pensamento de António de Castilho, tanto em relação ao seu método e à sua filiação monárquica como pela dedicação e devoção dispensadas ao imperador. Na descrição feita por Valdetaro, observa-se seu posicionamento político.

> Embora as conservasse apartadas do mundo mais vasto e restringisse seu círculo de relações a pessoas que ele aprovava, D. Pedro II tomou o cuidado de evitar que as filhas crescessem num estado de ignorância intelectual. A partir do dia 1º de maio de 1854, D. Isabel e a irmã começaram a aprender a ler e escrever com um preceptor que, republicano convicto as tratava por "doninhas", não por "altezas", como seria de esperar. A falta de deferência de Francisco Crispiniano Valdetaro era contrabalançada por sua competência como professor. (Barman, 2005, p.55)

A repercussão do embate entre Costa Azevedo (autor de Lições de ler (1832), defensor de um método de ensino analítico com as bases de Jacotot), e o português António de Castilho se deu em diversos jornais da corte e de diferentes províncias, bem como em relatórios de presidentes de províncias, periódicos, cartas e inumeras outras fontes, gerando posicionamentos diferentes entre os intelectuais brasileiros que se debruçavam sobre a temática dos métodos de alfabetização no Brasil imperial.

O representante da província do Piauí[12] enviado à corte para estudar o método Castilho, José Martins Pereira de Alencastre,[13]

---

12 Correio Mercantil, e Instrutivo, Político, Universal. Rio de Janeiro, n.62, p.1, 4 mar. 1855.

13 Autor da publicação literária Memória cronológica, histórica e corográfica da província do Piauí, anunciada no Correio Mercantil, e Instrutivo, Político, Universal. Rio de Janeiro, n.184, p.3, 5 jul. 1855.

deixou registrado em jornal local a sua defesa do método português e uma crítica ferrenha aos nacionalistas Costa Azevedo e Valdetaro. Em sua visão, além de não possuírem um método eficaz, atrapalharam o curso e desprezaram um conhecimento tão necessário em terras brasileiras.

Graças à minha boa-fé, graças ao amor que dedico à verdade, e graças ao estudo sério e refletido que tenho feito dos novos princípios e puríssimas doutrinas do Sr. Castilho, devo confessar nesta ocasião que tenho abraçado essas verdades por ele tão nobremente proclamadas, tão desinteressadamente oferecidas à humanidade, com o ardor e entusiasmo sincero de um apóstolo do progresso humanitário, como a tábua de salvação nesse mar tempestuoso em que a pobre infância é arrojada, para ao depois naufragar em praias inóspitas, áridas. (*Correio Mercantil*..., 1855, n.119, p.2)

Ao defender Castilho como uma espécie de sacerdote, que tudo abandonou para a concretização de sua obra redentora, Alencastre atacou a péssima situação da instrução elementar brasileira e, ao descrever tal nível de ensino como ineficiente, desconsiderou o trabalho que Costa Azevedo tanto anunciara em seus impressos e na direção do Colégio da Instrução Elementar e da Sociedade de Instrução Elementar do Rio de Janeiro.

Como poeta, como uma das glórias da literatura portuguesa, de há muito que o Sr. Castilho era querido e respeitado dos brasileiros; hoje merece ele mais do que amor e respeito, merece de nós uma viva gratidão; porque abandonando o seu país natal, seus deveres e sua família, veio ao Brasil, como irmão, como amigo, legar-nos uma herança, um tesouro que só os gênios podem franquiar – veio dar--nos o que não tínhamos – a instrução elementar! Veio abrir à nossa mocidade as portas de um futuro melhor. (ibid.)

A fúria de Alencastre contra Costa Azevedo e seus seguidores levou-o a publicar em veículos oficiais de circulação sua indignação contra os incrédulos nacionalistas que interpolaram o curso de António Castilho.

E o que tem sucedido? Aparecem os incrédulos, e é muito natural, porque eles são de todos os tempos, e o próprio cristianismo os teve e ainda os têm. Apareceram as fatuidades, os Aristarcos, os Bavios e Mevios, e, devo ser franco, um espírito de nacionalismo, ou coisa que com isso tem vizos, nacionalismo tolo e desacisado, evidentemente fatal; porém veio muito tarde, porque a escola estava criada, e as doutrinas brilhantemente ensinadas. Apareceram discussões sem ordem, sem nexo, sem lógica, porque não eram filhas da consciência: sofismas, e até, o que é mais, argumentos *ad hominem* para alimentar o mal entendido nacionalismo; e então se viram contradições palpáveis, argumentos truncados e interpolados, e em conclusão, coisa alguma sã, pura, verdadeira, porque as verdadeiras dúvidas, essas desapareceram em presença da demonstração. (ibid.)

O desabafo de Castilho na carta à sua esposa acerca do espírito nacionalista defensor do brasileiro Costa Azevedo foi narrado pelo representante da província do Piauí, enviado à corte para o curso com o português.

Muito falou-se, muitas vezes se repetiu em pleno público que o Sr. Castilho em uma parte de seu método não tinha dito uma coisa nova, que o Sr. José da Costa Azevedo já o tinha ensinado com igual vantagem, e que a corte estava de posse desse tesouro desde 1833. Não duvidei do profundo saber do Sr. Azevedo, neguei que ele tivesse inventado um método de ensino primário, neguei que o Sr. Valdetaro também tivesse sido inventor de um método, neguei que o geral dos alunos do Sr. Valdetaro se habilitavam em 8 meses pelo sistema do Sr. José da Costa, também por ele formado, neguei quantas falsidades se ousaram então afirmar; e neguei porque sabia que o *modo* de ensinar, e não o método do Sr. José da Costa, nunca tinha conseguido mais vantagem que tinham podido colher os métodos de Lancaster, Jacotot e Sarrasin. (ibid.)

Nesse relatório, o partidário de António de Castilho denunciou Costa Azevedo pela falta de esclarecimento do ensino universal de Jacotot e pelo improviso com que conduziu a escrita dos impressos acerca do processo de leitura, quando estava sob a presidência da Sociedade de Instrução Elementar do Rio de Janeiro, criticando também a condução da escola dessa associação.

O Sr. José da Costa leu o que havia sobre o ensino, leu de improviso Jacotot, quis em parte imitá-lo, em parte seguir um caminho diferente, e nisso foi inconsequente, longo, árido e fastidioso, a completa antítese do Sr. Castilho, e tão fastidioso, e longo que os alunos matriculados em 1834 na escola da sociedade, de que ele e o Sr. Valdetaro faziam parte, ainda em 1837 não estavam totalmente habilitados nas doutrinas de ler, escrever e contar, coisa bastante pasmosa para mim, que ouvi tanto enaltecer o *modo de ensinar* do Sr. José da Costa Azevedo. (ibid.)

Valdetaro, o seguidor de Costa Azevedo, também foi criticado no relatório.

Fique também dito de passagem que os discípulos do Sr. Valdetaro não se fazem bons ledores e escrevedores em oito meses, como se tem feito propalar; em um ano tem ele conseguido fazer alguns, porém para mim não é novo esse fato, e nem poderia servir de argumento, por entrar na ordem das exceções, tão numerosas em toda a parte. (ibid.)

Barra (2016) indica como provável início da disputa ou confusão entre os métodos na escola paulista a recomendação do ensino mútuo para as escolas de primeiras letras pela lei de 1827, contenda que se agravou a partir da descentralização dos métodos na escola imposta pelas reformas de instrução elementar presentes na Lei nº 34, de 16 de março de 1846.

Tal confusão causou embates entre apaixonados propositores de métodos que, para além da preocupação com o modo de ensinar (individual, mútuo ou simultâneo), estavam vislumbrando o debate entre as marchas sintética e analítica, além de seus posicionamentos políticos no contexto de constituição de uma nação brasileira. António de Castilho desdenhara do ensino mútuo, mas sua defesa calorosa se pautou na palavra sonora como ponto de partida para o ensino da leitura.

Nesse ponto, Castilho e Jacotot convergem na rejeição pelo princípio do ensino mútuo. Castilho considerava seu método superior ao ensino mútuo e, para Jacotot, tal princípio cheirava a rédeas: "um carrossel aperfeiçoado, dizia ele" (Rancière, 2015, p.37).

Se ambos convergiam, ao menos teoricamente, nesse ponto de resistência ao ensino mútuo, maiores eram os afastamentos entre seus métodos. Castilho estava preso à sonoridade das palavras em uma marcha sintética, enquanto Jacotot partia do princípio da totalidade de um texto no início do processo de alfabetização, rumo à matriz de um método global. Segundo Aguayo (1959, p.182), Jacotot é o criador do método analítico para o ensino da leitura, com seu ensino universal, apresentado na obra *Língua materna*, publicada em 1822.

A denúncia de António de Castilho é que esse método da totalidade fora defendido pelos brasileiros a partir da apropriação do ensino universal de Joseph Jacotot. Teria ele razão em criticar o trabalho de Costa Azevedo como apropriação de Jacotot? Este influenciara os autores brasileiros na fundamentação de um método que, ao menos em seu princípio filosófico, rompeu efetivamente com a marcha sintética? Tais questões estão contempladas no próximo capítulo deste livro, ao se descortinar o ensino universal de Jacotot, seus desdobramentos no Brasil e os embates com o português António de Castilho. E, para além dessas querelas dos métodos de alfabetização, quais embates políticos entre o monárquico português convicto e os antilusitanos brasileiros ressoaram na instrução e, especificamente, no processo de alfabetização no Brasil imperial?

4
Marcha analítica de Jacotot: encontros e estranhamentos com o português António de Castilho

"Todo homem que é ensinado não é senão uma metade de homem." (Rancière, 2015, p.42)

O presente capítulo busca compreender as matrizes do ensino universal do francês Joseph Jacotot (1770-1840),[1] que, de acordo com António Feliciano de Castilho, foi "estropiado" em solo brasileiro por José de Costa Azevedo na elaboração de sua obra *Lições de ler* (1832). Essa acusação de Castilho consta em carta enviada à sua esposa, Ana Carlota Xavier Vidal. O conteúdo das cartas escritas pelo português passava por uma longa série de meigas declarações, diários intimistas, relatos do seu cotidiano e suas impressões acerca da viagem. Vidal retribuía os escritos registrando "seu obscuro viver de esposa e mãe; são pedaços de sua alma, repartida entre o marido ausente e o filho" (Castilho, J., 1892-1893, p.544).

---
1 O *Jornal do Comerrcio* relata a existência do estudo preliminar da língua francesa pelo método de Picot, que, segundo a matéria, está fundamentado no ensino universal de Joseph Jacotot, sendo o seu autor o responsável pela introdução dessa renovação no campo intelectual no Brasil (*Jornal do Commercio (RJ)*, 1837, n.202, p.2).

Castilho também relatou nessas cartas, no período que esteve no Brasil, seu desânimo sobre os frequentadores do curso que ministrou.

> Quanto ao curso, creio que não posso dizer outro tanto, foi muito frequentado, mas nada mais. Esta gente é indolentíssima, tem ainda uma qualidade pior, ou que pelo menos foi pior para o nosso caso: leva o seu patriotismo a um ponto de fúria que faz rir. Como o método é português, e eles têm aqui um chamado Costa Azevedo, que fez uma redução e estropiação de Jacotot, impresso há vinte e um anos, mas desconhecido, pode-se dizer que, por toda a gente, se aproveitaram da franqueza com que sempre convido a discutir e objetar, para virem pôr seus reparos, sob formas muito corteses na verdade, mas completamente sofísticas e de péssima fé. Todos os seus artigos se reduzem, em última análise, a que melhor ensinar a ler por sílabas, somando-as como elementos a palavra; bestice inclassificável e imperdoável. (Castelo-Branco, 1975, p.285)

Os brasileiros foram caracterizados por Castilho como nacionalistas que recusavam qualquer experimentação por dizerem estar utilizando um método propriamente brasileiro que, para Castilho, tratava-se de apropriação das bases do método do francês Joseph Jacotot.

A partir dessa denúncia, restaram-nos alguns questionamentos acerca da base teórica e histórica do pensamento pedagógico de Jacotot e dos fundamentos de seu ensino universal. Outro objetivo se referia à localização dessas fontes que demonstrariam a circulação do ensino universal de Jacotot no cenário da instrução oitocentista brasileira.

António de Castilho lera Jacotot e este o marcou. Observa-se, em inúmeros registros, uma reverência ao trabalho revolucionário do francês, colocando-o ao lado de "alvitristas de educação pueril, humana e cristã, luminosa e liberal", situando, dessa forma, os trabalhos práticos de Pestalozzi, Lemare, Jacotot e Froebel como credores de universal agradecimento, sendo que "algum dia alcançarão toda a honra que lhes é devida" (Castelo-Branco, 1975, p.335).

Ao se projetar nos debates pedagógicos com um método de leitura, Castilho se posicionou em uma condição inferior a tais insignes nomes; entretanto, mesmo com uma aparente modéstia, reafirmava-se como projetor de uma "herança pátria" (ibid., p.336).

Defenda-me Deus da fatuidade de querer medir-me com o mínimo dos homens dessa polpa, na vastidão e profundeza das ideias; mas como cada homem, devendo justiça aos outros, a deve também a si, e lhe cabe reivindicá-la, se lha denegam, direi, sem modéstia nem orgulho, que o *Método português*, segundo o traz comprovado a experiência, é, não menos que as obras desses grandes engenhos, um benefício, não para se agradecer, não foi feito para isso, mas para se aceitar e aproveitar, sem nenhuma dúvida. (ibid.)

Castilho denunciou a existência, desde 1834, de um método de leitura do brasileiro Costa Azevedo assentado nas bases do ensino universal de Jacotot, situação à qual ele atribuía as intrigas e repulsa ao seu método. Neste capítulo estão descritos os princípios do ensino universal proposto por Jacotot e os indícios de sua circulação no império brasileiro por meio das fontes pertinentes à instrução e à medicina, no campo da homeopatia.

4.1 Construção e princípios do ensino universal de Jacotot

Jean-Joseph Jacotot (1770-1840) nasceu em Dijon, na França, e foi considerado um revolucionário questionador dos resultados da Revolução Francesa e das instituições de sua época, que não trouxeram meios para atingir a liberdade e a emancipação do homem, inclusive no campo intelectual.

Exilado de seu país, com o fim da Revolução de 1830, o mestre regressou à França na tentativa de propagar seu método de ensino, buscando a "emancipação intelectual" dos envolvidos na instrução. Segundo Rancière (2015), esse contexto foi marcado pela conciliação da ordem e do progresso a partir de instituições pedagógicas que viram triunfar o "velho", com o subsequente silenciamento das febres igualitárias e das desordens revolucionárias, incluindo vozes como a de Jacotot.

O princípio pedagógico do ensino universal criado por Jacotot consistia em aprender algo e relacionar a esse saber todo o resto, partindo da noção de igualdade das inteligências.

> Se você cair na mão de um aluno da escola de direito de Paris, e se este aluno da escola de direito de Paris pede para você dar o nosso método, aplicado ao estudo da lei, comece com estes termos: Jovem! É necessário aprender algo e relacionar todo o resto, deste princípio: todos os homens têm uma inteligência igual. (Jacotot, 1852, p.8)

Após a experiência de ensinar uma língua desconhecida utilizando sua nova experiência pedagógica, Jacotot foi surpreendido positivamente com a superação dos alunos, que, apesar de terem um mestre que não falava seu idioma, obtiveram êxito em termos de emancipação intelectual. O professor se admirou com a escrita em francês dos alunos, uma vez que ele deixara que aprendessem por si, seguindo seus desejos e pelo contato com a obra *Telêmaco*, apresentada em uma versão bilíngue.

> Ele esperava um dilúvio de barbarismos, e até talvez uma absoluta impossibilidade de exprimirem-se. E com efeito, como podiam estes moços, privados de explicações, reduzidos a si mesmos, compreender e resolver as dificuldades de uma obra inteiramente nova para eles? Embora era [sic] necessário conhecer até onde eles tinham chegado por este novo caminho que o acaso tinha trilhado, quais os resultados deste empirismo desesperado. Qual não foi a

admiração do Sr. Jacotot ao descobrir que estes alunos, sem outro guia, sem outros recursos que a sua reflexão individual, tinham desempenhado a sua árdua tarefa tão bem como o poderiam ter feito muitos franceses! As explicações então tornavam-se desnecessárias? Porventura bastaria querer para poder? (*A Ciência*, 1848, v.2, n.16, p.48)

Dessa experiência, publicou princípios como "pode-se ensinar aquilo que desconhece" (em seu caso experimental, a língua flamenga) a partir da máxima de aprender uma coisa e a ela referir todo o resto.

Proclamou então o Sr. Jacotot esta máxima – *quem quer pode* –, como meio de suceder em todo o trabalho intelectual, máxima esta posta em prática por todos aqueles que querem neste mundo efetuar coisas grandes; máxima que, quando faz as vezes de uma mola escondida, faz crer em prodígios e que, em todos os casos, inspira aos alunos uma justa confiança em si, e os anima para perseverar a fim de colherem o fruto de seus trabalhos. Do sucesso que sempre tinha coroado as suas tentativas, concluiu o Sr. Jacotot – *que Deus criou a alma humana capaz de instruir-se a si mesma [sic], e sem o concurso de mestres e explicadores.* Enunciou ainda o Sr. Jacotot outros princípios: *Aprender ou saber alguma coisa, e a ela referir todo o resto. Tudo se acha em qualquer coisa. – Todas as Inteligências são iguais. – Pode-se ensinar aquilo que se ignora.* – Isto quer dizer simplesmente que quem quiser, seja quem for, pode, tendo confiança em si e vontade, verificar se uma outra pessoa sabe o que tem aprendido. (ibid., p.194)

Com essa experiência de ensinar uma língua desconhecida com base na introdução de uma versão bilíngue da obra *Telêmaco*, Jacotot extraiu a máxima "tudo está em tudo". Na defesa da emancipação intelectual, ele afirmava haver necessidade de aprender algo e relacionar os demais saberes, sob o princípio da igualdade das inteligências.

O que fazer? A Emancipação intelectual responde: é preciso ser um homem primeiro; você tem que aprender alguma coisa: Telêmaco, por exemplo, e dizer o que pensa, e depois relatar sucessivamente tudo o que você aprende, verificando se todos os sábios e todos os artistas têm a mesma inteligência, pelo exercício: Tudo está em tudo. (Jacotot, 1834, p.283)

Na obra de Rancière, há uma crítica de Jacotot às discussões limitadas à forma de ensinar, ao campo da didática, esvaziadas do discurso e das condições materiais políticas e que não problematizam o princípio de desigualdade da condição dos homens, levando-os a um "embrutecimento".

O Velho não embrutece seus alunos ao fazê-los soletrar, mas ao dizer-lhes que não podem soletrar sozinhos; portanto, ele não os emanciparia, ao fazê-los ler palavras inteiras, porque teria todo o cuidado em dizer-lhe que sua jovem inteligência não pode dispensar as explicações que ele retira do seu velho cérebro. Não é, pois, o procedimento, a marcha, a maneira que emancipa ou embrutece, é no princípio. (Rancière, 2015, p.50)

Na contramão dessas práticas esvaziadas, Jacotot criticava o viés da pedagogia estruturada essencialmente no campo da didática, por meio de questões como "A criança está compreendendo? Ela não compreende? Encontrarei maneiras novas de explicar-lhe, mais rigorosas em seu princípio, mais atrativas em suas formas; e verificarei que ele compreendeu" (ibid., p.24), mas que não problematizam a condição de desigualdade fundante da escola moderna.

A crítica lançada por Jacotot aos progressistas consistia na busca, por parte deles, por uma pedagogia inovadora, com métodos mais prazerosos, ágeis e eficazes, sem perceber que tais métodos conduziriam ao embrutecimento do homem por meio de um modelo social desigual. Sua proposta filosófica estava na contramão desses métodos embrutecedores, pois, pela via da emancipação intelectual, propôs uma igualdade efetiva nas condições de acesso, permanência e desenvolvimento das inteligências. Essa era a crítica que Jacotot lançou ao movimento revolucionário francês, que não conseguiu concretizar suas ideias de liberdade, igualdade e fraternidade para todos, indistintamente.

Partindo mais "de uma análise política e filosófica da emancipação intelectual do que da proposição de métodos de ensino das línguas materna e estrangeira" (Vojniak, 2014, p.243), a proposta de Jacotot visava à formação de um indivíduo emancipado intelectualmente e preparado para um papel social. Nas palavras de Raisky (2012, p.117), no paradoxo de Jacotot, a pedagogia deve estar a serviço da "emancipação intelectual do indivíduo (seja qual for o nome dado a esse objetivo), mas, ao mesmo tempo, deve prepará-lo para desempenhar um papel social, ocupar um lugar no mundo, na ordem econômica e política, porque será a condição de sua existência".

Na contramão da discussão crucial da vida de António de Castilho, o ensino universal não se preocupava com o ponto de partida para o processo de alfabetização. O discípulo de Jacotot exercia com

paciência e consistência no pai, docilidade no filho, repetição contínua, comparação incansável do novo com o conhecido, reflexão sobre todos os fatos, sobre todas as coisas, sobre todas as leituras. É assim que os jovens aprendem sozinhos e adquirem o método universal de ensino fundado na emancipação intelectual: e assim se fazem homens honrados e cidadãos úteis. (Jacotot, 1849, p.144).

O ensino universal de Jacotot objetivava a emancipação, por meio da qual o sujeito seria capaz de pensar por si, refletindo sobre os fatos e as posições de um autor, desvelando sua intenção. Para tal, o autor anunciou alguns exercícios práticos em seu método maternal.

Ao criticar métodos que alteravam os "meios escolhidos para tornar sábio o ignorante: métodos duros ou suaves, tradicionais ou modernos, passivos ou ativos, mas cujo rendimento se pode comparar" (Rancière, 2015, p.32), sem partir da concepção de igualdade entre todos os homens, Jacotot denunciou uma concepção de criança passiva, civilizada e, em suas palavras, embrutecida.

A crítica historicamente silenciada de Jacotot se destinava aos métodos que atendiam à proposta da escola moderna, caracterizada em suas funções disciplinadora, modeladora, normatizadora e "reguladora da cultura letrada" (Boto, 2012, p.50). De certa forma, tal crítica tinha como alvo reformadores como António de Castilho, que estavam preocupados com a metodologia para tornar o ensino alegre, rápido e aprazível, sem tocar na estrutura desigual de uma escola segregadora e sem levar em consideração o contexto social e político de uma sociedade fundada na desigualdade.

O Quadro 5 apresenta os exercícios propostos no ensino universal de Joseph Jacotot.

Quadro 5 – Exercícios do ensino universal de Jacotot. Sistema das principais aplicações da comparação feita por Deshoulières.

Exercício	Definição
Exercício mnemônico	Aprender de memória uma parte de um livro, repeti-la todos os dias e contar o que foi lido. Estabelecer relações, análises e responder a perguntas particulares, especiais e gerais.
Relações	Relacionar o todo à parte lida. Relacionar o todo aos parágrafos, períodos, frases e palavras. Relacionar também os radicais para descobrir palavras da mesma família.
Redução ou síntese	Reduzir um discurso de frases principais e ideias secundárias em frases abreviadas.
Análise	Enumerar os fatos e classificá-los; seguir as transformações a partir dos sinônimos e variedades de propriedades.
Sinônimos ou comparações	De palavras, de coisas mais distantes, dos pontos de vista intelectual e moral, de sensações, de razões, de composições, de gêneros etc.
Generalizações	Capacidade de escrever sua própria opinião sobre os homens e as coisas, estabelecendo relações gerais acerca de diferentes campos de estudo.
Imitação	Composição de um plano, pensamento, livro, narração, quadro ou exercício a partir da improvisação de pensamentos sobre um fato.
Justificação	Arte da composição com um objetivo previamente proposto.

Fonte: Sintetizado pela pesquisadora a partir da versão da obra de Jacotot sob a ótica de seu discípulo Deshoulières (Jacotot, 1849).

Novamente, retoma-se a questão da cisão entre a escola calcada no arcaísmo e o movimento revolucionário de abertura para leituras ímpias, sediciosas e inflamatórias, destinadas a "subverter o trono, o altar e os bons costumes" (Neves, 2013, p.83).

Um olhar atento permite contrastar discussões advindas das diferentes matrizes teóricas que circularam no império brasileiro, como no caso do princípio educativo do ensino universal, proposto por Jacotot, que parte de uma tomada de posição diferente do mestre, menos preocupado em transmitir conhecimentos e menos focado em métodos de ensino visando à emancipação intelectual do aluno a partir de uma condição de igualdade de inteligência.

4.2 A circulação do ensino universal de Jacotot no Brasil

Perella (2011) aponta que os princípios e experiências de Jacotot se propagaram rapidamente na França a partir da criação de uma sociedade pedagógica *panécastique* (tudo está em tudo) e dos jornais *Journal de Philosophie Panécastique* e *Journal de L'Émancipation Intellectuel*. No Brasil, foi criado o Instituto Panecástico, também fundamentado sobre as ideias de Jacotot. Na revista *A Ciência*[2] (1848, v.2, n.16), publicada no Brasil, há uma explicação desse método universal e da história de sua produção, bem como um resumo de seus princípios e aplicação.

---

2 O periódico *A Ciência* circulou durante os anos de 1847 e 1848, com o intuito de divulgar a homeopatia à elite intelectual do Rio de Janeiro, capital do império, pois, de acordo com os autores, essa moderna forma de medicação resumia toda a inovação científica. Embasada na ciência, na razão e na religião, foi impressa, em julho de 1847, a primeira edição do periódico, na qual ficou evidente a visão idealizada e fabulosa que os médicos homeopatas brasileiros tinham de si, como pesquisadores desbravadores da "verdadeira" ciência médica. Nessa primeira edição, o título na capa do periódico era *A Ciência*, seguido pelo subtítulo "Revista sintética dos conhecimentos humanos"; contudo, nas 24 edições posteriormente, os autores utilizaram como nome para a revista apenas *Ciência*.

O termo "panecástico" advém desse princípio da igualdade dos seres falantes, fundamentado na máxima expressa no ensino universal, segundo a qual "tudo está em tudo". O termo, criado por Jacotot, é formado pela junção de duas palavras gregas, *pan* (todo) e *ekastos* (cada um), "buscando o *todo* da inteligência humana em *cada* manifestação individual" (Rancière, 2015, p.64). A filosofia panecástica de Jacotot encontrou seguidores em solo brasileiro. Com a chegada do francês dr. Mure (1809-1858) ao Brasil, em 1840, o *Jornal do Commercio* do Rio de Janeiro registrou um convite aos interessados em conhecer tal filosofia.

Quando morrem os homens ilustres que se conhece quanto valem. Assim aconteceu com Jacotot, que, depois de uma vida toda consagrada ao trabalho e à beneficência, acaba de morrer com admirável coragem e presença de espírito. "Sou o princípio da vontade na humanidade, disse-nos em seus últimos momentos; mas vós, que agora sois emancipados, podeis tudo o que eu podia, e deveis fazê-lo". Animado por essas palavras, e achando-me encarregado pela Sociedade de Emancipação Intelectual de Paris de ajudar nesta corte os esforços dos amigos do ensino universal, rogo a todos aqueles que nele se interessam, e que até hoje não me são conhecidos, queiram vir entender-se comigo sobre os métodos que se deve lançar mão para conseguir-se a propagação dos princípios panecásticos, dirijam-se ao hotel da Europa. (*Jornal do Comércio*, 1840, n.324, p.4)

Segundo Crislaine Cruz (2018), a vinda do dr. Mure ao Brasil estava carregada de sonhos e planos e objetivava criar um falanstério nos moldes do socialismo utópico proposto por Charles Fourier. A visita, inclusive, chegou a ser mencionada em trabalhos que tratam sobre os primórdios do socialismo no Brasil, em virtude dos ideais de cunho social e igualitário de Mure.

Mure e seus companheiros fugiam de uma velha sociedade em crise gerada pelo fortalecimento do capitalismo e escolheram o

Brasil por acreditar que aqui no país esse era um problema ainda embrionário, onde seria possível criar a tempo uma organização do trabalho diferente da que se via na Europa e assim estabelecer as bases de uma nova sociedade. Contudo as dissidências entre eles tornaram o projeto falido antes mesmo de se iniciar. A teoria do grande Fourier não previa a dinâmica própria do movimento social e desprezava o papel político exercido pelos agentes. Seus discípulos, por sua vez, não souberam ajustar suas paixões e caráter a favor do bem comum e o projeto brasileiro ruiu. (ibid., p.61)

Esse movimento do dr. Mure adentrou o Brasil e resultou na criação do Instituto Panecástico do Brasil, para desenvolver os princípios do ensino universal de Jacotot.

Aos três dias do mês de Maio do ano de mil oitocentos e quarenta e sete, em uma sala da casa da rua de S. José, número cinquenta e nove, tendo-se reunido, a convite do Sr. Dr. Mure, várias pessoas, o Dr. Mure propôs a fundação de uma sociedade para o desenvolvimento dos princípios de Jacotot sobre o ensino universal; aceita foi a proposta por unanimidade, e adotou-se o seguinte: Em nome de Jacotot, inventor da Filosofia Panecástica, no dia 3 de Maio de 1847. (*A Ciência*, 1847, v.1, n.3, p.15)

O Instituto Panecástico do Brasil foi fundado sob a base do pensamento de Jacotot e não se limitava à discussão teórica acerca da instrução; nele, realizavam-se debates nos campos da medicina, física e química, entre outras áreas da ciência moderna. Conforme notícia circulada em 1847, foi aberto um fundo no instituto para a criação de escolas para aplicação do ensino universal.

Sob proposta do Sr. Dr. B. Mure, foi fundado o Instituto Panecástico do Brasil, cujos estatutos são os seguintes: O Instituto tem por fim propagar os princípios da emancipação intelectual do imortal Jacotot, e substituir à autoridade e ao pedantismo os direitos da razão humana. O Instituto procurará reunir um fundo para a criação de um colégio normal. As salas de asilo. Escolas primárias. O ensino superior. (ibid., n.5, p.15).

Os sócios se reuniam anualmente no dia do aniversário da morte de Jacotot (30 de julho), e a instituição promovia conferências semanais para esclarecimentos sobre a aplicação do ensino universal. O periódico *A Ciência* (ibid.) tratou da insatisfação com relação a, no Brasil, não existir nenhum presépio[3] nem casa de asilo[4] e com o fato de as escolas primárias existentes não associarem o ensino universal de Jacotot ao método de ensino mútuo. Em relação ao Ensino Superior, foi destacada a experimentação do ensino universal de Jacotot na medicina homeopática no Brasil, uma vez que a doutrina do princípio da homeopatia, de Samuel Christian Friedrich Hahnemann, fundamentou-se na emancipação intelectual do francês, apresentando, assim, o princípio do ensino mútuo. Segundo Galhardo (1928), os alunos do terceiro ano ensinavam os do segundo ano, e estes os do primeiro ano.

Observa-se, nesse periódico, um diálogo entre a instrução e a medicina. Assim como em Portugal, pedagogia e medicina tiveram uma interlocução na organização do Estado brasileiro. Boto (1998) tratou do enciclopedismo de Ribeiro Sanches, nascido em 1699 e que se tornou um dos suportes dos teóricos das reformas pombalinas ao defender uma intensificação da ação do Estado, particularmente nos domínios da educação e da medicina, visando, pela via do Iluminismo, regenerar a nação decadente portuguesa mediante práticas efetivas que agissem "no sentido de reerguer o universo material e mental do homem dos setecentos" (ibid., p.108). Dessa forma, o

---

3 Faz parte da educação elementar, compreendendo a educação de crianças de 1 e 2 anos pelo desenvolvimento da educação dos sentidos (tato, gosto, ouvido, vista, cheiro) e da formação de ideias abstratas pelo uso da palavra (*A Ciência*, v.1, n.5).
4 Com os presépios, constituía a educação elementar e abrangia ginástica, música, desenho linear, leitura, aritmética e música (*A Ciência*, v.1, n.5).

intuito de previsão, controle e provimento dessa saúde coletiva passaria pela acepção orgânica da sociedade civil: estruturada como um organismo, sua dinâmica vital estaria na dependência da capacidade de preservar-se e fortalecer-se em termos demográficos. Se o Estado se organiza pela força da conquista e expansão, o Estado mantém-se mediante dois fatores: povoação do território ocupado e adesão dos súditos ao soberano. (ibid., p.113)

Fundamentado no Iluminismo, porém na contramão desse processo civilizador, cerceado pelo Estado regulador da instrução e da medicina no império brasileiro, o periódico *A Ciência* trazia matérias sobre a homeopatia em contraposição à medicina tradicional, a qual, segundo esses registros, demonstrava de forma pedante desconhecer os experimentos que transitavam fora de suas universidades e academias. De acordo com a matéria de *A Ciência* (1848, v.2, n.14), tais espaços eram prejudiciais ao progresso da inteligência, pois só transmitiam o tradicional, sem admitir contestação e lançando mão de medidas governativas para promover a manutenção do *status quo*.

Quando é provado pela história de todos os tempos que das universidades e das academias é que tem partido sempre as primeiras perseguições contra os inovadores e contra todas as verdades que ameaçam destruir o prestígio dessas corporações científicas, que não podendo sustentar-se pelo mérito, sempre tem recorrido à força armada dos poderes constituídos, implorando e obtendo para manter o seu – status quo – medidas governativas ou arbítrios chamados leis [...]. (ibid., p.44).

O que *A Ciência* estava reivindicando era um espaço de formulação e experimentação de outras formas medicinais que não estivessem sob a regulação das academias e universidades, da alopatia tradicional e de um Estado fiscalizador, conforme idealizou o português Ribeiro Sanches. No periódico, observa-se a defesa do fim da medicina oficial governativa e da regulação e perseguição aos experimentos homeopáticos, fundamentando-se na liberdade e na proteção aos novos inventos que a Constituição garantia.

Quando os melhores estadistas reconhecem que é necessário acabar com a medicina oficial governativa; porque a classe médica tem ganhado preponderância funesta sobre todas as classes, sendo aliás, por mercenária, delas todas dependentes; quando este predomínio é manifestamente obstruidor dos caminhos da ciência, e quando é de todos sabido que em todas as épocas a classe médica sempre engendrou sistemas, porém nunca descobriu verdades [...], como é possível acreditar que haja quem torça as leis para fazê-las servir de instrumento protetor da classe médica contra os inovadores que vêm trazer aos míseros enfermos os verdadeiros remédios de suas moléstias? (ibid., n.17, p.50).

Observa-se, pela matéria, que, enquanto os médicos foram caracterizados como obstrutores dos caminhos da ciência, os homeopatas surgiram como evangelho de redenção física. Se em Ribeiro Sanches

nenhum cirurgião, sangrador, oculista, boticário, droguista e parteira pudesse exercitar o seu ofício sem ser examinado e aprovado pelo mesmo Tribunal [...]. E que no caso que se achassem pessoas que vendessem segredos de Medicina, que curassem com operações as enfermidades dos olhos ou outras quaisquer pertencentes à Medicina e à Cirurgia, ainda que vivessem debaixo da proteção e asilo de Comunidade alguma Secular ou Eclesiástica, que deviam ser perscrutados. (Sanches, 1966, p.33 *apud* Boto, 1998, p.114)

Na lógica homeopata que circulou no Brasil oitocentista via *A Ciência*, todo experimento que visasse ao bem, mesmo que não passasse pelas escolas e academias de medicina, deveria ser "ensinado e exercido em plena liberdade por quem a souber exercer e ensinar; e assim livremente deveriam ser ensinadas e exercidas todas as ciências, porque todas elas são úteis ao Brasil" (*A Ciência*, 1848, v.2, n.14).

A interlocução entre medicina e pedagogia no periódico *A Ciência* ia na contramão da visão iluminista acerca da medicina normatizadora de Ribeiro Sanches. A militância por um espaço para os essencialistas na medicina moderna estava associada à proposta de uma educação emancipadora via filosofia panecástica, uma vez que, pelo projeto iluminista,

> o Estado, representado pela instituição escolar, passa a ser então, o grande pedagogo, e o povo, o permanente educando. A instrução de um povo incapaz, guiado pela experiência, passa a ser tarefa dos representantes do conceito soberano de povo, no qual o primeiro deve converter-se. (Cruz, C., 2018, p.37)

No primeiro Congresso Brasileiro de Proteção à Infância, realizado de 27 de agosto a 5 de setembro de 1922 no Rio de Janeiro, Clemente Quaglio[5] definiu o ensino universal de Jacotot em trabalho intitulado "Qual o método de ensino da leitura que mais de perto acompanha a evolução mental da criança?". A partir da temática presente em um evento datado de 1942, pode-se observar que a discussão sobre métodos de alfabetização torna-se longeva na história da educação brasileira.

Segundo Quaglio (1925), o método de Jacotot foi uma tentativa de substituição do método silábico pelo método proporcional

---

5 A partir do projeto "Clemente Quaglio (1872-1948): cânon da ciência pedológica – estudo histórico-crítico", Monarcha demarca aspectos da produção científica desse pedagogista. De acordo com Monarcha (2011), Quaglio nasceu na província de Rovigo, Itália, e faleceu em São Paulo; ao chegar ao Brasil, em 1888, fixou-se na cidade de Serra Negra (SP); em 1891, aderiu à "grande naturalização" oferecida pelo Governo Provisório da República, liderado por Deodoro da Fonseca, e após assumir uma escola isolada em Serra Negra (1895), foi nomeado adjunto no Grupo Escolar Luiz Leite; por fim, ingressou no Grupo Escolar Rangel Pestana, em Amparo (SP). Em sua trajetória, projetou-se "nas fileiras do magistério nacional como autoridade científica" (ibid., p.1).

(analítico ou método de sentenciação). Contextualizando a máxima panecástica de Jacotot, segundo a qual "tudo está em tudo", Quaglio demonstrou o princípio do ensino a partir de Telêmaco, em que Jacotot propôs que o "professor fizesse aprender de cor uma página de um livro de leitura, uma regra de aritmética, um trecho de música, e que a estas lições especiais se relacionassem todas as sucessivas" (ibid., p.494).

A partir da máxima de Jacotot, o aluno que ainda desconhecia o alfabeto era colocado inicialmente em contato com um livro, uma página decorada e uma frase; após essa sentença, o aprendiz encontraria alguns sinais semelhantes e iguais e, depois das comparações, relacionaria a frase ao todo.

Para o princípio de alfabetização do método analítico de Jacotot, a sentença era utilizada como estratégia ao partir da comparação de palavras e do isolamento de elementos nelas reconhecidos para a leitura e escrita de novas palavras.

Ele punha diante da vista esta frase: *"No começo, Deus criou o Céu e a Terra; mas a Terra era sem forma e vazia"*. Depois de haver lido a frase ao seu aluno, convidava-o a considerá-la atentamente e a refletir. O aprendiz achará bem depressa alguns sinais semelhantes e iguais, como por exemplo os a, i, u, etc. (ibid., p.495)

Dessa forma, partindo do desconhecido do "todo", a criança identificaria as diferentes palavras e expressões, e todos os sinais apresentados estariam sujeitos a discussão e contestação. O princípio universal se estabeleceu ao mostrar uma escrita global para a criança e, em momento posterior, apresentar as estruturas reduzidas em sílabas ou letras a partir de relações de comparações, rompendo com o encadeamento gradativo de aprender primeiramente as letras, depois as sílabas e só então as palavras.

Toda palavra, toda expressão, todo sinal de pensamento está sujeito a discussão e contestação. Aprenda as letras, depois as sílabas, depois as palavras; você será capaz de ler, sem usar o método de ensino universal, mas se, depois de ter mostrado as cartas a uma criança, ele é informado de relatos, palavras que ele ainda não conhece e as sílabas que aprendeu, teremos feito Ensino Universal. (Jacotot, 1834, p.12)

Quaglio (1925) criticou a sentenciação como marcha natural da criança, já que apresentava várias letras de uma única vez para a criança comparar, analisar, decompor, reconhecer graficamente etc. Para ele, em lugar de dar oito ou dez letras ao mesmo tempo, deveriam ser dadas duas letras de cada vez, a fim de prender a atenção da criança.

Seguir esse processo é o mesmo que querer pôr em movimento uma máquina abruptamente, em lugar de lhe ministrar a força gradativamente como justamente fazem os maquinistas ao partir de uma estação de estrada de ferro [...]. Ensinar a ler pela sentenciação é o mesmo que querer ensinar a uma criança a tocar um trecho de música, a primeira vez que se lhe entrega nas mãozinhas um instrumento, por exemplo, um violino. Pode a criança saber já cantar, assobiar mesmo o tal trecho, a tal ária, mas tocá-la sem lhe ensinar primeiro a manejar o instrumento, é muita coisa, é querer torcer a inteligência da grande maioria das meigas criancinhas. (ibid., p.490)

O princípio de emancipação defendido por Jacotot, na contramão de um mestre que dirigia todos os passos, levando o aluno ao embrutecimento, foi trazido por Quaglio, ao escrever que "o mestre não deve explicar coisa alguma; o aluno deve descobrir tudo por si mesmo" (ibid., p.495). Jacotot se colocava na posição de mestre ignorante como forma de romper com esse embrutecimento de seus alunos.

Claro é que a criança não adivinhará os nomes convencionais das letras, nem as separará em sílabas. Mas é inquestionável que lerá as frases ao mesmo tempo relacionando a pronúncia aos signos elementares da palavra escrita. Sua inteligência realizará a distinção necessária entre tais elementos, e esta distinção a conduzirá na leitura das letras desconhecidas, a partir da comparação com as que já foram aprendidas com mais facilidade quando começaram pelos elementos. Quando uma criança pergunta o nome de um objeto pela primeira vez, como por exemplo, uma árvore, nada deve ser dito: isso é raiz, tronco, ramos, folhas, flores, frutos; simplesmente deve ser apresentado seu nome ÁRVORE em seu todo: conhecido o todo, então a criança perguntará os nomes de seus elementos, os quais, separados, não poderiam ser considerados uma árvore. Conhece o todo ao ver esses elementos, e através deles, distinguir os demais corpos da natureza. Do mesmo modo, devem ser vistas e conhecidas as palavras, sem serem confundidas com as partes convencionais das letras e de sua composição em vários signos. Repugnante é, pois, à natureza de nosso entendimento, o método universalmente seguido de ensinar primeiramente as letras c, a, l, i, p, s, o, antes de apresentar aos seus olhos o todo do CALIPSO. Com o método de JACOTOT se instruem as crianças solidamente e em breve tempo, porque procedem desde o conhecimento de um todo para as suas partes: relacionam os elementos desconhecidos ao todo que já conhecem, unindo firmemente as ideias novas às anteriormente adquiridas. (Jacotot, 1834, p.55)

Em Jacotot, os processos de leitura e de escrita eram trabalhados de forma concomitante; ambos eram indissociáveis, pois, para ele, ao aprender a ler uma frase, seguir-se-ia com a leitura aprendida e, chegando-se ao fim da leitura, já se fazia um registro escrito para memorização. Ao escrever sobre o método de Jacotot, Quaglio desacreditou de sua eficiência, rejeitando o princípio da antecipação sobre a qual ele estava fundamentado.

Sobre a *antecipação*. Porquanto ele parte daquilo que não é inteiramente *possuído* pela criança, mas que é próprio do *adulto*. Querendo pôr a questão nos seus termos científicos, este método tem em mira fazer com que a criança se aproprie – o mais rapidamente possível – do tipo de leitura, (campo de leitura) e do tipo de escrita possuídos pelo adulto, sem tomar em consideração alguma o tipo de leitura e de escrita próprios da criança. (Quaglio, 1925, p.495)

Quaglio (ibid.) criticou o método de sentenciação da matriz analítica de Jacotot e tomou partido na defesa do método sintético, pois, para ele, o ensino eficaz de qualquer disciplina deveria começar sempre do fácil para o difícil, do simples para o composto e complexo, do conhecido pelo aluno para o desconhecido. Criticou também seu princípio de antecipação, que, para ele, seria uma habilidade possível apenas aos adultos, e não à meninice, que ainda não apresentava prontidão para tal prática.

Analisando as proximidades com o pensamento de António de Castilho, observa-se que Quaglio definiu o método analítico como incapaz de desenvolver um bom processo de alfabetização, defendendo a adoção do método sintético fônico, justificando que, no ensino da leitura, dever-se-ia "começar dos elementos de mais fácil intuição, superando uma dificuldade de cada vez" (ibid., p.488) e que, para a criança aprender a ler, ela deveria conhecer e distinguir os elementos gráficos e fônicos de que se compõem as palavras.

Essa crítica de Quaglio ao processo de "antecipação" tinha sido apresentada por António de Castilho há 74 anos,[6] quando ele pontuou a impossibilidade de se ensinar partindo de textos ou palavras mas desconhecendo as letras. Ao opor dois métodos de ensinar, o que parte das letras e o que desconsidera esse ensino inicial, Castilho afirmou que "se então, se provasse que o ensinar a ler antes de conhecidas as letras dava em classes plenas mais plausíveis resultados, seria eu o primeiro a pedir, a persuadir, e por minha parte a fazer que ao meu método se antepusesse esse decididamente" (Castelo-Branco, 1975, p.150).

---

6 A data da referência de 1975 é relativa à organização das correspondências pedagógicas. A carta de Castilho na qual é tecida a crítica ao método analítico data de 1851.

A defesa de ambos os autores do método sintético, que partia das unidades menores para o todo, encontrava no método fônico suas máximas. Quaglio defendia o método fônico puro, sintonizado com a defesa de Castilho e com sua recusa ao princípio analítico de Jacotot.

Esse método fônico puro abrevia extraordinariamente a aprendizagem da leitura, substitui a monotonia do trabalho mecânico pela atividade intelectual e se dirige tanto à memória quanto à reflexão, mostrando desde o começo e sempre não letras estéreis, e sim sons e articulações que essas letras produzem e representam. E as crianças e também adultos aprendem, não somente com rapidez admirável mas também com interesse e consciência, educando outrossim, o sentido da audição de um modo simples, distinto e gradual. (Quaglio, 1925, p.498)

Sem fazerem referência ao trabalho do outro, os dois autores criticaram o princípio do "todo" de Jacotot, fundamentado na defesa da ordem natural do espírito partindo do todo sincrético para a consciência física. Críticos do espírito essencialista, ambos denunciaram que a criança não compreenderia logo nas primeiras lições o significado do que estava proposto para leitura sem aprender a conhecer materialmente a sonorização e os elementos das palavras.

Aprender a ler e a compreender contemporaneamente o sentido do que se lê é tarefa dificílima, impossível mesmo, para a maioria dos alunos. Ao passo que aprendendo primeiro a distinguir as palavras materialmente, chega-se a fazer este trabalho com toda a facilidade, porquanto ele depois não exigirá mais atenção alguma, ficando esta inteiramente para o trabalho mais difícil que consiste justamente em compreender o que se lê. (ibid., p.492)

As posturas de Quaglio e Castilho estavam em consonância, pois defendiam a alfabetização partindo da palavra falada para tornar consciente ao ouvinte os elementos fônicos que a compunham, a fim de que, retornando ao ouvido bem distinta nas suas partes, a palavra imprimisse na mente uma imagem nítida e precisa, que seria reforçada pelos símbolos gráficos com que ela estava representada.

É próprio da natureza infantil, para não dizer humana, a tendência a decompor, a analisar, e a observar as partes de uma unidade, de um todo qualquer para depois recompô-las juntamente, formando, assim a síntese. Mas, todo este trabalho de análise e de síntese deve ser feito (bem entendido) oralmente. (ibid., p.497)

A consonância também residia no ensino do mais simples ao mais complexo, em um caminho que partia das letras para as sílabas simples, sílabas complexas, palavras e, finalmente, proposições (sentenças). Com essa defesa de Quaglio pelo método fônico em contraposição ao método analítico, observa-se que os embates que circularam no Brasil oitocentista se colocaram como resistência a uma República que anunciou o "novo" educacional, mas que arrasta o "velho" até os dias atuais.

Pensando na defesa da leitura que parte da decomposição da palavra falada, evocam-se os pensamentos de Braslavsky (1971) ao evidenciar a defesa da pedagoga argentina Martha Salotti em favor da linguagem falada como ponto de apoio para o ensino da leitura e do valor do ouvido para sua aprendizagem.

Por que se dará tanta importância ao contexto visual, quando são cinco, pelo menos, os sentidos? O ouvido está em perpétua atividade; ele forma o fundo sonoro, sobre o qual se destacam figuras, velozes ou lentas, harmoniosas ou desarticuladas, cheias de movimento e colorido: figuras sonoras que vão formando o solo nutritivo de suas percepções, de suas sensações, de sua pré-ciência, de seu saber do mundo. (Salotti, 1951, p.54 *apud* Braslavsky, 1971, p.116)

Em tal leitura é criticado o excesso de estímulo ao contexto visual na alfabetização, em detrimento dos outros sentidos. Essa seria uma defesa, em outras palavras, dos princípios ancorados no método fônico.

Isto nos revela que a contribuição exclusiva dos olhos aos quais arrogamos todos os direitos leva a um excesso de visualização que coloca de lado a contribuição do ouvido. É uma defesa da pedagoga para que deixem para os adultos a leitura apenas com a vista já que "eles podem recolher o alimento sem exorcismo, saber o que dizem as letras sem ouvi-las, somente imaginando-as. Mas não podemos exigir tanto da criança". (ibid.)

Martha Salotti se sensibilizou com o drama da criança na passagem da voz viva da linguagem falada à letra morta, aconselhando redobrar o olfato, o sabor, a cor da palavra falada, que oferece à criança riso e festa, companhia e refúgio. Era a defesa por não tornarem "surdas" as crianças que ouviam, tendo, assim, a alegria da palavra falada como início do processo de ensino da leitura.

Dessa forma, observa-se que Jacotot e seu princípio do ensino do todo relacionável encontraram resistências em uma espécie de rede de saberes filosóficos que fundamentaram os métodos para o ensino de leitura nos séculos XIX e XX.

4.3 Análise das *Lições de ler*, de Costa Azevedo (1832): permanências e rupturas com Castilho, Jacotot e Travassos

Analisar a obra de Costa Azevedo nesse contexto de engendramento dos métodos de alfabetização no Brasil oitocentista é imprescindível para entender as queixas de Castilho, motivadas por esse sujeito, bem como os embates enfrentados pelo português em solo brasileiro.

A obra de Costa Azevedo para o ensino da leitura e da escrita é datada de 1832. Em um momento de prevalência do masculino, o autor militou pela "causa das nossas jovens, desejando-lhes escolas separadas, e dirigidas por matronas respeitáveis e instruídas; e a estas últimas uma gratificação, que as abrigue da necessidade" (Azevedo, 1832, p.54). Era a defesa da valorização da mulher aluna e da mulher mestre.

Na primeira página de sua obra *Lições de ler*, há um parecer da Comissão de Melhoramento da Sociedade de Instrução Elementar do Rio de Janeiro, aprovado em sessão de 27 de maio de 1832, sugerindo a publicação do impresso, bem como sua adoção nas escolas do Império. Há, inclusive, uma promessa de pagamento dos custos da impressão do periódico pela própria sociedade.

As palavras iniciais contidas no parecer dessa comissão nos causam estranheza. Acostumados com tantas críticas lançadas por Castilho a Costa Azevedo, devido à sua filiação ao método global de Jacotot, deparamo-nos com semelhanças em relação ao método Castilho no que concerne à supremacia do valor fônico e à tomada da parte decomposta dessa palavra falada – em Castilho, a letra, e em Costa Azevedo, a sílaba – como elemento de partida. Consta no parecer que

> o autor admite os sons como os últimos elementos das palavras, e representando-os sempre por um caráter silábico, entende que qualquer das duas seções em que habitualmente se tem distinguido este ensino envolve essencialmente a outra, não compreendida a parte mecânica; e por isso, assim como porque julga que esta parte complicaria em extremo o exercício das lições orais, e mesmo porque pode ser desempenhada depois até sem auxílio de professor, reduzindo-se a uma simples imitação, e hábito nos movimentos necessários, a tem deixado para uma outra seção. (ibid., p.6)

Assim como Castilho, em sua lição inicial Costa Azevedo justificou a ruptura com o antigo método de soletração, defendendo o ensino da sílaba como ponto de partida. Para ele, a soletração

> tid[a] e havid[a] como indispensável no ensino da leitura; e é que a ação de nomear uma por uma, ou antes só por só, as letras de uma

sílaba, leva-nos a crer que os sons silábicos são os resultados de dois ou mais sons elementares; e, inutilizando o silabamento [sic] pela interrupção dos sons, faz que o discípulo com mais dificuldade consiga em fim [sic] pronunciá-los seguida e rapidamente. (ibid., p.9)

Após ataques anunciados em jornais, relatórios e cartas que ligaram o nome de Costa Azevedo ao método global de Jacotot, observa-se, na análise de sua obra *Lições de ler*, que ele não rompe com o método sintético, partindo do ensino das sílabas limitadas ao conhecimento dos sons e suas diferentes relações gráficas. Procurando em cada lição facilitar a assimilação das sílabas em sua composição sonora, sua preocupação era fazer que o discípulo compreendesse a representação desse som por um sinal gráfico.

A filiação de Costa Azevedo ao método sintético perpassou toda a sua obra. A primeira parte da primeira lição é "Sílabas iniciadas por articulações labiais", e tal composição de análise é apresentada ao longo das 53 lições restantes. Seu material estava pautado em uma análise silábica com a respectiva correspondência sonora em suas diferentes representações gráficas.

As ideias de Costa Azevedo foram publicadas em suas lições. A fonte impressa serviu como meio divulgador de suas obras, chegando, inclusive, a descrever o modo correto de utilização de seu método, como discorre a matéria que circulou no *Diário do Rio de Janeiro*.

Observações tais feitas sobre outras palavras convenientemente escolhidas darão a série das sílabas ba, be, bo, bà, bè, bò, bá, bé, bó, e o discípulo passará a ler a 1ª das *Lições de ler* por J.C.A, e a escrevê-la quando repetida pelo monitor, pois é indispensável firmar bem na memória a figura de uma letra antes de passar a uma outra. Tomem--se agora outros nomes como lado, lédo, lódo, e o discípulo observando que os sons lá, lé, ló, acabam por serem ouvidos da mesma maneira que os outros bá, bé, bó, empregará as letras já inventadas á, é, ó, na figura da circunstância comum aos sons lá, bá; lé, bé; ló, bó, e a letra l na da circunstância particular aos primeiros sons de cada um destes grupos. (*Diário do Rio de Janeiro*, 1846, n.7131, p.4)

MÉTODOS DE ENSINO DE LEITURA NO IMPÉRIO BRASILEIRO   227

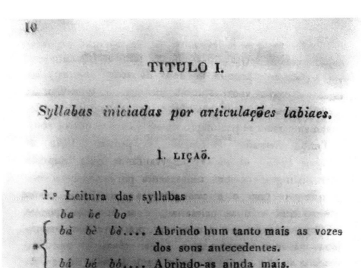

Figura 16 – Primeira lição das *Lições de ler*, de José da Costa Azevedo
Fonte: Azevedo (1832, p.10)

Na busca por ruptura com o ensino sintético, Costa Azevedo não desprendeu da silabação como ponto de partida do ensino da leitura:

chegado a este ponto, escolher-se-á uma palavra qualquer como bala para ele escrevê-la silabicamente da seguinte maneira bl, representadas por, b e l as duas sílabas bá, e la: para transitá-la depois à escritura alfabética tomem-se as palavras bela, bóla, e ele observando que os seus primeiros sons bé, bó começam a ouvir-se da mesma maneira que o bá de bála, e que diversificam passado o primeiro momento de sua emissão, sentirá que para distinguir os sons bá, bé, bó, entre si, importa usar de um meio qualquer como seja o de reservar a letra b para a escritura daquilo em que eles se assemelham, e de inventar outras letras quais á, é, ó, para a escritura daquilo em que eles diversificam. (*Diário do Rio de Janeiro*, 1846, n.7131, p.4)

A sequência lógica da apresentação das sílabas, de forma gradual por nível de dificuldade, foi vislumbrada por Costa Azevedo visando a uma racionalização pela qual obter-se-á uma outra série de sílabas sobre as quais praticar-se-á o mesmo que sobre as antecedentes, entrando também com elas em variadas permutações; e assim se prosseguirá tendo em vista a doutrina e a marcha seguidas nas citadas *Lições de ler*. (ibid.)

Na introdução à oitava lição, Costa Azevedo afirmou que usara a silabação como ponto de partida do processo até aquele momento, desconsiderando o seu uso a partir daquelas lições por julgar "desnecessário de agora em diante; e o seu uso, quando prolongado, habitua o discípulo a arrastar as sílabas, e a ler vagarosamente" (Azevedo, 1832, p.10). Observa-se, porém, que a composição silábica se apresentava como forma de estruturar suas lições até o final de sua obra.

A marcha sintética apresentada na obra de Costa Azevedo partia do ensino dos elementos simples e conhecidos para chegar aos desconhecidos. Apesar dos embates que o autor travou com Castilho nos campos filosófico e político, ambos estavam em consonância com a composição de um método para o ensino da leitura que partia das partes. No entanto, em Costa Azevedo, a leitura destas ocorria pela "leitura das sílabas, para uma silabação das combinações duais das sílabas e posterior leitura seguida das combinações efetuadas" (ibid., p.11).

Conforme se observa no Quadro 6, o desafio do todo evocado na filosofia panecástica de Jacotot não foi contemplado por Costa Azevedo em suas *Lições de ler*. O contato do aluno com o todo do livro, da música e da poesia, entre outros, não era o pontapé inicial no processo de ensino da leitura, sendo destinadas à leitura do todo as seis últimas lições. O prêmio do todo era reservado aos alunos que atravessassem as agruras da sequência silábica lógica em sua sonorização e da representação do som em sinais gráficos, conforme pode ser observado nas diferentes lições que compõem a obra.

O apreço pela sonoridade unia Costa Azevedo e Castilho, assim como a presença dos decuriões, que eram alunos adiantados da turma que ensinavam os decúrias, ou seja, grupo de dez alunos que estavam menos avançados. A sonoridade em Castilho é percebida

MÉTODOS DE ENSINO DE LEITURA NO IMPÉRIO BRASILEIRO   229

pela decomposição da palavra falada, principiando, porém, seu ensino pelas letras, enquanto Costa Azevedo partia das sílabas.

Apesar das críticas ferrenhas ao ensino mútuo feitas por Jacotot, observa-se que seu seguidor Costa Azevedo o utilizara, explicitando isso em material que circulou no território brasileiro.

lições serão permanentemente traçadas, ou sobre planos de alvo cartão, ou sobre papel grosso colado em finas lâminas de madeiras; e, posto o plano da lição em distância e elevação suficiente, o decurião da bancada ou classe, com um estilo apontando para a sílaba ou nome, marca o instante quando todos ou alguns deles o devem repetir; [...]. (ibid., p.12)

Quadro 6 – *Lições de ler* (Azevedo, 1832)

Título 1	1ª lição	Sílabas iniciadas por articulações labiais: ba be bo; bà bè bò; bá bé bó
	2ª, 3ª, 4ª e 5ª lições	Sílabas pa, va, fa, ma
	6ª lição	Silabação das combinações binárias das sílabas nº 1 das lições precedentes: *bafo*
Título 2	7ª lição	Algumas sílabas iniciadas por articulações linguais: d
	8ª lição	ta te to
	9ª, 10ª, 11ª e 12ª lições	l, z, j, n
	13ª lição	s, ç
	14ª lição	c, q
	15ª e 16ª lições	ra re ro; Ra (rra) Re (rre) Ro (rro)
	17ª lição	Ga ge [soando gue] go
Título 3	18ª lição	Sílabas iniciadas por articulações brandamente aspiradas ha, he, ho
Título 4	20ª, 21ª e 22ª lições	Outras sílabas iniciadas por articulações linguais: ch, nh, lh
Título 5	23ª lição	Distinção das sílabas pela duração
Título 6	24ª lição	Combinações silábicas mais subidas: falido tabáco errado
	25ª e 26ª lições	Leitura silabada de combinações quaternárias: batatada
	27ª lição	Leitura de palavras proparoxítonas: hábito, metáfora, metafísico

Quadro 6 – *Continuação*

	28ª lição	Leitura de palavra com duas sílabas acentuadas
Título 7	29ª, 30ª e 31ª lições	Primeiro passo para a leitura da escrituração visual
Título 8	32ª e 33ª lições	Vozes nasais
Título 9	35ª, 36ª, 37ª e 38ª lições	Supressão da vogal é: baré – bar; bélá – blá; (bla, pla, fla, cla, gla)
	39ª lição	pra, vra, fra, dra, cra, gra, tra
	40ª lição	Combinação de sílabas convencionais: fulgor, clamor
Título 10	43ª lição	Duplicação das letras; letras do grande abecedário; que, gue, ge, gi, je, ji, çe, çi
Título 11	44ª lição	Letras do grande abecedário
Título 12	45ª a 47ª lições	Segundo passo para a leitura da escrituração usual
Título 13	48ª a 53ª lições	Leituras (prosaicas, eloquentes, poesias patrióticas, poesias sublimes, discursos)
Título 14		Disciplina das aulas
Título 15		Edifício das aulas

Fonte: Desenvolvido pela pesquisadora

Em cada classe haveria um decurião, bem como um material escolar utilizado para registro das lições (chamado *taboa*) e seus planos. Os princípios da simultaneidade e da seriação lograram espaço na proposta pedagógica de Costa Azevedo, que justificou a utilização de decuriões.

Os discípulos mais adiantados da escola de escrever serão detalhados aos dias para substituírem o professor na escola de ler; e os discípulos prontos na leitura se revezarão nos decuriamentos [sic] das diferentes classes, até que sejam despedidos para outra escola. (ibid., p.52)

A simultaneidade do ensino em Costa Azevedo estava em consonância com sua proposta de conservar a ordem em cada uma das classes sob a direção de um único professor. Múltiplos alunos reunidos, regidos por um professor, com diferentes classes, sendo avaliados de forma individual.

Os exercícios recomendados na lição devem de ter conduzido o discípulo à leitura de discursos pontualmente escritos, a pausar, e a flexionar o som, etc.; e assim, tendo ele adquirido já o hábito da aplicação, pode agora ser deixado a si mesmo para estudar a sua lição; devendo o professor, à hora assinada, tomar contas individualmente, a um por um, daquilo que houverem estudado. (ibid., p.47)

A classe regida por um único professor, compassando a marcha sintética do aluno, é um ponto de intersecção entre Castilho e Costa Azevedo. No primeiro, a máquina que ele denominou compassador ritmava a marcha; no último, as pancadas do decurião com o ponteiro visavam "compassar com isocronismo e sem precipitação" (ibid., p.29).

Pensando na cultura material escolar presente nas aulas de Costa Azevedo, depara-se com a confecção de cartas, bem como letras fixadas em "lâminas de madeira, encasadas em um delgado cabo; e o menino, empunhando-o com a mão esquerda, terá na direita um ponteiro, para o ir discorrendo sobre os nomes" (ibid.). A carta de nomes, copiada do cartão em papel grosso e com letra bastarda[7], deveria ser levada para casa, conforme o adiantamento dos alunos, para o exercício de memorização, com o reçado para que os "de casa não metam a fazer-lhe perguntas, dar-lhes explicações, ou corrigir-lhes os erros" (ibid., p.15). Estava fixado um projeto instrucional que saía do âmbito doméstico, em consonância com um projeto público.

Contrapondo nossa análise sobre o método de Costa Azevedo, uma matéria divulgada no *Diário do Rio de Janeiro* em 1846 definia-o como "ensino analítico da leitura", por iniciar o processo pela "decomposição das palavras, a numeração e a distinção das sílabas de que elas se compõem" (*Diário do Rio de Janeiro*, 1846, n.7131, p.4).

---

7 Cursiva.

> Esta maneira de ensinar a ler colocando o discípulo no lugar daqueles que inventaram a escritura alfabética apresenta (e nem pode deixar de o fazer) bem distintas as duas partes analítica e sintética que se apregoam como dois dos elementos principais do método de Jacotot; é na primeira que o discípulo decompõe as palavras nos sons de que elas são formadas, e os sons nas circunstâncias que os acompanham, e é na segunda que ele reunindo os signos convencionais para figurar a sílaba, e as sílabas para figurar as palavras, mete em obra os materiais que ele tem ajuntado. (ibid.)

É possível observar que as rupturas que Costa Azevedo atribuiu a seus trabalhos não se materializaram na escrita de sua obra *Lições de ler*. Porém, é imprescindível registrar que ali se apresentavam posições antagônicas acerca dos métodos de ensino e da possibilidade de o Império adotar uma matriz diante de diferentes posicionamentos. Esse embate denunciava uma ambivalência no ensino da leitura e escrita no método de Costa Azevedo, que evocava para si uma marcha analítica mas se materializava nas partes, na introdução pelas sílabas, em uma marcha sintética e graduada.

Aliada à denúncia do plágio da obra de Jacotot supostamente cometido por Costa Azevedo, Castilho também o acusava de ter reproduzido o ensaio do português António de Araújo Travassos.

> Averiguadas as coisas, nada daquilo era assim. O Método do tal Costa era tanto o meu como eu sou o sultão de Constantinopla. Não é sequer um método brasileiro, mas uma reprodução, às vezes textual, do Português António de Araújo Travassos, por mim citado no prólogo das últimas edições, e que inteiramente caiu em desuso, se jamais chegara a ser o que se chama usado. (Castelo-Branco, 1975, p.287)

Castilho denunciou um possível plágio do impresso de Jacotot cometido por Costa Azevedo pelo fato de ambos anunciarem um método analítico. Uma análise minuciosa aponta, porém, que, apesar de Costa Azevedo declarar essa filiação metodológica, seu impresso *Lições de ler* não rompeu com o ensino silábico em sua valoração sonora. Já a denúncia de Castilho do possível plágio do impresso de Travassos resultava da semelhança entre a estrutura organizacional dessas obras, pois ambas apresentavam uma analogia entre os títulos das lições, tendo como pontapé inicial o ensino das sílabas em suas valorações sonoras.

António de Araújo Travassos, conforme consta na capa de seu *Ensaio sobre um novo modo de ensinar a ler, e tabuadas para a multiplicação dos números de 1 a 100 por cada um dos mesmos números*, foi um oficial da Secretaria de Estado dos Negócios da Fazenda e sócio da Academia Real das Ciências de Lisboa, onde escreveu vários trabalhos, como o primeiro volume dos *Anais das ciências, das artes, e das letras; por uma sociedade de portugueses residentes em Paris*, publicado em 1820. O autor expõe a publicação de seu método em 1812 no *Jornal de Coimbra*, bem como sua adoção nas escolas militares.

O ensaio também foi publicado em 1820 e foi oferecido a Fernando Maria de Sousa Coutinho Castello-Branco e Menezes,[8] vice-presidente da Sociedade de Ciências e Artes de Lisboa, visando "concorrer para ganhar o patrocínio que Vos. Exc. costuma conceder às Ciências e Artes" (Travassos, 1820, p.III). Outra menção honrosa feita no prólogo de seu ensaio se destinou a Henrique Boys, responsável, de acordo com Travassos, pela introdução do método Lancaster em Portugal, uma vez que a sua

> filantropia deveu Portugal a primeira coleção que aqui se viu de todas as cartas pertencentes ao dito método, além de quatorze livros e folhetos em que ele está descrito e explicado com a maior clareza e individuação pelo referido autor, e pelo benemérito André Bell. (ibid., p.17)

---

8 "Marquês de Borba, do Conselho de S. Majestade, um dos Governadores do Reino, Grão Cruz das Ordens de Santiago e da Conceição, Vedor da Casa Real, Administrador Geral do Erário Régio, Vice-Presidente da Academia Real das Ciências" (Travassos, 1820, p.1).

Além do sentimento de gratidão que Travassos desejava despertar na nação portuguesa por Henrique Boys, ele registrou seu agradecimento pela "generosa dádiva que em 1814 se dignou fazer-me daquela preciosa coleção e respectivos livros, só por lhe constar que eu havia trabalhado com algum aproveitamento neste importante objeto" (ibid., p.17-8). No prólogo de seu ensaio, Travassos afirma que a escrita de seu método é resultado de uma experiência de 26 anos de comprometimento com o prazo de dois a três meses para o ensino da leitura e da escrita.

Assim como em Costa Azevedo, o pontapé inicial nesse ensino é a sílaba em sua valoração sonora, caracterizando o método da antiga soletração como *mau*, pois,

> por melhor que saibam o nome de cada letra e de cada sílaba, conforme com o mau método, pelo qual lhes têm sido ensinadas, sempre necessitam de adivinhar a palavra formada dessas letras, e dessas sílabas; porque umas vezes devem ler-se de um modo, e outras vezes muito diferentemente. (ibid., p.11)

Castilho lera Travassos, o que resultou em algumas aproximações, bem como alguns afastamentos. Em consonância com o método *velho*, criticado por Castilho, o método *mau* em Travassos denunciava a escola em que a criança era conduzida de forma "arrastada, eis aí o inocente entregue ao severo preceptor, à tremenda palmatória, e aos negros hieróglifos do A.B.C." (ibid., p.3); um espaço que não permitia a alegria no ensino. Outra aproximação entre os autores (bem como entre eles e Costa Azevedo) residia no pontapé inicial para o ensino da leitura, que deveria ser a sonoridade das palavras.

O método de Travassos consistia

> no impreterível uso dos acentos, e em algumas simples regras, por cujo meio se lê e se pronuncia uniformemente segundo está escrito; do que resulta grande facilidade para os principiantes, aos quais dentro de pouco tempo não faz falta a rigorosa acentuação de que se

tem usado nas primeiras lições e leituras, lendo com igual desembaraço qualquer discurso escrito com a ortografia a mais ordinária. (ibid., p.14)

O ensaio de Travassos dividia-se em seis títulos, como mostra o Quadro 7.

Quadro 7 – Capítulos do *Ensaio sobre um novo modo de ensinar a ler (...)*, de António de Araújo Travassos

Capítulo I	Da pronunciação das palavras, e dos fins para que se faz uso dos acentos
Capítulo II	Dos sons ou pronunciação das vogais com seus diversos acentos e sem eles
Capítulo III	Das sílabas de uma consoante antes de vogal, da irregularidade dos sons de algumas consoantes
Capítulo IV	Das sílabas de duas consoantes antes da vogal
Capítulo V	Das sílabas acabadas em letra consoante
Capítulo VI	Dos nomes e ordem das letras do alfabeto, e do modo de exercitar os discípulos nas primeiras leituras

Fonte: Desenvolvido pela pesquisadora

As aproximações entre a obra de Travassos (*Ensaio sobre um novo modo de ensinar a ler, e tabuadas para a multiplicação dos números de 1 a 100 por cada um dos mesmos números*), as *Lições de ler*, de José da Costa Azevedo, e o método Castilho remontam à tênue linha divisória entre essas diferentes marchas, que estavam em um momento de elaboração, diferenciação e engendramento no império brasileiro.

4.4 Encontros e estranhamentos: luzes sobre os métodos de Castilho e Jacotot

A denúncia de plágio realizada por António de Castilho em relação ao brasileiro Costa Azevedo não o eximia de ter se apropriado de vários elementos de Jacotot. Plágio ou aproximações filosóficas e teóricas, fato é que grandes polêmicas que Castilho levantara já tinham sido propaladas por Jacotot e seus inúmeros predecessores. Castilho anunciou algumas apropriações de Jacotot. Outras, silenciadas, foram desveladas nesta pesquisa. A grande cisão – e insistência – do português entre o novo e o velho, proposta em seu método em 1853, por exemplo, já tinha sido veementemente criticada pelo francês em 1835, ao afirmar que "o Velho tem necessidade do desigual, mas não desse desigual estabelecido pelo decreto do príncipe, senão do desigual por si só, que está em todas as mentes e em todas as frases" (Rancière, 2015, p.45).

Outra questão encontrada com frequência em Castilho e Jacotot é a defesa de uma educação materna. O português definiu sua carta de emancipação da puerícia como uma boa nova festejada pelas mães, uma vez que no ler e escrever popular encerrar-se-iam todas as rudezas da escola "velha". O francês também defendia uma emancipação intelectual proposta pelos pais para a criança, havendo, porém, uma diferença entre a epistemologia e a práxis da educação maternal proposta pelos dois autores.

António de Castilho defendeu uma educação materna em substituição aos espaços de instrução a partir da desilusão de não ter logrado sucesso na adoção oficial da escola que nascera de sua pena, frustração essa potencializada pela criação de uma lei permitindo somente a introdução do ensino simultâneo, com a repartição de classes e do tempo escolar, estabelecendo funções dos estudantes em ajudantes.

Se a educação materna para Castilho tinha como base epistemológica a fuga de um espaço desordenado, descompassado e marcado pelo terror, em Jacotot ela era vista como princípio da emancipação intelectual. Apesar de fazer essa mesma leitura de uma escola "velha", o francês não defendia uma nova escola e um novo e único caminho metodológico. Ao negar a necessidade de mestres explicadores e de um espaço ordenado e marcado pela vigilância hierárquica do saber, foi acusado de destruir toda uma estrutura educacional.

Desta forma, permitindo que os discípulos sejam mestres de si mesmos, o ensino universal desenvolve ao mesmo tempo o homem moral e o homem intelectual, e estabelece a base na base sólida da razão e da virtude. Quem não vê nessas poucas palavras a importância das funções do professor, e a inconstância da acusação feita contra Jacotot, que ele havia feito o que era necessário para anular completamente o amor e reconhecimento dos discípulos por seus instrutores? (Jacotot., 1849, p.18)

A emancipação da puerícia para Jacotot seria conquistada não pela adoção de um método criado por um "herdeiro das luzes". Contrário aos métodos embrutecedores, em sua filosofia, o aluno encontraria na marcha da natureza a essência do "todo" presente em toda parte. A premissa do "tudo está em tudo" de Jacotot permitiria ao aluno aprender uma coisa e a ela relacionar todo o resto, pois "todos os homens são dotados de razão: pois todos são capazes de conhecer as relações que existem entre os objetos. Quando o homem quer se educar, deve comparar as coisas que conhece umas com as outras e referir-se àquelas que ainda não conhece" (ibid., p.11). Nesse ato de aprender alguma coisa, caberia inicialmente aos pais e aos mestres uma explicação inicial, deixando às crianças o ato de adivinhar, estabelecer relações de aproximações, afastamentos e oposições, emancipando-se no processo de construção do conhecimento.

Ser contrário aos métodos embrutecedores e aos mestres explicadores levou Jacotot à formulação do ensino universal como um método da natureza, partindo da premissa de uma igualdade da inteligência em todos os homens, cabendo à educação potencializar o "todo" relacionável.

O todo da leitura de um livro foi criticado pela escola moderna esboçada por Castilho. Como meio socialmente controlado para regrar o efeito da leitura, "a curiosidade para imersão no território do texto é assim veementemente combatida. Não se deve ler tudo; nem ao menos ler muito. Há de se ler bem as leituras moralmente proveitosas... Para isso, que viesse a escola" (Boto, 2012, p.52).

O fato de terem seus métodos intitulados "método dos pobres" aproximou os dois autores; o seu tempo de duração, porém, os separou. António de Castilho promoveu a rapidez no processo de aprendizagem a partir de seu método, o qual ele próprio chegou a intitular de método a vapor, ao passo que Jacotot entregou aos caprichos da natureza e do desejo do discípulo o tempo necessário para uma aprendizagem significativa.

Castilho se envolveu em outra polêmica ao "compactuar" com a filosofia panecástica de Jacotot. Para ele, o "aforismo de Jacotot *tudo está em tudo* era precioso, e quase sempre verdadeiro no ensino" (Castelo-Branco, 1975, p.63) e indicava o método analítico para o ensino da gramática. O autor anunciou a incorporação do ensino universal de Jacotot em seu método para "que seja o próprio aluno o que faça a confrontação do modelo com o seu traslado, acusando todos os desvios, grandes ou pequenos, em que incorreu; enquanto há algum que lhe escapa, o mestre teima em perguntar: que mais nota?" (ibid., p.154).

Apesar de se apropriar do discurso da emancipação do aluno proposto por Jacotot, há, no método de António de Castilho, a presença de um mestre que regula todas as fases do processo, demarcando o tempo como uma grande orquestra escolar. A proposta teórica do ensino analítico apresentada pelo francês é contrastada com a marcha sintética defendida por Castilho, que partia sempre do conhecido ao desconhecido. Tal afirmação pode ser encontrada nos relatos do brasileiro Abílio César Borges, defensor de Castilho.

Ali se acham as matérias de ensino tão simples e naturalmente encadeadas, filiadas por tal arte, que parte do simplíssimo para o simples, deste para o mais composto, marchando sempre a inteligência do conhecido ao desconhecido por uma gradação tão doce e imperceptível que o espírito das crianças se vai como deslizando por tudo com satisfação e presteza indizíveis, satisfação e presteza que mais se aumentam com a associação do canto, das palmas, e mais evoluções que constituem toda a amenidade e infantilidade, se assim me consentem dizer, da maravilhosa produção do grande talento português. (Bahia, 1856, p.53)

Abílio César Borges entendeu, em 1856, a ruptura que António de Castilho realizou em relação aos métodos silábico e da antiga soletração ao buscar o valor sonoro das palavras, uma vez que "os diversos inventos do ensino abreviado de Lemare, Jacotot e Robertson não altera[vam] a essência do método antigo, pois sempre ficou a leitura ocular precedendo a auricular" (ibid., p.50).

Observa-se no cruzamento de fontes que Castilho tornou contraditória sua aproximação com a filosofia panecástica em uma carta a seu amigo Castelo-Branco, em que rotulou de "tolo" o aforismo de Jacotot.

Teófilo aí pregou antes de ontem na Federação Académica. Os ouvintes dentro da sala aplaudiram-no, e ao sair comentaram--no, discordando em geral das suas opiniões. Uma delas, desapegadamente sustentada, foi o tolo aforismo de Jacotot que todas as inteligências são iguais. (Castelo-Branco, 1975, p.371)

Na obra *Noções rudimentares para uso das escolas dos amigos das letras e artes em S. Miguel* (1909e), Castilho rememorou o que ele considerava como aforismo de Jacotot, "tudo está em tudo"; ao descrever a natureza do globo terrestre e sua relação com as ciências humanas, afirmou que cada indivíduo da natureza estava conectado em todas ou quase todas as classificações na busca pelo todo.

Quem nota devidamente o entretecido, a complicação de dependências e influxos mútuos, de todas as ciências e arte, sente-se muito tentado a adotar o aforismo que serve de fundamento ao Método do ensino universal de Jacotot: tudo está em tudo. (ibid., p.55)

António de Castilho acertou as contas com seus "adversários" respondendo a inúmeras críticas ao seu método e, com eles, aprendeu a arte de analisar e julgar as propostas pedagógicas. Ironizou o sistema analítico sugerido pelo ensino universal de Jacotot, rotulando-o de simplista, uma vez que, na prática, "não havia nada que inventar, era abrir o primeiro livro e começar a ler" (Castelo-Branco, 1975, p.144). A dúvida que ressoa é: afinal, o aforismo de Jacotot seria "sempre verdadeiro" ou "tolo"? Diferentes discursos para diferentes destinatários e, nesse movimento pendular, observa-se a aproximação do português mais ao adjetivo pejorativo destinado ao "nacionalista" brasileiro. Ao tecer a crítica, Castilho se posicionou em favor do método sintético, destinado à educação das multidões, e restringiu o ensino universal de Jacotot ao espaço doméstico, a ser realizado pelas mães, "exclusivamente para o filhinho ou filhinha nos penetrais secretos e serenos da família" (ibid., p.145).

4.5 Querelas entre o método de Castilho e o ensino universal de Jacotot nos impressos portugueses e brasileiros

As querelas entre o método de Castilho e o princípio do ensino universal de Jacotot aplicado à instrução pública foram registradas em periódicos que circularam em Portugal e no Brasil.

Uma matéria publicada no periódico *O Instituto*, de Coimbra, em 1854, cuja autoria foi identificada apenas pela sigla M., conceituava o método de Jacotot aplicado à instrução primária, apresentando suas vantagens e as dificuldades de sua aplicação. A matéria se inicia relatando a compilação feita pelo inglês Joseph Payne em 1831 referente ao uso dessa metodologia e a tentativa de sua difusão na Inglaterra, onde foi "fácil achar colaboradores', pois no país "se atende seriamente ao princípio da economia do tempo" (*O Instituto*, 1854, p.112).

A matéria conceituava inicialmente a metodologia de trabalho proposta por Jacotot a partir da memorização do primeiro parágrafo do texto de Fénelon e, depois de os alunos saberem "pronunciar estas palavras, e conhecerem o valor de cada uma das sílabas que as compõem, exercitavam-os [sic] em achar as mesmas palavras em páginas diversas do livro abertas ao acaso, para haver a certeza de que delas tinham conhecimento perfeito" (ibid.). Dessa forma, o autor M. deixou registrado seu posicionamento favorável à vantagem desse método.

É inegável a vantagem de apreciar as letras na leitura, não pelo seu valor nominal, mas pelo de suas combinações. Se ao conhecimento destas se juntam as ideias que exprimem; se começar o ensino da leitura pelos nomes dos objetos, que os meninos conhecem, pelas frases que usam em suas conversações familiares, o aprendizado será muito mais fácil. (ibid.)

Para M., o ensino que partia da palavra falada e do juízo da frase apresentava uma vantagem, pois o "menino que aprende a pronunciar o seu nome escrito, ou de pessoa sua conhecida, com facilidade alcança o valor das sílabas que o compõem; e os nomes das letras de que estão formadas", estando as faculdades mentais ativas nesse método em um momento em que a "natureza destas repugna a operação passiva" (ibid.). Na contramão de uma natureza passiva e de abstrações em que o "espírito, que não sabe abstrair, de aprender nomes de letras, sílabas, e palavras, a que não pode ligar ideias, de meter na memória das crianças uma indigesta moles [sic], que facilmente se evapora por desacompanhada de ideias" (ibid.), o autor defendeu o método de Jacotot em seu princípio filosófico.

Entretanto, a materialização de tal método de ensino, segundo M., não estava progredindo na França, na Inglaterra e na Bélgica de forma cautelosa, já que "uns o tem [sic] por verdadeira utopia; outros proclamam vantagens decisivas e demonstradas", tendo por "exagerado o que se alega de um e de outro lado" (ibid., p.113).

Ao alegar que as vantagens de um método de ensino não poderiam ser apreciadas em poucos meses nem em poucos anos, M. criticou o método Castilho, alertando que "a concorrência às escolas de *Leitura repentina* tinham progressivamente diminuído, e em algumas inteiramente cessado: que os alunos apresentados ao público em prova de excelência do método tinham já anteriormente frequentado outras escolas" (ibid.).

Castilho classificou a matéria como uma afronta, e sua resposta furiosa endereçada ao autor foi publicada no jornal brasileiro *O Liberal Pernambucano*:

miúda de muitos mexericos levantados sem que nem para que, todos sem fundamento nem desculpa, muito desleaizinhos, e por isso mesmo muito recalcadinhos, e todos conspirando não sei se intencionalmente, se não para que a instrução primária se não reforme, ou havendo de se reformar não seja se não o mais tarde possível. (*O Liberal Pernambucano*, 1854, p.2)

Tal carta repleta de adjetivos pejorativos era uma resposta ao doutor e lente de medicina Jeronymo José de Mello, membro do Conselho Superior de Instrução Pública e presidente da sessão de instrução primária que, sob o pseudônimo M., havia publicado no jornal *O Instituto* de 15 de agosto de 1853 uma matéria intitulada "Método de Jacotot aplicado à instrução primária", que, para Castilho, "apesar do seu título o não inculcar, nada mais é que uma sortida feita contra o Método português de leitura" (ibid.).

O autor N., que assina a matéria intitulada "Carta de um professor do *Método português* de *Leitura repentina*", publicada no jornal *O Liberal Pernambucano* (1854), traz na íntegra a carta de Castilho aos leitores brasileiros, registrando o modo como o português se defendeu da matéria escrita por M., que igualou os métodos português e francês quanto aos seus fracassos, já que, para ele, se na Inglaterra o método Jacotot fracassara, por analogia, o fracasso de um método semelhante ao de Castilho seria inevitável em Portugal.

Ora, aqui têm os nossos leitores o porquê havendo de tratar do Método português, o chistoso escritor pôs por título ao seu artigo Método de Jacotot. Já se vê que não há modo mais leal de fazer a guerra. O método de Jacotot caiu; logo o Método português, ainda que nada tenha de comum com ele, não se deve adotar (ibid.).

A definição do método de Castilho dada por M. desagradou o poeta. Para M., "se ao método de Jacotot acrescentarmos a harmonia musical, os contos engraçados e as figuras simbólicas das letras do alfabeto, teremos o método de leitura dita repentina que por ali corre com o cunho de grande novidade" (*O Instituto*, 1854, p.112). Já segundo o autor português, seu método não consistia na essência de Jacotot acrescida de alguns "acessórios" (*O Liberal Pernambucano*, 1854, p.2).

> Quer isto dizer em poucas palavras, que o método Jacotot, e o Método português são na essência a mesma coisa; tendo apenas o português alguns acessórios. Há quase pejo em responder a coisas deste jaez; mas enfim já que não pode passar de nós este cálix, bebamo-lo até a borra, que em borra tem ele sido desde a borda. (*O Instituto*, 1854, p.113)

Na crítica a M., Castilho o acusou de não saber distinguir entre síntese e análise, e de, nessa incompreensão a respeito de métodos, ter induzido seus leitores a uma conclusão de que se "o método de Jacotot caiu; logo o *Método português*, ainda que nada tenha de comum com ele, não se deve adotar" (*O Liberal Pernambucano*, 1854, p.3).

Castilho afirmou que o método de Jacotot e o seu eram diversos na essência e "formalmente, diametralmente, são antipodicamente opostos e contrapostos um ao outro, tão opostos e contrapostos como entre si o são a síntese e a análise" (ibid.). Segundo ele, sua matriz "sobe" das letras às sílabas, às palavras, ao período, enquanto a de Jacotot "desce" do período às palavras, às sílabas e às letras.

Em um contexto de internacionalização dos debates pedagógicos, Castilho evocava seus adeptos na Espanha e no Brasil para censurar as críticas de seu oponente.

> Enquanto por vós se realizam todos estes impossíveis morais, os Alcalás Galianos recomendam a invenção portuguesa ao governo da Espanha; o governo espanhol não a repulsa, e os jornais espa-

nhóis invocam a sua adoção! No parlamento do Brasil o deputado Jaguaribe louvando o marechal duque de Saldanha por promover em Portugal a criação de escolas regimentais pelo Método Castilho, louvor perfeitamente cabido, e que em boca de estrangeiro não é pouco significativo interpela o ministro de guerra brasileiro para imitar tão nobre exemplo. (ibid., p.5)

Dessa forma, as querelas apresentadas nos jornais em Portugal e no Brasil demonstravam o conhecimento acerca das diferentes matrizes de ensino de leitura, bem como, para além dos métodos, de seus pressupostos filosóficos, políticos e sociais no que concerne ao sujeito aprendente e à relação com o mestre.

Para além das polêmicas de António Feliciano de Castilho referentes ao ensino da língua materna que defendiam reformas para a instrução primária, o poeta português, junto com seu irmão José Feliciano Castilho Barreto e Noronha, envolveu-se em contendas também na instrução secundária, debate central do próximo capítulo. A justificativa para a inclusão dos debates dos Castilho em torno do ensino da língua portuguesa no ensino secundário decorreu dos conflitos envolvendo os irmãos, monárquistas convictos, e os sujeitos portugueses e brasileiros que defendiam um projeto de emancipação na constituição da língua e no projeto político e pedagógico. Os primeiros capítulos deste livro trataram da proposta de Castilho para o ensino da leitura, e o próximo capítulo abordará a preocupação com o que deveria ser lido nas escolas secundárias naquele momento.

5
"MUNDO NOVO HERDEIRO E CONTINUADOR DO MUNDO VELHO": CASTILHO E OS EMBATES NA FILOLOGIA E INSTRUÇÃO SECUNDÁRIA NO BRASIL

"O que nem uns nem outros suspeitavam, sequer, é que todos trabalhavam em comum para a regeneração literária do velho Portugal." (Castilho, J., 1926, p.265)

A saga do incansável português António Feliciano de Castilho se expandiu para além da instrução primária a partir da ação de seu irmão José Feliciano de Castilho Barreto e Noronha para fomentar a circulação dos impressos pertinentes à instrução pública secundária no século XIX no Brasil. Suas obras foram abordadas em diferentes fontes históricas de diversas províncias e da corte brasileira.

5.1 António Feliciano de Castilho: "retemperador" da língua clássica portuguesa e causador da Questão Coimbrã

Segundo a biografia de Júlio de Castilho (1926), António de Castilho passou a juventude na Universidade de Coimbra cercado de amigos das letras, sendo consagrado entre os literatos pelo amor de toda a sua vida: a "suave primavera semipagã, semicristã das suas elegias" (ibid., p.248). Ele passou a mocidade imerso em grandes clássicos literários:

> estudara e conhecia bem (pelos tradutores) os poetas alemães, e até os dinamarqueses, escandinavos e ingleses, Shakespeare, Byron, Wieland, Klopstock, Oehlenschläger, Kleist, Lessing, Schiller e Goethe. Entre os alemães vejo-o citar, a miúdo Gerstenberg, Kleist, de quem traduziu até um idílio, que possuo inédito, e mais que todos Salomão Gessner, que, pela influência que exerceu no espírito do jovem bardo, eu colocaria sem escrúpulo ao lado de Ovídio. (ibid., p.308)

Segundo as *Memórias de Castilho* (1902, p.290), em 22 de junho de 1822 o jovem findou sua campanha universitária com boas classificações literárias e correu às filosofias, concluindo seu curso de cânones.

> Além da sua jurisprudência, cursou por gosto História Natural com o lente Barjona, e mais, como ouvinte, Física e Química. De História Natural não fez exame porque houve perdão de ato, mas chegou a ser apurado e bem classificado. As outras duas disciplinas não as levou ao fim, porque muito o prejudicava a falta de vista. (Castilho, J., 1902, p.296)

Já na vida adulta, Castilho foi partidário acirrado da rixa entre "as duas seitas de escrever" (ibid., p.263) na denominada Questão Coimbrã, que principiou "com uma polêmica da juventude contra o tradicionalismo de Castilho e de seus discípulos e protegidos, partidários da escola ultrarromântica liderada pelo velho mestre" (Boto, 2012, p.67).

Naquela altura, o eixo da contenda foi um elogio que Castilho fizera ao trabalho de Pinheiro Chagas, de quem o poeta se dizia padrinho. Ao redigir o posfácio do *Poema da mocidade* de Pinheiro Chagas, Castilho, ao mesmo tempo em que elogiava seu jovem poeta, censurava outro grupo de "jovens de Coimbra, acusando-os de exibicionismo livresco, de obscuridade propositada e de tratarem de temas que nada tinham a ver com a poesia". (ibid.)

A resposta de Antero de Quental foi redigida na carta aberta intitulada *Bom senso e bom gosto*, sendo criada a partir daí "a disputa, polarizada pelos aliados de ambos os lados. O Grupo Geração de 70 estaria desde então constituído como referência e símbolo da inovação portuguesa contra o arcaísmo e o tradicionalismo" (ibid., p.68).

Na biografia de Castilho, o poeta português foi considerado o bom senso, a voz da razão e da tradição no contexto da secularização e da racionalidade da literatura na Geração de 70.

A reforma que ia intentar-se ficaria manca sem Castilho. Castilho é o mimo, é a consciência, é a prudente sobriedade, é a lei do bom senso, é a voz da razão, é a tradição clássica deduzida das fontes genuínas. Abraça a reforma, sim, mas a custo, a medo, a passo a passo. (Castilho, J., 1926, p.311)

Castilho foi considerado o elo nessa transição literária entre o velho e o novo, evocando a tradição clássica das fontes genuínas no Romantismo que emergia em Portugal.

Mas para que as turbas, avezadas ao antigo, aceitassem a transição, era mister o elo, era mister a continuidade, era mister a ponte, por onde o espírito público se arrojasse à margem nova. Esse elo, essa ponte majestosa, meio romana nos seus pegões valentíssimos, e nas suas curvas de volta inteira, lançou-a à mão do grande e peregrino arquiteto que se chamou Castilho, outro talento de primeira ordem; e por isso é que a Primavera e as Cartas d'Ecco foram livros do seu tempo. (ibid., p.311-2)

Ao questionar se a Questão Coimbrã seria uma república dos sábios que os protagonistas no fundo desejavam contrapor à monarquia, Boto (2012, p.71) expõe a ideia dos escritores como Antero de Quental de assumir como arautos da ideia, o que "corresponderia a uma realocação dos centros decisórios e das estratégias políticas" (ibid.). Dessa forma,

o socialismo utópico e o pensamento dialético tomavam forma na própria poesia anteriana. O despertar daquela geração para a leitura vinha ao encontro de novas formas de olhar também para o problema social, para a dinâmica política, enfim, para a própria vida democrática. (ibid., p.69)

O que se desenhava nessa douta briga literária perpassava as correntes de uma monarquia liberal defendida por Castilho e seus seguidores em oposição à revolução social que evocava princípios socialistas.

Tendo como máximas a "justiça", "razão" e "verdade", as nações deveriam alcançar uma constituição social pautada no pensamento racional e na real igualdade entre os direitos dos homens, caminho que teria como obstáculos as monarquias e algumas instituições religiosas. O combate ao poder centralizado da monarquia portuguesa e à Igreja Católica viria a se tornar uma constante na atuação literária e política do autor. Tendo em vista tal movimento, a poesia deveria adquirir uma postura "revolucionária" a fim de acompanhar e traduzir estas transformações. (Brito, 2015, p.159)

O ataque aos padrões morais preconizados pelos dirigentes do regime monárquico-constitucional buscava trazer pela primeira vez algum sentimento de mundo, aquilo que os contemporâneos entendiam por "novo culto da Humanidade; no caminho para a desejada realização da justiça, da liberdade" (Boto, 2012, p.68). A Geração de 70 vislumbrava a libertação da opressão do homem na contramão de uma literatura arcaica como a de Castilho, que, longe de contemplar as questões sociais, pautava-se em uma "escola de elogio mútuo", sem ideias e espírito crítico.

Quando, por exemplo, em *Bom senso e bom gosto*, Antero cria a polêmica com Castilho, ele se refere a seu interlocutor como partidário do que qualificaria como "escola do elogio mútuo", na qual o debate acadêmico e intelectual teria sido sacrificado em prol de espírito de confraria sectária; ali, obras e autores passavam a ser apenas reverenciados, mesmo que o custo disso fosse o próprio espírito crítico. Antero desqualifica o grupo de Castilho, afirmando que lhe faltariam ideias; e o estilo sozinho não sustentava essa falta. (ibid., p.70)

Analisando a trajetória de Castilho, pode-se observar que tradição e modernidade podem não se excluir (Lousada, 1987, p.9). Castilho, que na década de 1820 foi considerado um revolucionário liberal vintista ao defender d. Pedro I do Brasil contra quem ele julgava usurpador, d. Miguel, tornou-se modelo de arcaísmo nas disputas da Geração de 70, cujos membros "reivindicavam para si a originalidade firmada perante a radical distinção que a si mesmos atribuíam em relação às gerações precedentes" (Boto, 2012, p.68).

5.2 O mundo clássico dos irmãos Castilho nos impressos

A saga do incansável português António Feliciano de Castilho para garantir a circulação dos impressos pertinentes à instrução pública primária foi intensificada com a união de seu irmão José Feliciano Castilho Barreto e Noronha na instrução secundária no século XIX, no Brasil. As obras dos irmãos foram abordadas em diferentes fontes de diversas províncias e da corte brasileira, resultando em conflitos.

Abelardo Duarte (1961), por exemplo, mencionou as dimensões de tais conflitos, que foram noticiados no jornal *Diário das Alagoas* (1859), quando os alagoanos Ignácio Joaquim Passos e seu irmão José Alexandre Passos ainda eram redatores, conforme descrito no terceiro capítulo deste livro.

Ao expor tal conflito envolvendo António Feliciano de Castilho, Abelardo Duarte (1961) registrou as polêmicas sobre a discordância do filólogo José Alexandre Passos quanto à adoção do método português-Castilho na província alagoana. Essas desavenças decorreram de motivo político, uma vez que o irmão de José Alexandre Passos, o professor Ignácio Joaquim Passos, perdeu sua cadeira interina de professor de retórica do Liceu de Maceió para Francisco José Soares, que havia sido escolhido pelo presidente da província para frequentar o curso ofertado pelo poeta e filólogo português na corte brasileira.

O que Abelardo Duarte não deixou registrado em seu escrito sobre a história do liceu alagoano foi a polêmica envolvendo o "outro" Castilho – José Feliciano de Castilho Barreto e Noronha.

António Feliciano de Castilho se tornou referência internacional, a partir de meados dos anos 1950, no debate sobre métodos de ensino no mundo luso-brasileiro. Seus estudos representaram um modelo para o ensino de primeiras letras no Brasil.

Uma carta datada de 1857 endereçada a d. Pedro II do Brasil retratou a gratidão de Castilho pela sua vinda ao país e uma solicitação para difusão de seu método de leitura, até então tido como novidade.

Eu espero já que nesta hora o meu naviozinho de descobridor, e logo depois a proteção da descoberta. Ninguém dirá que a grandeza da causa, apesar da pequenez da sua aparência desconvém à grandeza suma do patrono que lhe solicito; não peço a vossa majestade o porvir de uma ideia humanitária (todas as ideia humanitárias têm certíssimo em Deus o seu porvir); peço que esse porvir, quanto possível for, se aproxime do presente, que será multiplicar-se o bem. (Castilho; Leite, 1857, p.35)

Se o conflito com António Feliciano de Castilho decorreu do juízo acerca da obra *Método português*, a desavença com José Feliciano de Castilho derivou da avaliação sobre o livro elementar *Íris clássico*, escrito por este em 1859. A obra circulou em diferentes províncias brasileiras, sendo adotada no Colégio Pedro II, na corte brasileira.

O impresso se destinava a alunos e mestres das escolas brasileiras, sendo conceituado por seu autor como "uma plantinha humilde, disposta e cultivada de propósito para vós, e que, formada de sem números de enxertinhos de grandes e boas árvores, não pensa em se afrontar com alguma delas, senão que ainda se ufanará se a tomardes como ramalhete" (id., 1859, p.5). A obra era composta por vários excertos de textos clássicos destinados aos alunos das escolas de diferentes províncias brasileiras, denominados "amiguinhos" por José de Castilho. Esse termo, segundo Campos e Oliveira (2016), aproximava o autor do interlocutor em uma relação de confiança.

O tom valorativo com que o autor se dirige a seus interlocutores representa, por outro lado, o perfil juvenil dos alunos – não podemos nos esquecer de que esse *Íris clássico* foi utilizado no primeiro ano do secundário, com meninos de menos de dez anos de idade, que estavam sendo inseridos em um sistema de ensino clássico. (ibid., p.1486)

Em sua escolha de excertos de textos clássicos, era "mister que em vez de obras longas, e já só por isso fastidiosas, se lhes deem estes trechos grandes em sua mesma pequenez – pedras preciosas de elevado valor em diminuto volume" (Noronha, 1860, p.31). A presença desse debate no ensino das primeiras letras e do ensino secundário, especificamente no ensino da língua e da gramática portuguesas, remete-nos ao diálogo com o campo da linguística, em uma explanação histórica de um período em que começavam a serem moldadas as bases de um pensamento linguístico brasileiro.

Com efeito, dois fatos políticos dos Oitocentos, de grande repercussão para a vida cultural do Brasil, criaram o ambiente favorável para que os naturais da terra se interessassem em escrever textos descritivos e normativos – bem mais normativos do que descritivos, saliente-se – sobre a língua portuguesa: a transferência da Corte para o Novo Mundo e a declaração de independência da colônia em 1822. (Cavaliere; Palma, 2014, p.4)

Os embates envolvendo os irmãos Castilho se situavam nesse contexto de construção de uma língua nacional brasileira, momento em que estavam latentes as lutas no campo literário e também no campo dos impressos para a instrução pública. José de Castilho, como jornalista e filólogo, atuou na "cena literária e política imperial – haja vista seu papel como editor e redator da revista *Íris* e a polêmica que travou com José de Alencar nas páginas do periódico *Questões do Dia* –, mas também, polígrafo que foi, desenvolveu trabalhos como filólogo e latinista" (Vieira, 2010, p.71).

Na defesa do ensino do clássico e da língua vernácula[1] portuguesa em solo brasileiro, José de Castilho recebeu críticas do filólogo alagoano José Alexandre Passos em uma luta literária, além de críticas e adjetivos pejorativos dos primeiros literatos tipicamente brasileiros, como José de Alencar. Por mais que José de Castilho anunciasse, em um de seus primeiros registros no prólogo da obra *Ortografia portuguesa e missão dos livros elementares: correspondência oficial, relativa ao Íris clássico* (1860), que não estava em sua "mente empenhar-se no que pareça uma luta literária com tão doutos antagonistas" (Noronha, 1860, p.17), é notável um posicionamento permeado por uma defesa apaixonada pelo clássico português "puro" no campo da filologia e dos impressos da instrução no século XIX no Brasil, em um momento de constituição do português abrasileirado, que sofria, inclusive, influências de outras línguas, como o francês, que ele próprio denominou de "alienígenas" em um ato de "invasão da barbárie" no campo da filologia.

---

1 Língua vernácula, de acordo com Elia (2000, p.91), é a "língua materna de uma comunidade, mantida longe do contato com qualquer outra língua estrangeira. Na sua forma substantivada do gênero masculino, *vernáculo* significa a feição 'pura' do falar materno".

5.3 Irmãos Castilho: rejeição em solo brasileiro

O impasse entre o alagoano José Alexandre Passos e o português José de Castilho nos remete a um espaço que não é mais o de primeiras letras, mas sim o do ensino da língua portuguesa na instrução secundária brasileira. Se o manual de António Feliciano de Castilho era destinado ao ensino da leitura para as crianças, o livro de seu irmão foi dedicado aos seus "amiguinhos" já adiantados nesse processo de leitura, ou seja, àqueles considerados "provectos" na leitura.

Cumpre, todavia, antes de passar avante, declarar que não compreendo bem o pensamento, quando se diz que o *Íris* só serve para *meninos provectos*. É claro como a luz meridiana que ele não foi composto para servir de cartilha. Se assim fosse, teria de principiar, o que não sucedeu, pelo abecedário, e elementar combinação de letras e sílabas. Supõe esse livro que de antemão se prepararam os meninos para entrar ou se aperfeiçoar na leitura, depois que os rudimentos dela lhes forem familiares. (ibid., p.32)

A obra *Ortografia portuguesa e missão dos livros elementares: correspondência oficial, relativa ao Íris clássico* (1860) foi uma resposta elaborada por José de Castilho, no decorrer de um período de 15 dias, acerca das críticas que recebeu do filólogo José Alexandre Passos, objetivando aprimorar a escrita dos alunos a partir dos clássicos excertos de seu ramalhete *Íris*. A obra defende o ensino clássico e um português "bem falado" etimologicamente, a ser ensinado de forma pura desde a tenra idade.

Importa, pois, muito que, desde o início dos estudos da puerícia, comece a prolação dos meninos por palavras verdadeiramente portuguesas, evitando as vozes estrangeiras; ouçam e leiam as frases dos nossos melhores escritores, e não os redundantes e híbridos períodos de muitas dessas versões que por aí andam, e em grande cópia: prendam-lhes a atenção os heroicos feitos, e as meritórias ações dos nossos maiores; estampem-se-lhes na memória fatos revestidos de moralidade; finalmente amenize-se, e fertilize-se o estudo primário. (ibid., p.38)

Ao se defender das acusações recebidas do alagoano sobre sua ortografia, José de Castilho citou grandes "homens do saber" que grafavam, de certa forma, segundo as mesmas regras etimológicas que ele tinha adotado no *Íris clássico*.

Direi ora que eruditíssimas bocas têm repetido igual conselho; por exemplo: Duarte Nunes de Leão, Álvaro Ferreira de Vera, Madureira, R. Ferreira da Costa, Tristão da Cunha Portugal, os autores do Dicionário da Academia, Figueiredo Vieira, P. J. da Fonseca, Morgado de Mattheus, Filinto, Garrett, e inúmeros outros, para não citar senão os mortos. (ibid., p.78)

Entre os inúmeros nomes ilustres citados, alguns tiveram excertos publicados no *Íris clássico*. Na concepção de José de Castilho, para escrever etimologicamente com correção não seria exigido saber latim, mas sim saber a sua língua como "os doutos lha houverem delineado" (ibid., p.84), posicionando-se, assim, pelo retorno aos clássicos na defesa da língua vernácula na defesa pelo melhoramento da "língua-matriz" (ibid., p.93).

Em sua *Revista da Instrução Pública para Portugal e Brasil* (1857), Castilho apresentou sua ruptura com a ortografia etimológica, que ele considerava sujeita a perpétuas questões e contradições e que descreveu como "presunçosa, contendora, no falsíssimo e absurdo pressuposto de se saberem línguas estrangeiras e mortas, e toda a caótica enciclopédia das etimologias, antes de se saber ler a língua materna e corrente" (ibid.). Como contraponto, no intuito de impor no Brasil e em Portugal sua reforma ortográfica, apresentou sua matriz ortográfica fonética, voltada "para toda a massa da nação, como o ar é para todos os peitos, como para todos os olhos é a luz" (Castilho; Leite, 1857, p.21) e que pretendia "substituir a ortografia etimológica por aquilo que supunha ser a ortografia racional" (Boto, 2012, p.64).

Castilho era contra perpassar todas as mudanças etimológicas no ensino da ortografia: "mudanças que sucessivamente se operaram são as que os etimologistas sinteticamente procuram, achando finalmente, em tal comunhão, o laço que prende vozes às vozes, povos aos povos, tempos aos tempos" (Noronha, 1859, p.45). O português associou à sua reforma ortográfica a defesa pela alfabetização rápida e seu projeto humanitário de democratização e difusão da civilização pela via dos saberes.

Se com a ortografia fônica, havendo para cada som uma só letra, e tendo cada letra um só valor, a leitura e escrita se podem talvez aprender em quinze dias, quem será o bárbaro, quem será o rouba fóros [sic] à nação, quem será que deserda e erma de grandes homens? Será o que propõe, ou será o que impugna a escritura natural e primitiva? (Castilho; Leite, 1857, p.21)

O apelo de Castilho para divulgação e adoção de sua reforma ortográfica foi veiculado em inúmeras fontes, sendo a solução apresentada como promissora em sua função de suprimir as ambiguidades do escrever e do ler, acelerar o aprendizado e facilitar o desenvolvimento dessas duas habilidades. Assim como a prática realizada para contrapor a novidade de seu método de ensino de leitura à escola descrita por ele como velha e enfadonha, António de Castilho tratou da ortografia fônica como o futuro a ser anunciado e adotado ante o passado das ortografias etimológicas.

Uns só veem nela o passado; outros, e a esse número pertencemos nós, veem nela o futuro; os primeiros rebaixam-na até a mesquinhez de um debate puramente literário; os outros, elevamo-la à altura de um interesse social; os primeiros obstinam-se em a manter privilégio e morgado; os segundos, desejamo-la, queremo-la, pedimo-la e algum dia a havemos de exigir e obter, democrática, sem restrições, para o uso de todos, para o serviço de tudo absolutamente. (ibid.)

O que estava em xeque nessas disputas literárias era também o nascente e latente nacionalismo brasileiro que lograva espaço na instrução e na literatura, resistindo e vislumbrando uma independência das ideias de autores como os Castilho, representantes da coroa portuguesa em solo brasileiro. Vale pontuar que a obra *Íris clássico* foi oferecida ao imperador e dedicada a "Sua Majestade, o Senhor D. Pedro Segundo Imperador do Brasil" (Noronha, 1860, p.1). Nesse contexto, observam-se tensões e diferenças na constituição de valores nacionalistas.

A aparente tranquilidade na explicação do império [...] "resultou de um debate intelectual e político que se arrastou por todo o século XIX e redundou naquilo que identificamos como a geração de 1870, que teria descoberto o Brasil moderno". Mas que debate foi esse? Aparentemente, a história traduziu-o através de uma interpretação linear, talvez até dialética, no sentido de sua retórica, abrindo para uma síntese que, eliminando as tensões e as diferenças, reuniu elementos opostos passíveis de serem formadores de valores nacionalistas. (Rodrigues, 2013, p.127)

Como José de Castilho defendia a tradição da manutenção da língua como legado de Portugal, aliando-se ao projeto da corte lusitana nas esferas política, instrucional e literária, entre outras, sofreu ataques, sendo inclusive chamado de "gralha" e "mercenário".

Não serei eu quem vá recordar, neste fúlgido momento, a triste e inócua campanha do tamborileiro mercenário que pretendeu vãmente destruir a figura homérica do romancista patrício. Sabeis, decerto, que me refiro ao homem que Alencar, num instante de cólera olímpica, classificou de "gralha imunda", ao medíocre José Feliciano Castilho, cujo único valor literário consistia em ser o guia de um cego ilustre: o notável escritor português [António de] Castilho (Lima, 1939, p.3)

Os embates entre José de Alencar e José de Castilho foram registrados por Filgueiras Lima (ibid.), rendendo a Castilho a acusação de receber dos cofres públicos, de forma mercenária, subsídios para registrar uma oposição à literatura brasileira, que estava sendo construída naquele momento.

O Gabinete Rio Branco, como o anterior, de Itaboraí, recebeu de cheio os golpes vibrados pelo formidável batalhador, golpes aos quais respondeu com aquela triste campanha difamatória sustentada pelos cofres públicos e dirigida, intelectualmente, pelo mercenarismo de José Feliciano de Castilho. [...] Nunca recorri a penas mercenárias (alusão a Castilho) para atirar os meus antagonistas o estigma que não tivesse a coragem de lançar em rosto; nunca. (ibid., p.8-9)

Nas querelas entre Alencar e Castilho, observa-se que o poeta brasileiro utilizou "a letra como arma no segundo reinado" (Rodrigues, 2013, p.127). Como se sabe, o século XIX foi pródigo em projetos de construção da nação brasileira, sendo importante observar o caráter político da literatura e suas funções "de identificadora dos elementos que compunham nossa cultura e de interpretadora dos sinais de futuro do Brasil" (ibid., p.129).

Dessa forma, tanto o debate metodológico referente às matrizes analítica e sintética de alfabetização (preconizado por Castilho na década de 1850) quanto o relativo à constituição de uma literatura abrasileirada (protagonizado pelos irmãos Castilho) antecipam os debates da Geração de 70. "Quando tudo e todos achavam que Alencar se dedicaria a essas atividades, ele optou por ser um romancista e crítico literário, antecipando a forma de crítica que, na geração de 1870, fará a glória de Sílvio Romero e José Veríssimo, entre outros" (ibid., p.132).

O ensino da língua materna e da literatura se tornava a primeira percepção crítica mais estrutural de Alencar, "que o levou a entender que a construção da nação brasileira, com uma história própria, só se faria com a ruptura dos cânones portugueses" (ibid., p.137).

Dessa forma, o romantismo de Alencar "reuniria as qualidades do nativismo, oriundo das experiências de oposição ao domínio português e as novas ideias de fundação da nação moderna" (ibid., p.130).

A questão da instrução, ortografia e literatura em um contexto de busca pela identidade nacional e emancipação intelectual de Portugal passou a ser o cerne das oposições aos irmãos Castilho por alguns professores de liceus, de Escolas Normais e de primeiras letras de diferentes províncias. Dessa forma, o embate envolvendo a filologia protagonizada pelo alagoano José Alexandre Passos encontrou respaldo em literatos como José de Alencar, que, no caminho da emancipação da vernaculidade lusitana, aspirava "aquele perfume de liberdade que sentia nas flores de nossos campos, integrado no seu meio e raça" (Lima, 1939, p.3).

Na trajetória de renovação da linguagem literária e de uso da língua portuguesa abrasileirada, Valdeci Borges (2009) aponta as batalhas que José de Alencar travou contra Antônio Henriques Leal, M. Pinheiro Chagas e José Feliciano de Castilho em jornais brasileiros (como *O País*, do Maranhão) e portugueses (como o *Jornal do Comércio*, de Lisboa) e em revistas (como a fluminense *Questões do Dia*).

As lutas de representações podem ser encontradas a partir da análise dos livros de leitura, como o *Íris clássico* (1859), em que deparou-se com a presença dos irmãos Castilho como protagonistas de embates acirrados gerados por duas perspectivas literárias antagônicas: a nacionalista brasileira e a visão portuguesa.

O projeto de língua e literatura em Alencar foi uma arma política de emancipação cultural diante do domínio português, pretendendo uma revolução ante as imitações dos modelos da metrópole e em contraposição aos puristas que o censuravam. Alencar avaliou que

certas frases que usava eram condenadas pelos "puristas" e só podiam ser admitidas como "um modernismo", desses que irritavam os "zelos clássicos" do censor, mas que ele não cativava às "carolices gramaticais" e empregava, em certos casos, a regra que expendeu sobre o valor reflexo da forma neutra. (Borges, V., 2009, p.6-7)

Dentre os puristas imbuídos dos zelos clássicos criticados estão os irmãos Castilho, que, na defesa de um purismo da língua vernácula, opunham-se aos estrangeirismos e às tentativas de autonomia cultural na literatura brasileira que não passassem pelo zelo excessivo da literatura portuguesa.

5.4 Defesa de José de Castilho pela língua vernácula e purismo: oposição aos "estrangeiros", aos "alienígenas" e à "invasão da barbárie"

A partir de uma teoria positivista e naturalista, José de Castilho entendia a língua, seu principal objeto no *Íris clássico*, como um organismo vivo que nascia, evoluía e morria; reconhecendo as transformações pelas quais passavam as línguas, temia, assim, "a consequência natural dessa evolução: a morte" (Leite, 2006, p.51).

As línguas são como os rios, que nascem pobres, se aumentam em caudais à proporção que se alongam da matriz, até que ao final, avizinhando-se ao mar, paradouro comum, já não são na sinceridade e doçura as mesmas, nem já quase lhes quadra o antigo nome; são mais ricas, mais poderosas, mas não por ventura tão belas. (Noronha, 1859, p.6)

Nessa concepção evolucionista da língua, José de Castilho explicitou a defesa pela tradição dos estudos clássicos dos "jardins da linguagem", reconhecendo o espaço do estudo do vernáculo português na construção da língua brasileira em um contexto de construção da nação brasileira, na contramão dos movimentos de adoção de estrangeirismos.

Se perdas alheias nos pudessem consolar das nossas, de sobra tínhamos para alívio nos estragos e paupéries que o mesmo francês está ocasionando nas duas outras gentilíssimas línguas irmãs da nossa, a italiana e a espanhola. Este fenômeno tão geral confirma o que, pouco há, aventávamos: que os idiomas tendem, convergindo, a unificarem-se. Embora seja assim; mas nesta delicada matéria da construção da frase nacional, é que melhor cabe, e mais se deve, não ceder senão pelejando, não nos deixarmos ir para o futuro, sem relutarmos varonilmente para o passado. (ibid., p.13)

José de Castilho objetivava criar bons cidadãos, amantes da linguagem; assim, percebe-se no discurso do autor, na abertura do compêndio *Íris clássico*, a destinação de sua fala "aos amiguinhos" com a preocupação sobre o estudo da língua. Desde o prefácio, a questão filológica assumia "a altura, as dimensões e a importância de uma questão social e humanitária" (ibid., p.7).

Pelos tempos que vão correndo, por boa estrela tenho, apesar de nossas tranquilas dissidências, ver que os espíritos cultivados e superiores aplicam atenções ao que é já irracional moda desdenhar. O mundo novo é o herdeiro e continuador do mundo velho. Nossas riquezas, em letras, em ciências, em progresso, em sabedoria, no grande, no útil e no belo, embora engrossadas por inúmeros regatos adventícios, trazem da Grécia e Roma o seu manancial. Por fortuna, o idioma entre nós falado nasce dessas puras e admiráveis fontes. Ninguém melhor que o português pode ufanar-se de que nele o latim não vive, mas sobrevive. Para aumentar esse título, e progredir em audaz e patriótico retrocesso, afigura-se-me que esta reforma ortográfica talvez possa contribuir. (id., 1860, p.156)

O autor de *Íris clássico* encontrava no passado clássico e no estudo do vernáculo a chave para o futuro, para a criação do novo homem e da nova nação; nessa perspectiva, anunciou que "não raro, o progresso está no retrocesso, porque o progredir em caminho errado é afastar cada vez mais do alvo da jornada" (id., 1859 p.24). Dessa forma, fica explícito o seu objetivo do "retemperar da língua, tão ameaçada de dissolução, apresentando modelos de puro dizer" (ibid., p.29).

Temendo a "morte" da língua portuguesa como último estágio desse quadro evolutivo, observa-se a preocupação de José de Castilho com a sobrevivência do português pautado na vernaculidade da língua apegada a um retorno aos clássicos. A partir dos estudos de Leite (2006, p.51), pode-se observar o filólogo adotando uma postura de

> radicais de "preservação da época de ouro" do desenvolvimento da língua portuguesa: o classicismo. O que se revelou na defesa exagerada da norma escrita literária, a única reconhecida como "boa", "pura" e "perfeita" e que, portanto, não deveria ser contaminada pela língua vulgar falada do povo, ignorante das regras gramaticais e do léxico. A língua "estiolada do vulgo" encaminhava-se para a morte, o que deveria ser evitado a todo custo. (ibid.)

Ao anunciar que "o culto da língua de nossos pais é um dever da grande herança, uma quase-religião, um dos predicados do amor da pátria, um sentimento nobre", (Noronha, 1860, p.22), José de Castilho deixou registrado explicitamente seu amor à língua portuguesa pura: "a considero admirável; amo-a também, porque foram esses os sons que a meus ouvidos esvoaçaram, desde que à luz da razão se abriram meus olhos" (ibid., p.23).

Tal amor pela língua portuguesa conduziu José de Castilho a um ataque ao "vocabulário alienígena" (ibid.) dos "filhos pródigos" que a dissipavam. Segundo ele, a "convivência incestuosa com as outras línguas, especialmente francês, vai nos, uma a uma, despojando de todas essas belezas" (id., 1859, p.28), sugerindo que "se os diretores da instrução não comandarem cruzadas contra esta invasão da barbárie, vão preparando epitáfio para o nobre idioma, subterrado em aluviões de termos, frases, locuções, construções, antípodas do seu gênio" (ibid.).

Pode-se contextualizar essa preocupação de José de Castilho no momento histórico trazido por Leite (2006) como o purismo, que consistia na metalinguagem com a preocupação com o "bom português" que veio a lume no começo do século XIX, tendo como objetivo combater os galicismos do escrito francês, via um Romantismo que combatia os estrangeirismos, a valorização do vernáculo e a utilização da linguagem regionalista.

A metalinguagem reacionária à mudança, o purismo, elaborada nessa época no Brasil e, pode-se dizer, até às vésperas do Modernismo, tem as mesmas características daquela iniciada no século XVIII. Somente a partir de 1922, tal situação começou a ser transformada quando a força da bandeira modernista – a ruptura com o passado – promoveu uma reforma no panorama linguístico brasileiro, por propugnar a valorização da variante da língua praticada aqui. (ibid., p.27)

Dessa forma, o purismo se vinculou ao conceito de vernáculo. Segundo Restaino (2005), o estudo do vernáculo adquiriu prestígio no final do Império e permaneceu em ascensão durante a República Velha; nesses períodos, foi difundido, "em todo o mundo, o ideário do nacionalismo e o vernáculo foi um dos meios de garantir o sentimento nacional" (ibid., p.1).

Nesse campo de poder instaurado na constituição de uma nação e de um projeto de instrução pautado em diferentes disciplinas escolares, observa-se uma tensão no contexto da produção, circulação e adoção de impressos na instrução pública brasileira no século XIX. Ao destinar a obra *Íris clássico* aos mestres e alunos das escolas brasileiras, José de Castilho se lançou no campo da produção de livros elementares para que os "amiguinhos" e seus mestres encontrassem no passado clássico a força para "retemperar da língua, tão ameaçada de dissolução, apresentando modelos de puro dizer" (Noronha, 1860, p.29). Em um momento de construção do nacionalismo brasileiro, José de Castilho vislumbrou, pela via do retorno aos clássicos oferecidos pelo seu ramalhete, um mundo culto e civilizado aos filhos da elite brasileira.

Parece um engano dos autores produzir um livro de leitura que mantém, no momento de valorização do nacional e do ensino científico, textos que representam a cultura clássica, no entanto, devemos nos recordar que nosso ensino era extremamente elitista e a cultura das humanidades clássicas era um bem precioso para os filhos da elite tornarem-se homens do mundo civilizado, mesmo que essa cultura fosse apenas superficial. (Restaino, 2005, p.1)

Os diversos "enxertinhos" visavam manter a tradição do ensino do vernáculo, "prezando a leitura dos clássicos portugueses como a melhor forma de incutir nos alunos a norma culta" (Razzini, 2000, p.17). Nessa ligação entre culturas daquém e dalém mar, a adoção da obra de José de Castilho em solo brasileiro estimulou uma disputa no campo do sentimento nacionalista, tanto o lusitano quanto o brasileiro, "sem deixar, entretanto, que as futuras gerações de letrados perdessem o sentimento de pertencer ao mundo civilizado ocidental" (Bittencourt, 1993, p.31). A tradição defendida por Castilho para a manutenção do vernáculo ia na contramão do projeto preconizado pelos antilusófonos Costa Azevedo e Valdetaro.

Segundo António de Castilho, sua vinda ao Brasil foi solicitada pelo imperador d. Pedro II: "não me foi possível deixar de aceitar o convite, que do Rio de Janeiro se me fez, para ali eu dar um curso normal de leitura pelo nosso método" (Castelo-Branco, 1975, p.237). Apesar de tal convite, foi justificado, nas *Memórias de Castilho*, que este não recebeu subsídios para sua vinda, citando que seria inclusive leviana a acusação de que tal viagem teria sido realizada às expensas do governo.

Alguns falsariozitos, desses que, para alguma coisa fazerem neste mundo, invertem e deturpam o que os outros fazem, disseram (e até imprimiram) que me fora eu ao Brasil por convite e a expensa do seu Governo com a mira em extraordinárias recompensas pelo meu pequeno serviço. A verdade, que eles sabiam tão bem como eu, era que eu fora espontânea e gratuitamente e tão decidido a rejeitar qualquer retribuição. (Castilho, J., 1902, p.310)

Ao escrever sobre a antologia escolar brasileira do século XIX, Campos e Oliveira (2016) mencionaram o *Íris clássico* como uma obra constituinte das aulas de português no Colégio Pedro II, adotada entre 1860 e 1869. Segundo os autores, tal obra integrava um dos materiais didáticos utilizados pelo professor no primeiro ano do ensino secundário, na disciplina de Gramática Nacional, ou seja, "não apenas na perspectiva de leitura literária, mas também como espelho da língua a ser internalizada" (ibid., p.2).

De acordo com Câmara Jr. (s.d., p.317), a ausência de ensino universitário sobre a língua materna fazia que os estudos linguísticos partissem dos professores no ensino secundário, permeado por problemas de norma e estética linguística.

Conclusão

"Uma sociedade mais pacífica e morigerada, mais unida e rica, mais poderosa, mais contente, mais amável e mais amada." (Castilho, A., 1942, p.137)

António Feliciano de Castilho propôs diferentes reformas na instrução primária e secundária em Portugal, associadas ao projeto de modernidade, sendo a escola, calcada no tradicionalismo das instituições de sua época, vista por ele como um palco de experimentações do novo dentro de seu projeto de redenção pedagógica e social. A reforma proposta por ele evocava um princípio de felicidade pela via da instrução e de ofícios como a agricultura Ao vislumbrar uma sociedade mais unida e civilizada, agregou ao ideal de razão e entendimento advindo da modernidade seus projetos para a instrução e agricultura. Sua proposta de liberdade e felicidade advinha de um projeto de sociedade e de escola regulada; a felicidade estaria em se adequar aos ritmos que as palmas e os cantos de seu método de ensino de leitura impetravam no espaço escolar e aos ritmos das máquinas a vapor que a modernização da indústria e da agricultura esboçava.

Na trajetória pedagógica e política de Castilho, é possível analisar as disposições discursivas propostas em seu projeto reformista, assim como observar o conjunto de estratégias de disputa de poder ali presentes diante da mobilização das noções do novo e do tradicional. Ao vislumbrar uma mudança social e política de forma pacífica, sem revolta e sem violência, o poeta português defendia o liberalismo em sua face mais conservadora.

Castilho – que, por ser contra o miguelismo vintista, havia sido acusado de subversão – passou a ser visto como conservador na década de 1830, nas guerras entre os liberais radicais e os liberais cartistas no movimento setembrista, e ainda como arcaico pelos espíritos republicanos e socialistas presentes na Geração de 70 em Portugal.

A partir da trajetória de Castilho "por terra, por ares, por bosques e por ondas", observa-se uma face reformista apresentada nos conflitos pedagógicos travados por ele, relacionados aos métodos para o ensino da língua materna e em sua defesa do purismo lusitano, do vernáculo e do universo clássico no currículo das escolas secundárias. Tais reformas lhe trouxeram inúmeros opositores em Portugal e no Brasil no momento de constituição de uma língua nacional brasileira, em que ganhou forças o sentimento antilusitano.

O tema da alfabetização alcançou relevância no discurso político e nas representações da intelectualidade portuguesa e brasileira no decorrer de todo o século XIX. As disputas em relação aos métodos para o ensino da leitura e da escrita no cenário oitocentista brasileiro foram travadas principalmente com os apropriadores do francês Joseph Jacotot. Para além de um método de ensino propriamente dito, o que Jacotot defendia era um princípio de igualdade entre os homens. Pensar na instrução imperial e na recusa do método Castilho em Portugal e no Brasil somente sob o prisma pedagógico é desconsiderar o contexto cultural e epistemológico de produção das ideias do autor, que entraram em dissonância com as mentalidades pedagógicas que buscavam se impor no Brasil oitocentista. Mais que marchas distintas de um método (sintético ou analítico) ou de modos de ensino (individual, simultâneo ou mútuo), tratava-se de disputas filosófica e políticas.

A escola moderna brasileira foi redesenhada pelas ideias pedagógicas que cruzaram o Atlântico. António Feliciano de Castilho era uma voz que clamava no deserto pela defesa de uma escola regeneradora da sociedade; a partir de seu projeto liberal, civilizador e cristão, defendia a instrução como uma arma de libertação contra a ignorância, o ócio e a imoralidade, como espaço imaginário de solução dos problemas sociais.

Seu escrito estava em consonância com esse projeto de regeneração social, visando lançar luzes, em pouco tempo, sobre todas as crianças, jovens e adultos analfabetos, propondo, para isso, a defesa da obrigatoriedade de matrícula dos analfabetos na escola, por exemplo. Seria uma forma de derramar instrução sobre as massas incultas.

Ainda não ousou o que algum dia (oxalá que breve!) há de ousar e conseguir infalivelmente: obrigar todos os analfabetos à matrícula, à frequência, à pontualidade nas horas e minutos do começo e do fim das tarefas, nesta imensa fábrica da ilustração. (Castilho, A., 1909c, p.93)

Algumas rupturas foram anunciadas por Castilho na constituição de seu método, como a defesa do modo de ensino simultâneo em contraposição ao ensino individual e mútuo, de um ensino mais ordenado a um maior número de crianças ao mesmo tempo. Ao buscar um rompimento com o ensino individual, o português criticava o ensino mútuo em sua disposição por graus de adiantamento e pela vigilância dos decuriões, mas, na contretização de seu método, reforçou tal modelo de separação por níveis, pois os matriculados que tinham iniciado o processo de leitura deveriam ficar nos últimos bancos, e os que não conheciam as letras, nos primeiros, e "os que só conheciam, ou pouco mais, formam o centro" (id., 1853, p.5). Dessa forma, seu método não logrou ruptura com a presença dos decuriões, mas substituiu essa nomenclatura por discípulos-vigias, os quais ajudavam e fiscalizavam os colegas menos avançados.

No meio de cada banco, um dos discípulos escolhido pelas suas boas qualidades para vigiar os seus vizinhos da direita e da esquerda, e fazê-los estar em ordem. Este cargo dos discípulos--vigias pode ganhar e perder segundo o mérito, e desmérito do aluno. (ibid., p.6)

O uso por parte do autor de elementos que ele mesmo criticara mostra como as rupturas por ele propostas devem ser vistas sob uma perspectiva de longa duração; ela não se materializou naquele momento, constata-se que a questão foi desenvolvida e problematizada. Fato é que António de Castilho estava introduzindo elementos como a simultaneidade e a obrigatoriedade, as quais a escola moderna ritualizou, mas que para ele estavam em um momento inicial, de construção; deve-se analisar, portanto, para além das rupturas, as permanências do "velho" tão criticado.

Mesmo em um contexto de descrição de inúmeros rompimentos, há em Castilho uma reelaboração do ensino mútuo com vistas à simultaneidade.

Instrução *mútua* no bom sentido; *mútua*, com absoluta simultaneidade; *mútua* como nas nossas escolas, em que o Mestre vê tudo e ouve, e não como nas que ainda por aí há, com o título de *Normais de ensino mútuo*, desestimadas pelo Conselho Superior, condenadas pelo senso turbas, e, nos produtos, deploráveis. (id., 1909b, p.135-6)

António de Castilho levou até o final da sua vida a esperança de materializar sua escola metódica nos contextos português e brasileiro. Em carta escrita em 1867, 14 anos após o início de sua campanha pedagógica, descreveu seu cansaço diante de tantas lutas na busca por fazer a escola "nova" sobrepujar a "velha"; esse cansaço, porém, não minou sua esperança.

Entre as idas e vindas de António Feliciano de Castilho nos debates sobre os métodos de ensino da leitura, tanto em Portugal como no Brasil, observam-se embates, resistências e negações, em um espaço descrito pelo próprio autor como repleto de opositores. No que concerne às inúmeras resistências que o método Castilho encontrou em Portugal, por parte de quem ele considerou seus opositores – as quais também estavam presentes nas fontes históricas brasileiras –, esta pesquisa lançou luzes sobre os embates entre as representações resultantes das apropriações de duas matrizes metodológicas, que, de certa forma, esboçavam projetos políticos e de constituição de nação: a monarquia constitucional pela via de Castilho e os ideais republicanos pela via dos apropriadores de Joseph Jacotot.

Castilho desdenhou da escola que não nascera de sua pena, mas não se intimidou com os ataques recebidos, defendendo-se em diferentes registros com respostas aos que considerou seus adversários e impugnadores. Em solo brasileiro, os impasses e recusas ao método Castilho se deveram a motivos pessoais, como a existência de autores brasileiros atuando no mesmo campo de ensino da leitura (Costa Azevedo, por exemplo) e os embates com o filólogo alagoano José Alexandre Passos, que se opunha à metodologia de ensino baseada na atividade lúdica que levasse alegria para o aluno, alegando que ela não os preparava para as "durezas da vida".

Em tom de denúncia, Castilho registrou, em carta a sua mulher, que os nacionalistas brasileiros, especialmente os "dois traquinas literários" (Castelo-Branco, 1975, p.286) – Costa Azevedo e Valdetaro –, exaltaram-se em suas aulas e rejeitaram seu método e sua presença na corte. Castilho também acusou o brasileiro Costa Azevedo de plagiário de Joseph Jacotot.

Se o português vislumbrava uma escola seriada, ritmada, com ensino simultâneo, arquitetonicamente projetada e regida por um professor, para o francês Jacotot, a destruição de toda essa estrutura e a presença de um mestre ignorante, porém emancipado e com a capacidade de emancipar seus alunos representaria a libertação do processo educativo de todos os métodos embrutecedores desenvolvidos em seu tempo histórico.

Jacotot criticava as preocupações com os métodos que alteravam os "[...] meios escolhidos para tornar sábio o ignorante, métodos duros ou suaves, tradicionais ou modernos, passivos ou ativos, mas cujo rendimento se podia comparar; sem entretanto partir da concepção de igualdade intelectual entre todos os homens [...]" (Rancière, 2015, p.32). Sua censura se dirigia ao rendimento mensurável, a essa escola racionalizada em todos os seus tempos e espaços, permeada pela concepção de uma criança passiva, civilizada e, em suas palavras, embrutecida.

Dessa forma, suas críticas aos métodos embrutecedores abrangiam propostas semelhantes à de Castilho, pois, apesar de trazer um caminho mais suave e ativo, elas fundamentavam-se no trabalho executado pelo regente da orquestra escolar – o professor – e em um ritmo regulado que, em seus contos, palmas e marchas, formava uma totalidade uniformizada e normatizada como estratégia do ensino. Em seu projeto de "escola moderadora da avidez da leitura" (Boto, 2012, p.50), Castilho, pela via da simultaneidade, restringia o acesso às leituras que seriam atividades subversivas pela liberdade das vozes e indagações, organizando um espaço arquitetonicamente planejado em suas metodologias e obtendo "equilíbrio, ponderação e bom senso" (ibid.).

A crítica historicamente silenciada de Jacotot se dirige aos métodos que circularam e que atendiam à proposta da escola moderna, caracterizada em suas funções disciplinadora, modeladora, normatizadora e reguladora da cultura letrada. O princípio essencialista de sua filosofia panecástica, explicitado em seu ensino universal, sob a máxima de que "tudo está em tudo", criticava a inculcação de fórmulas e a fragmentação das partes em detrimento de uma pedagogia experimentalista, "buscando o *todo* da inteligência humana em *cada* manifestação individual" (Rancière, 2015, p.64).

Na contramão do *todo*, o projeto de ensino de leitura de Castilho impetrava à escola a autoridade institucional para o ensino da leitura a partir de livros selecionados, uma vez que não era importante ler muito e nem tudo, sendo necessárias as leituras moralmente proveitosas. A proposta de uma leitura regulada tinha seu trunfo no princípio da simultaneidade, sob a regência do mestre.

A partir do estudo da vida e da obra de António Feliciano de Castilho, foram apresentados inúmeros sujeitos, ideais e impressos que circularam na instrução pública primária e secundária no império brasileiro, demarcando diversas presenças em um contexto histórico marcado por tantas ausências. Se essa escrita foi iniciada apontando as carências da escola imperial brasileira ao longo da historiografia da educação, neste trabalho se fez presente um cenário repleto de articulações, estudos, matrizes, ideias, impressos, debates, rupturas, apropriações e resistências, sob um olhar historiográfico para além das carências e dos silenciamentos.

A causa principal dos embates entre o português António de Castilho e os brasileiros Costa Azevedo e Valdetaro estava assentada em posicionamentos políticos, ou seja, nas dissonâncias entre o liberal cartista, monárquico e defensor da matriz sintética e os convictos antilusófonos e defensores do método analítico no Brasil.

Esse contexto histórico foi destacado por Circe Bittencourt (2004) ao abordar os pontos de divergência entre os intelectuais que tratavam do tema da alfabetização. A opção por determinado método de alfabetização não se explicava apenas por razões didáticas; "ela expressou conflitos políticos que começaram nos últimos anos da década de 1870 e se estenderam até o início do século XX" (ibid., p.484). As fontes consultadas nesta pesquisa apontaram para tais conflitos políticos permeando o âmbito pedagógico já em 1855, ano da vinda de Castilho ao Brasil e momento em que embates com princípios políticos e filosóficos contrários ao espírito lusitano e ao monarquismo liberal vieram à tona.

Os seguidores do método analítico para a alfabetização, em oposição ao usual método sintético, representavam a posição dos grupos de educadores defensores de uma escola laica e eram, em sua maioria, republicanos, com o discurso voltado para uma democratização do saber escolar contrário ao espírito tradicional de educação. Dessa forma, uma vertente da rejeição de António de Castilho em território brasileiro se centrou não exclusivamente em sua ruptura por um método alegre ou pela defesa de um método fonético de matriz sintética, mas pelo prisma de seu posicionamento monárquico – seu método anunciava logo no prólogo sua dedicatória a d.

Pedro II do Brasil –, em contraposição a alguns apropriadores de Jacotot, que evocavam ideais republicanos em território brasileiro. Valdetaro era médico, republicano convicto e considerado antilusófono. Com Costa Azevedo, seguiu o princípio da emancipação intelectual de Joseph Jacotot para se livrar de discursos reguladores que defendiam o controle e a vigilância na instrução e na medicina. Por meio da análise do periódico *A Ciência*, pôde-se observar que as reivindicações da área da homeopatia se pautavam na busca por uma liberdade para a formulação e experimentação de outras formas medicinais que não estivessem sob a regulação das academias e universidades da alopatia tradicional e pelo fim da medicina oficial governativa, bem como da regulação estatal e da perseguição aos experimentos homeopáticos, fundamentando-se na liberdade que a Constituição garantia na proteção aos novos inventos. Tais reivindicações da medicina e da instrução perpassavam o campo político. A inserção da homeopatia no Brasil foi complexa e enfrentou grande resistência por parte dos médicos tradicionais. Luz (2013) afirma que os embates travados durante toda a década de 1840 entre médicos homeopatas e alopatas estavam muito mais focados no campo político do que no científico.

> Trata-se de uma disputa concorrencial de saberes com características similares (medicina científica) pelos espaços de poder disponíveis. É claro que esses espaços são basicamente os da produção e reprodução do conhecimento (Escola Médica, Academia), os da prática de intervenção (hospitais, enfermarias, dispensários) e da própria população vista como espaço coletivo de intervenção (corpo social). (ibid., p.87)

A defesa da homeopatia apresentada no periódico *A Ciência* se fundamentava em Hahnemann, o "pai da homeopatia", que se baseou na filosofia de Joseph Jacotot; o mesmo periódico, pela via da instrução, lançou inúmeras críticas aos "progressistas" que estariam vislumbrando uma pedagogia inovadora, com métodos mais prazerosos, ágeis e eficazes, sem perceber que tais métodos conduziriam ao embrutecimento do homem em um modelo social desigual. A proposta filosófica de Jacotot se opunha ao pensamento pedagógico de António de Castilho em sua defesa da instrução por um método rápido, fácil e aprazível, mas, nas palavras do revolucionário francês, cheirando a rédeas.

Na contramão desses métodos intitulados por ele como embrutecedores, Jacotot defendia, pela via da emancipação intelectual, a proposta de igualdade efetiva nas condições de acesso, permanência e desenvolvimento das inteligências. Essa foi uma crítica que ele lançou ao movimento revolucionário francês, que, na sua visão, não conseguiu efetivar seus ideais de igualdade, liberdade e fraternidade para todos, indistintamente.

De certa forma, a crítica de Jacotot dirigia-se aos métodos que atendiam a função modeladora, normatizadora, "reguladora da cultura letrada" (Boto, 2020, p. 50) e aos reformadores progressistas, como António de Castilho, que estavam preocupados com os "meios" para tornar o ensino alegre, rápido e aprazível sem tocar na estrutura de uma escola segregadora.

Pensando nos debates entre os métodos de alfabetização, apresentaram-se, na escrita deste livro, as aproximações e rupturas entre o método sintético, do português António de Araújo Travassos, o fonético de marcha sintética, de António Feliciano de Castilho (que, cego na infância, defendia um método de alfabetização que apelava para o som), o analítico, de José da Costa Azevedo, e ainda o ensino universal, de Joseph Jacotot.

No longo prazo, observa-se que as rupturas que o brasileiro Costa Azevedo atribuiu a si não se materializaram na escrita de sua obra *Lições de ler*; entretanto, é imprescindível registrar que, naquele momento, apresentavam-se posições antagônicas acerca dos métodos de ensino e havia a possibilidade de se fazer conhecido perante a necessidade de o Império adotar uma dessas matrizes. As rupturas que cada um evocava para si traziam uma ânsia pelo "novo" na alfabetização.

Na lógica de Hamilton (2002), referente à dialética que a história cultural representa pelo diálogo entre o presente e o passado, observa-se que esse embate imperial, embora aparentemente bem esclarecido nas ideias pedagógicas republicanas, necessita ser problematizado nas práticas de nossas escolas atuais, problematizando a ainda existente ambivalência no ensino da leitura e da escrita, presente no método de Costa Azevedo, e o anúncio de um modo analítico que se reproduz no campo das "partes" da marcha sintética e graduada, que tomam a centralidade do processo e que ainda não foi superado. A necessidade latente no campo do debate metodológico para o ensino da leitura e da escrita na atualidade remete ao desafio de se partir do todo (a leitura do mundo) para a parte (a leitura da palavra).

Após a caminhada na linha tênue da classificação das matrizes desses métodos que circularam, observa-se que os embates apresentados no Brasil oitocentista resistiram ao tempo, adentrando a atualidade. Além da proposta para o ensino de leitura e escrita em Costa Azevedo, há ainda uma proposta filosófica teórica que parte de um método analítico, sendo materializada, porém, em uma marcha sintética associacionista.

Se o perigo iminente das "associações" causa estranheza nos dias atuais, torna-se necessário pensar com Braslavsky (1971, p.58) que, "se certas teorias associacionistas envelheceram, os processos de associação não são por isso menos fundamentais"; a capacidade de relacionar a gama de informações que são acessadas com o conhecimento previamente construído por um indivíduo ativo no processo conduz a um processo analítico global de ensino.

Corroborando Magda Soares (2017), observa-se que a "velha" discussão não fora vencida. Historicamente, nota-se um silenciamento e um reducionismo do debate sobre os métodos de alfabetização, relegando-os ao campo das querelas das marchas pedagógicas e mascarando o todo social, o que pode levar a uma ortodoxia da escola conduzida por vias espontaneístas. A partir da ótica de uma pergunta – *Alfabetização: em busca de um método?* –, a autora responde destemidamente sobre a necessidade de estarmos sim em busca de um método, defendendo um debate na conceituação de método, para além de "camisa de força", ortodoxo, tradicional.

Corajosamente, como anunciei no início dessa exposição, atrevo-me a responder que sim, que estamos sim, em busca de um método de alfabetização: rejeitamos, não há dúvida, os métodos tradicionais de alfabetização, já não podemos aceitá-los, mas a tarefa de conciliar nossa nova compreensão do processo pelo qual a criança aprende a ler e escrever com as condições objetivas de possibilidade da escola nos impõe a busca de diretivas que não só nos salvem do espontaneísmo, a que pode levar uma interpretação equivocada e ingênua da perspectiva psicogenética, mas sobretudo que nos proteja da ambiguidade conceitual, a que pode nos levar a ortodoxia da escola. (ibid., p.123-4)

Tal espontaneísmo, que surgiu no Brasil em um momento de psicologização escolanovista da educação, tende a reduzir a discussão social e política dos métodos de alfabetização, enfocando as estratégias metodológicas das marchas. Tenta-se suprimir as disputas de projeto de nação que se dão no campo da língua a três possibilidades de marcha – sintética, analítica e mista –, em uma tentativa perversa de reduzir um projeto social, político e educacional ao indivíduo, às suas patologias e a uma lógica metodológica, esvaziando-o, dessa forma, de sua dialética.

Analisar o debate sobre a alfabetização na instrução imperial, em um momento de constituição da nação, da língua e do povo brasileiros, corrobora os escritos de Magda Soares (ibid.) referentes a uma discussão que ultrapassa as querelas pedagógicas. Para além das marchas, estavam em jogo projetos de nação. A disputa pedagógica restrita ao caráter metodológico e centrado entre marchas e modos de ensino ocultava os conflitos e lutas associados ao processo de constituição da nação brasileira.

Nessa interlocução entre a matriz francesa e a portuguesa, emerge a vitória do método Castilho diante de um projeto liberal de escola como regeneradora da sociedade, por meio da aplicação de um método rápido, alegre e aprazível. A escola metódica de Castilho se eternizou; a escola moderna o vingou em face de seus adversários, em sua defesa da seriação, simultaneidade no ensino, matrícula e entrada anual nas séries, nivelamento de turmas, férias, obrigatoriedade da matrícula e frequência.

José Feliciano de Castilho, irmão de António de Castilho, foi seu aliado em terras brasileiras. Juntos, eles viram suas obras ganhar notoriedade no disputado espaço dos impressos que circularam nas escolas secundárias. Percorrendo os campos literários, dos clássicos, da pátria, da religião, dos valores morais, da ciência, da escrita, da língua e da instrução, entre outros, os irmãos deixaram sua marca no império brasileiro, de forma que, benquistos ou malquistos, não passaram despercebidos.

A instrução oitocentista brasileira estava permeada por lutas de representação em um contexto nacional e global no momento de constituição da língua brasileira. Se José de Alencar rechaçou o trabalho *Íris clássico*, de José de Castilho, chamando-o de "gralha" e "mercenário", Teles (2015) registrou a carta enviada por Machado de Assis a José de Castilho em 1865, marcada por respeito, admiração e reconhecimento ao trabalho dos literatos irmãos portugueses.

Entre essas polêmicas, José de Castilho vislumbrou, no retorno aos clássicos, o desenho da nação brasileira, adotando o mundo novo como herdeiro e continuador do mundo velho. Em sua concepção naturalista de evolução das línguas, denunciou o perigo iminente de o português clássico ser dissolvido e morto pelos "galicismos" e "barbarismos", apegando-se ao passado, à pureza da língua vernácula portuguesa e ao retorno ao "mundo velho" para encontrar respostas para o novo em construção, evitando "admitir como melhoramento toda e qualquer mudança precipitada, violenta, caprichosa, irrefletida, ou néscia, que se alvitre" (Noronha, 1859, p.7). Na defesa do velho perante o novo que se anunciava, os irmãos Castilho travaram embates na instrução e disputas pela circulação de seus impressos nas escolas de primeiras letras e ensino secundário, nos métodos de ensino de leitura e nos campos da escrita, filologia, literatura e política, entre outros, desenhando um projeto lusitano para o Brasil em formação.

Dessa maneira, esta pesquisa mostrou resistências envolvendo principalmente a filologia por parte de protagonistas como o alagoano José Alexandre Passos e de literatos como José de Alencar, que, no caminho da emancipação da vernaculidade lusitana e aspirando "aquele perfume de liberdade que sentia nas flores de nossos campos, integrado no seu meio e raça" (Lima, 1939, p.3), trouxeram obstáculos à adoção dos impressos de Castilho na instrução do século XIX.

José de Castilho compôs sua obra *Íris clássico* a partir de vários excertos de autores que comungavam com o espírito clássico, como os diversos textos do padre António Vieira. Revisitar esse universo clássico era fundamental para José de Castilho, que ansiava por um ideal civilizatório presente na defesa da universalização da língua via catequização e instrução. As obras do padre António Vieira foram utilizadas pois, pela via da moral cristã, traziam à tona um modelo de moral cívica condizente com o desejo de fazer os estudantes refletirem acerca de temas como avareza, honestidade, contentamento com o lugar ocupado na sociedade e fidelidade à pátria; esses textos são a máxima católica daquele período, que tinha como objetivo formar bons cidadãos.

Os incansáveis Castilho deixaram registrados impressos que se tornaram materiais didáticos para os professores tanto das primeiras letras quanto do ensino secundário, logrando espaço para adoção e circulação no disputado e conflitante campo das mentalidades pedagógicas e literárias do século XIX no Brasil e em Portugal.

É imprescindível conhecer esse movimento para entender a história da alfabetização em uma nação emergente do século XIX, a fim de repensar os caminhos em uma nação consolidada. Afinal, para onde ir? Para além do todo e das partes, que nação, que povo e que infância letrada estão sendo construídos? Várias questões emergem a partir da análise desse velho debate referente aos métodos de ensino de leitura e escrita, que ressoa e insiste em sua continuidade, tornando-se sempre vivo, novo e atual.

REFERÊNCIAS

Fontes históricas

A ÁGUIA: Órgão da Renascença Portuguesa. Porto: 1914.
A AURORA FLUMINENSE: Jornal Político e Literário. Rio de Janeiro: n.276, 9 dez. 1829.
_____. Rio de Janeiro: n.1132, 16 dez. 1835.
A CIÊNCIA: Revista Sintética dos Conhecimentos Humanos. Rio de Janeiro: Tipografia Francesa, v.1, n.3, set. 1847. Disponível em: http://memoria.bn.br/DocReader/docreader.aspx?bib=730076&pesq. Acesso em: 10 mar. 2016.
_____. Rio de Janeiro: Tipografia Francesa, v.1, n.5, 1847. Disponível em: http://memoria.bn.br/DocReader/docreader.aspx?bib=730076&pesq. Acesso em: 10 mar. 2016.
_____. Rio de Janeiro: Tipografia Francesa, v.2, n.14, 1848. Disponível em: http://memoria.bn.br/DocReader/docreader.aspx?bib=730076&pesq&pagfis=0. Acesso em: 20 mar. 2023.
_____. Rio de Janeiro: Tipografia Francesa, v.2, n.16, 1848. Disponível em: http://memoria.bn.br/DocReader/docreader.aspx?bib=730076&pesq&pagfis=0. Acesso em: 20 mar. 2023.
_____. Rio de Janeiro: Tipografia Francesa, v.2, n.17, 1848. Disponível em: http://memoria.bn.br/DocReader/docreader.aspx?bib=730076&pesq&pagfis=0. Acesso em: 20 mar. 2023.

ACADEMIA NACIONAL DE MEDICINA. Disponível em: http://www.anm.org.br/conteudo_view.asp?id=484. Acesso em: 29 out. 2016.

ALAGOAS. *Relatório da Diretoria da Instrução Pública das Alagoas*, 26 mar. 1855.

_____. *Relatório da Diretoria da Instrução Pública das Alagoas*. 1856.

ALBUQUERQUE, Antonio Coêlho de Sá e. *Fala dirigida à Assembleia Legislativa da província de Alagoas na abertura da sessão ordinária no ano de 1856 pelo Excelentíssimo presidente da mesma província, o Dr. Coelho de Sá e Albuquerque*. Recife: Tipografia de Santos & Companhia, 1856.

ALMANAQUE ADMINISTRATIVO, MERCANTIL E INDUSTRIAL DO RIO DE JANEIRO PARA O ANO DE 1847. Rio de Janeiro: Eduardo e Henrique Laemmert, 1847.

ANAIS DAS CIÊNCIAS, DAS ARTES, E DAS LETRAS; POR UMA SOCIEDADE DE PORTUGUESES RESIDENTES EM PARIS. Tomo IX. Paris: Bobée, Impressor da Sociedade Real Acadêmica das Ciências de Paris, 1820.

BAHIA. *Relatório sobre a Instrução Pública da Província da Bahia apresentado ao Ilmo. e Exmo SNR Presidente Comendador Álvaro Tibério de Moncorvo e Lima por Abílio César Borges*. Tipografia de Antonio Olavo da França Guerra e Comp., 1856.

BRASIL. *Coleção das leis do Império do Brasil*. Decreto nº 1331a, de 17 de fevereiro de 1854. Disponível em: https://www2.camara.leg.br/legin/fed/decret/1824-1899/decreto-1331-a-17-fevereiro-1854-590146-publicacaooriginal-115292-pe.html#:~:text=Approva%20o%20Regulamento%20para%20a,secundario%20do%20Municipio%20da%20C%C3%B4rte. Acesso em: 20 mar. 2023.

_____. Constituição de 1824.

BRASIL-PORTUGAL: Revista Quinzenal Ilustrada. Lisboa: v.1, n.25, p.1-9, fev. 1900. Disponível em: http://hemerotecadigital.cm-lisboa.pt/OBRAS/BrasilPortugal/BrasilPortugal.htm. Acesso em: 20 fev. 2017.

CASTELO-BRANCO, Fernando. *Correspondência pedagógica*. Lisboa: Instituto Gulbenkian de Ciência – Centro de Investigação Pedagógica, 1975.

CASTILHO, António Feliciano de. *Método Castilho para o ensino rápido e aprazível do ler impresso, manuscrito, e numeração e do escrever*, 1853. Disponível em: https://purl.pt/185. Acesso em: 18 mar. 2023.

CASTILHO, António Feliciano de. *Felicidade pela instrução*. Lisboa: Tipografia da Academia Real das Ciências, 1854.

_____. *Método português-Castilho para o ensino rápido e aprazível do ler, escrever e bem falar*. 5.ed. Lisboa: Empresa da História de Portugal, 1908.

_____. *Castilho pintado por ele próprio*. Lisboa: Empresa da História de Portugal, v.2, 1909a.

_____. *Resposta aos novíssimos impugnadores do método português*. Lisboa: Empresa da História de Portugal, v.1, 1909b.

_____. *Resposta aos novíssimos impugnadores do método português*. Lisboa: Empresa da História de Portugal, v.2, 1909c.

_____. *Resposta aos novíssimos impugnadores do método português*. Lisboa: Empresa da História de Portugal, v.2, 1909d.

_____. *Noções rudimentares para uso das escolas dos amigos das letras e artes em S. Miguel*. Lisboa: Empresa da História de Portugal, Livraria Moderna, 1909e.

_____. *Felicidade pela agricultura*. Rio de Janeiro: Dois Mundos Editora Ltda., 1942.

_____. *Correspondência pedagógica*. In: CASTELO-BRANCO, Fernando. Lisboa: Instituto Gulbenkian de Ciência – Centro de Investigação Pedagógica, 1975.

_____. *Revista Universal Lisbonense*: Jornal dos Interesses Físico, Morais e Literários por uma Sociedade Estudiosa. Disponível em: http://hemerotecadigital.cm-lisboa.pt/OBRAS/RUL/RUL.htm. Acesso em: dez. 2015.

CASTILHO, António Feliciano de; LEITE, Luiz Filippe. *Revista da Instrução Pública para Portugal e Brasil*. Lisboa: Imprensa União--Tipográfica, 1857.

_____. *Revista da Instrução Pública para Portugal e Brasil*. Lisboa: Imprensa União-Tipográfica, 1858.

CASTILHO, Júlio de. Memórias de Castilho. Coimbra: Imprensa da Universidade, 2ª edição – Livro II, v.32 (1823 a 1834), 1928. Disponível em: https://digitalis-dsp.sib.uc.pt/institutocoimbra/indiceinstituto.htm. Acesso em: 18 mar. 2023.

_____. Memórias de Castilho. *O Instituto*: Jornal Científico e Literário. Coimbra: Imprensa da Universidade, v.38, 1890-1891.

_____. Memórias de Castilho. *O Instituto*: Jornal Científico e Literário. Coimbra: Imprensa da Universidade, v.39, 1891-1892.

CASTILHO, Júlio de. Memórias de Castilho. *O Instituto*: Jornal Científico e Literário. Coimbra: Imprensa da Universidade, v.40, 1892-1893.
_____. Memórias de Castilho. *O Instituto*: Jornal Científico e Literário. Coimbra: Imprensa da Universidade, v.41, 1893-1894.
_____. Memórias de Castilho. *O Instituto*: Jornal Científico e Literário. Coimbra: Imprensa da Universidade, v.42, 1895.
_____. Memórias de Castilho. *O Instituto*: Jornal Científico e Literário. Coimbra: Imprensa da Universidade, v.43, 1896.
_____. Memórias de Castilho. *O Instituto*: Jornal Científico e Literário. Coimbra: Imprensa da Universidade, v.44, 1897.
_____. Memórias de Castilho. *O Instituto*: Jornal Científico e Literário. Coimbra: Imprensa da Universidade, v.45, 1898.
_____. Memórias de Castilho. *O Instituto*: Jornal Científico e Literário. Coimbra: Imprensa da Universidade, v.46, 1899.
_____. Memórias de Castilho. *O Instituto*: Jornal Científico e Literário. Coimbra: Imprensa da Universidade, v.47, 1900.
_____. Memórias de Castilho. *O Instituto*: Jornal Científico e Literário. Coimbra: Imprensa da Universidade, v.48, 1901.
_____. Memórias de Castilho. *O Instituto*: Jornal Científico e Literário. Coimbra: Imprensa da Universidade, v.49, 1902.
_____. Memórias de Castilho. *O Instituto*: Jornal Científico e Literário. Coimbra: Imprensa da Universidade, v.50, 1903.
_____. *Memórias de Castilho*. 2.ed. Coimbra: Imprensa da Universidade, livro I, tomo I, 1926.
_____. *Memórias de Castilho*. 2.ed. Coimbra: Imprensa da Universidade, livro II, tomo II, 1928.
CORREIO DO PORTO, n.217, de 19 de setembro de 1833.
CORREIO MERCANTIL, E INSTRUTIVO, POLÍTICO, UNIVERSAL. Rio de Janeiro: n.62, p.1, 4 mar. 1855. Disponível em: http://memoria.bn.br/pdf/217280/per217280_1848_00001.pdf. Acesso em: 20 mar. 2023.
_____. n.119, p.2, 1º maio 1855.
CORREIO OFICIAL: In Medio Posita Virtus (RJ) – 1833 a 1841. Rio de Janeiro: 1836. Edição 81. Disponível em: http://memoria.bn.br/docreader/DocReader.aspx?bib=749443&pagfis=3848. Acesso em: 18 mar. 2023.
COSTA AZEVEDO, José da. Lições de instrução elementar às suas filhas Maria Joanna e Maria Julia. *Lições de ler*. Rio de Janeiro: Tipografia Nacional, 1832.

COSTA AZEVEDO, José da. *Oitavo Mapa Estatístico da Escola da Sociedade de Instrução Elementar do Rio de Janeiro*. Rio de Janeiro: Tipografia Nacional, 1837a.

_____. *Nono Mapa Estatístico da Escola da Sociedade de Instrução Elementar do Rio de Janeiro*. Rio de Janeiro: Tipografia Nacional, 1837b.

DIÁRIO DAS ALAGOAS. Transcrição. Maceió: 1859.

DIÁRIO DO RIO DE JANEIRO. Rio de Janeiro: Tipografia do Diário, n.7131, p.4, 1846.

GOIÁS. Arquivo Público do Estado. Documentos Avulsos. Caixa 144, 1862.

JACOTOT, Joseph. *Enseignement universel*: langue maternelle. 5.ed. Paris: Chez Mansut Fils, 1834.

_____. *Droit et philosophie panécastique*. Paris: Nouvelle Édition, 1852.

_____. *Exposición razonada del método de enseñanza universal de J. Jacotot*, y de algunos ejercicios para practicarlo. Tradução de D.J.A.M. Madrid: Imprenta de la Publicidad, 1849. Disponível em: https://books.google.com.br/books?id=UvQ-NXQAEFkC&printsec=frontcover&redir_esc=y#v=onepage&q&f=false. Acesso em: 20 mar. 2023.

JORNAL DO COMMÉRCIO. Rio de Janeiro: Tipografia Imperial e Constitucional de J. Villeneuve e Comp., 1840, n.324, p.4

_____. Jornal do Comércio. Rio de Janeiro: Tipografia Imperial e Constitucional de J. Villeneuve e Comp., 1837, n.202, p.2

MACHADO, Antônio Cândido da Cruz. GOIÁS. Relatório do presidente da província de Goiás Antônio Cândido da Cruz Machado apresentado à Assembleia Legislativa de Goiás na Sessão Ordinária de 1855. Sociedade Goiana de Cultura. Instituto de Pesquisas e Estudos Históricos do Brasil Central. Centro de Cultura Goiana. Relatórios dos governos da província de Goiás de 1854-1856: relatórios políticos, administrativos, econômicos, religiosos etc. Goiânia: Ed. da UCG, 1997. (Memórias Goianas, 6.)

NORONHA, José Feliciano de Castilho Barreto e. *Íris clássico*: ordenado e oferecido aos mestres e aos alunos das escolas brasileiras. Rio de Janeiro: Tipografia Universal de Laemmert, 1859.

_____. *Ortografia portuguesa e missão dos livros elementares*: correspondência oficial, relativa ao *Íris clássico*. Rio de Janeiro: Tip. e Livraria de B. X. Pinto de Sousa, 1860.

O CARAMURU: O Imperador e a Constituição Jurada. Rio de Janeiro: Tipografia do Diário [e outras], n.17, 1832.

O INSTITUTO: Jornal Científico e Literário – Memórias de Castilho. Coimbra: Imprensa da Universidade. Disponível em: http://webopac.

sib.uc.pt/search~S17*por?/tinstituto/tinstituto/1,291,309,E/l856~b1594067&FF=tinstituto&1,1,,1,0. Acesso em: 20 maio 2016.

_____. V.1, 1853.

_____. V.2, 1854.

_____. V.4, 1856.

O LIBERAL PERNAMBUCANO: *Jornal político e social*. Pernambuco: Comissão da Sociedade Liberal Pernambucana – Sociedade Auxiliadora da Tipografia Nacional, n.371, 1852.

_____. Pernambuco: Comissão da Sociedade Liberal Pernambucana – Sociedade Auxiliadora da Tipografia Nacional, n.1088, 1856.

_____. Pernambuco: Comissão da Sociedade Liberal Pernambucana – Sociedade Auxiliadora da Tipografia Nacional, n.1349, 1857.

OLIVEIRA, José Joaquim Machado de. *Fala que o ex.*^{mo} *presidente da província do Espírito Santo dirigiu à Assembleia Legislativa provincial no dia 1º de abril de 1840*. Rio de Janeiro: Tipografia Nacional, 1840.

RIO DE JANEIRO. *Relatório do presidente da província do Rio de Janeiro*. Fala com que o presidente da Província do Rio de Janeiro, o conselheiro Joaquim José Rodrigues Torres, abriu a 1ª sessão da 1ª Legislatura da Assembleia Legislativa da mesma província no dia 1º de fevereiro de 1835. Niterói: Tip. de Amaral e Irmão, 1850. p.3.

_____. *Relatório do presidente da província do Rio de Janeiro*, o conselheiro Paulino José Soares de Souza, na 2ª abertura da 2ª sessão da 2ª Legislatura da Assembleia Provincial, acompanhado do orçamento da receita e despesa para o ano de 1839 a 1840. Niterói: Tip. de Amaral e Irmão, 1840.

_____. *Mapas da instrução pública*, 1857. Códice: 13-2-18. Arquivo Público da Cidade do Rio de Janeiro.

_____. *Mapas da instrução pública*, 1854. Códice: 12-3-33. p.39-41. Fonte: Arquivo Público da Cidade do Rio de Janeiro.

TRAVASSOS, António de Araújo. *Ensaio sobre um novo modo de ensinar a ler, e tabuadas para a multiplicação dos números de 1 a 100 por cada um dos mesmos números*. Lisboa: Impressão Regia, 1820.

Referências bibliográficas

ABREU, Sandra Elaine Aires de. *A instrução primária na província de Goiás no século XIX*. 2006. 396f. Tese (Doutorado em Educação) – Faculdade de Educação, PUC-SP, São Paulo, 2006.

AGUAYO, Alfredo Miguel. *Didática da Escola Nova*. J. B. Damasco Penna e Antônio D'Ávila (Trad.). São Paulo: Cia. Editora Nacional, 1959. (Atualidades Pedagógicas, 15.)

ALBUQUERQUE, Suzana Lopes de. *O ensino de primeiras letras de Alagoas oitocentista*: vestígios sobre noções de infância nos discursos e práticas escolares. 2013. 157f. Dissertação (Mestrado em Educação) – Programa de Pós-graduação em Educação, Universidade Federal de Alagoas, 2012.

_____. Os embates na apropriação do método Castilho em território brasileiro: leitura das fontes das províncias alagoana e goiana. In: Encontro Educacional do Norte e Nordeste, 2013, Recife. *Anais do XXI EPENN 2013*. Recife: 2013.

_____. Análise de impressos no Brasil Império: a ciência e sua interlocução com o campo pedagógico. V Congresso Internacional de História, 2016, Jataí. In: *Anais...* Jataí: 2016.

ALBUQUERQUE, Suzana Lopes de; BOTO, Carlota. O impresso *Lições de ler* na história da alfabetização no Império brasileiro. *Poiésis – Revista do Programa de Pós-Graduação em Educação*, Tubarão, v.11, n.20, p.214-31, 2017.

ARAÚJO, Helena Costa. Precocidade e "retórica" na construção da escola de massas em Portugal. In: *Educação, Sociedade & Culturas*, n.5, p.161-74, 1996.

AZANHA, José Mário Pires. Cultura escolar brasileira: um programa de pesquisas. *Revista USP*: dossiê educação, n.8, p.65-9, dez.-jan.-fev. 1990-1991.

BARATA, Carlos Eduardo de Almeida. *Grandes mestres servindo aos reis e príncipes*: a nobreza da nobreza, 1734 – 1889.

BARMAN, Roderick J. *Princesa Isabel do Brasil*: gênero e poder no século XIX. Luiz Antônio Oliveira Araújo (Trad.). São Paulo: Editora Unesp, 2005.

BARRA, Valdeniza Maria Lopes da. *Da pedra ao pó*: o itinerário da lousa na escola pública paulista do século XIX. Goiânia, 2016.

BASILE, Marcello. Sociabilidade e ação políticas na corte regencial: a Sociedade Defensora da Liberdade e Independência Nacional. *Dimensões*: Revista de História da Universidade Federal do Espírito Santo, v.18, p.349-83, 2006.

BASTOS, Maria Helena Camara. A imprensa de educação e de ensino: repertórios analíticos. O exemplo da França. *Revista Brasileira de Educação*, Rio de Janeiro, v.12, 2007.

BATISTA, Antônio Augusto Gomes; GALVÃO, Ana Maria de Oliveira. *Livros escolares de leitura no Brasil*: elementos para uma história. Campinas: Mercado de Letras, 2009.

BENCOSTTA, Marcus Levy Albino. A cultura escolar na historiografia da educação brasileira: alcances e limites de um conceito. In: FELGUEIRAS, Margarida Louro; VIEIRA, Carlos Eduardo (Orgs.). *Cultura escolar, migrações e cidadania*. Porto: Sociedade Portuguesa de Ciências da Educação, 2010. p.33-46.

BITTENCOURT, Circe Maria Fernandes. Livro didático e conhecimento histórico: Uma história do saber escolar. Tese de doutoramento, FFLCH, Universidade de São Paulo, 1993.

_____. Autores e editores de compêndios e livros de leitura (1810-1910). *Educação e Pesquisa*, São Paulo, v.30, n.3, p.475-91, set.-dez. 2004.

_____. Reflexões sobre o ensino de História. São Paulo: Estudos Avançados, v.32, n.93, 2018.

BLOCH, Marc. *Apologia da história* – ou o ofício de historiador. André Telles (Trad.). Rio de Janeiro: Jorge Zahar, 2001.

BORGES, Joana Junqueira. *O legado da tradição clássica no século XIX*: José Castilho, tradutor de Catulo. 2010. 48f. Monografia de Conclusão de Curso (Graduação em Letras) – Faculdade de Ciências e Letras, Universidade Estadual Paulista, Araraquara, 2010.

BORGES, Valdeci Rezende. José de Alencar no debate pela renovação da linguagem literária e pelo uso da língua portuguesa abrasileirada. *Anais do SILEL*, v.1. Uberlândia: Edufu, 2009.

BOSI, Alfredo. *Dialética da colonização*. São Paulo: Companhia das Letras, 1992.

_____. A educação e a cultura nas constituições brasileiras. In: *Cultura brasileira*: temas e situações. São Paulo: Ática, 2008.

BOTTERO, Jean et al. *Cultura, pensamento e escrita*. São Paulo: Ática, 1995.

BOTO, Carlota. *A escola do homem novo*: entre o Iluminismo e a Revolução Francesa. São Paulo: Editora Universidade Estadual Paulista, 1996.

_____. O enciclopedismo de Ribeiro Sanches: pedagogia e medicina na confecção do Estado. *História da Educação*. Pelotas: ASPHE/FaE/UFPel, n.4, p.107-17, set. 1998.

_____. Aprender a ler entre cartilhas: civilidade, civilização e civismo pelas lentes do livro didático. *Educação e Pesquisa*, São Paulo, v.30, n.3, p.493-511, set.-dez. 2004.

BOTO, Carlota. A forma escolar de civilização: golpes e movimentos. *Revista Educação*: Especial Grandes Temas. São Paulo: Segmento, p.36-45, nov. 2007. ISSN: 1415-5486.

_____. Os lugares da criança. *Revista Educação*. São Paulo: Segmento, a.12, n.134, p.44-6, jun. 2008. ISSN: 1415-5486.

_____. *A escola primária como rito de passagem*: ler, escrever, contar e se comportar. Coimbra: Imprensa da Universidade de Coimbra, 2012.

_____. *Instrução pública e projeto civilizador*: o século XVIII como intérprete da ciência, da infância e da escola. São Paulo: Editora Unesp, 2017.

BOTO, Carlota; ALBUQUERQUE, Suzana Lopes de. Entre idas e vindas: vicissitudes do método Castilho no Brasil do século XIX. *História da educação*. Porto Alegre, v.22 n.56, p.16-37, set.-dez. 2018.

BRASLAVSKY, Berta P. de. *Problemas e métodos no ensino da leitura*. Agostinho Minicucci (Trad.). São Paulo: Melhoramentos e Edusp, 1971.

BRITO, Rômulo de Jesus Faria. Questão Coimbrã: a problematização sobre Portugal através de uma polêmica literária pela geração de 70 (1865-1866). *Oficina do Historiador*. Porto Alegre: EDIPUCRS, v.8, n.2, p.154-73, jul.-dez. 2015.

BURKE, Edmund. *Réflexions sur la révolution de France*. Paris: Hachette, 1989. (Collection Pluriel)

CALMON, Pedro. *A princesa Isabel* – a Redentora. Biblioteca pedagógica brasileira. São Paulo, Rio de Janeiro, Recife, Porto Alegre: Companhia Editora Nacional, v.2017, 1941.

CAMPAGNE, E. *Dicionário universal de educação e ensino*. Trad. Camillo Castello Branco. Porto: Casa Editora, 1886.

CÂMARA JR., Joaquim Mattoso. *Filologia*. Rio de Janeiro: Liceu Literário Português. Disponível em: http://llp.bibliopolis.info/confluencia/pdf/1120.pdf. Acesso em: 20 ago. 2017.

CAMBI, Franco. *História da pedagogia*. São Paulo: Editora Unesp, 1999.

CAMPOS, Maria Inês Batista; OLIVEIRA, Agildo Santos S. de. Antologia escolar brasileira do século XIX: a presença do autor no preâmbulo. *Fórum Linguístico*, Florianópolis, v.13, n.3, p.1476-91, jul.-set. 2016.

CASTELO-BRANCO, Fernando. Castilho tenta difundir o seu método de leitura no Brasil. *Revista da Faculdade de Educação*, São Paulo, v.3, n.1, p.32-45, jun. 1977.

CASTRO, César Augusto; VELÁZQUEZ CASTELLANOS, Samuel Luis. O lugar do livro e da leitura no Maranhão Oitocentista: o Gabinete Português de Leitura. *Revista Digital de Biblioteconomia e Ciência da Informação*, Campinas, v.13, n.2, p.243-58, maio-ago. 2015. ISSN 1678-765X. Disponível em: https://periodicos.sbu.unicamp.br/ojs/index.php/rdbci/issue/view/257. Acesso em: 20 mar. 2023.

CATANI, Denice Bárbara; BASTOS; Maria Helena Camara (Orgs.). *Educação em revista*: a imprensa periódica e a história da educação. São Paulo: Escrituras, 1997. p.5-10.

CAVALIERE, Ricardo; PALMA, Dieli Vesaro. *Plano de atividades para o biênio 2014-2016*. Associação Nacional de Programas de Pós-Graduação e Pesquisa em Letras e Linguística (Anpoll), 2014.

CHARTIER, Anne-Marie; HÉBRARD, Jean. *Discursos sobre a leitura (1880-1980)*. São Paulo: Ática, 1995.

CHARTIER, Roger. Introdução. Por uma sociologia histórica das práticas culturais. In: *A história cultural*: entre práticas e representações. Lisboa: Difel; Rio de Janeiro: Bertrand, 1990.

_____. O mundo como representação. *Estudos Avançados*, São Paulo, v.5, n.11, 1991.

_____. *Cultura escrita, literatura e história*. Porto Alegre: Artmed, 2001.

CHOPPIN, Alain. O historiador e o livro escolar. *História da educação*. ASPHE/FaE/UFPel, Pelotas: n.11, p.5-24, abr. 2002.

_____. História dos livros e das edições didáticas: sobre o estado da arte. *Educação e pesquisa*, São Paulo, v.30, n.3, p.549-66, set.-dez. 2004.

CLARA ROCHA. *Revistas Literárias do século XX em Portugal*. Lisboa: Imprensa Nacional, 1981.

COLLINS, S. L. *From Divine Cosmos to Sovereign State*: An intellectual history of consciousness and the idea of order in Renaissance England. Oxford: Oxford University Press, 1989.

COMENIUS, Jan Amos. *A escola da infância*. Wojciech Andrzej Kulesza (Trad.). São Paulo: Editora Unesp, 2011.

CONCEIÇÃO, Lívia Beatriz da. Relações de poder e instituição: a escola normal da província do Rio de Janeiro no projeto de ação política de Joaquim José Rodrigues Torres (1835-1840). In: XV Encontro Regional de História da ANPUH-RIO, 2012, São Gonçalo. *Anais...* São Gonçalo, 2012. ISBN: 978-85-65957-00-7.

CORDEIRO, Jaime Francisco Parreira. *Falas do novo, figuras da tradição*: o novo e o tradicional na educação brasileira (anos 70 e 80). São Paulo: Editora Unesp, 2002.

_____. *Didática*. São Paulo: Contexto, 2007.

CORDEIRO, Jaime Francisco Parreira. Educação e reformismo político na crise do regime imperial: o ensino público, de A. de Almeida Oliveira. *Revista Linhas*, Florianópolis, v.17, n.35, p.346-71, set.-dez. 2016

COSTA, João Craveiro. *Instrução pública e instituições culturais em Alagoas*. Maceió: Edufal, 2011.

CRUZ, Crislaine Santana. *"Caridade sem limites. Sciência sem privillegios"*: O ensino universal de Jacotot por Benoît Mure no Brasil (1840-1848). 2018. 98f. Dissertação (Mestrado em Educação) – Programa de Pós-Graduação em Educação, Universidade Federal do Sergipe, 2018.

CRUZ, Eduardo da. António Feliciano de Castilho (1800-1875): um poeta político na imprensa periódica. *Patrimônio e Memória*. São Paulo: Editora Unesp, v.10, n.1, p.84-109, jan.-jun. 2014.

D'AÇA, Zacharias. Memórias literárias: António Feliciano de Castilho. In: *Brasil-Portugal*: Revista Quinzenal Ilustrada, Lisboa, v.1, n.25, p.1-9, fev. 1900.

DECROLY, Ovide. La función de la globalización y su importancia pedagógica. *Revista de Ensino*, Madrid, a.V, 1923.

DUARTE, Abelardo. *História do Liceu Alagoano*. Maceió: Divulgação do Departamento Estadual de Cultura, 1961.

EL FAR, Alessandra. *O livro e a leitura no Brasil*. Rio de Janeiro: Jorge Zahar, 2006.

ELIA, Silvio. *A língua portuguesa no mundo*. São Paulo: Ática, 2000.

ELIAS, Norbert. *O processo civilizador*, v.1-2. Rio de Janeiro: Zahar, 1993.

ESCOLANO, Agustín. Arquitetura como programa: espaço-escola e currículo. In: FRAGO, Antonio Viñao; ESCOLANO, Agustín. *Currículo, espaço e subjetividade*: a arquitetura como programa. Rio de Janeiro: DP&A, 1998.

FARIA FILHO, Luciano Mendes. Cultura escolar e cultura urbana: perspectivas de pesquisa em história da educação. In: XAVIER, L.N.; CARVALHO, M.M.C; MENDONÇA, A.W.; CUNHA, J.L. (Orgs.). *Escola, cultura e saberes*. Rio de Janeiro: Editora FGV, 2005. p.29-37.

FARIA FILHO, Luciano Mendes; VIDAL, Diana Gonçalves. Os tempos e os espaços escolares no processo de institucionalização da escola primária no Brasil. In: *Revista Brasileira de Educação*, Anped, n.14, 2000.

FELGUEIRAS, Margarida Louro. Cultura escolar: da migração do conceito à sua objetivação histórica. In: FELGUEIRAS, Margarida Louro; VIEIRA, Carlos Eduardo (Orgs.). *Cultura escolar, migrações e cidadania*. Porto: Sociedade Portuguesa de Ciências da Educação, 2010. p.17-32.

FERNANDES, Rogério. *O pensamento pedagógico em Portugal*. Lisboa: Instituto da Cultura Portuguesa/Biblioteca Breve, 1978.

FORQUIN, Jean-Claude. *Escola e cultura*: as bases sociais e epistemológicas do conhecimento escolar. Porto Alegre: Artes Médicas, 1993.

FOUCAULT, Michel. *Vigiar e punir*. 27.ed. São Paulo: Vozes, 1987.

FRAGO, Antonio Viñao. Do espaço escolar e da escola como lugar: propostas e questões. In: FRAGO, Antonio Viñao; ESCOLANO, Agustín. *Currículo, espaço e subjetividade*: a arquitetura como programa. Rio de Janeiro: DP&A, 1998. p.59-139.

GALHARDO, José Emygdio Rodrigues. História da homeopatia no Brasil In: *Livro do 1º Congresso Brasileiro de Homeopatia*. Rio de Janeiro, 1928. (BN)

GRAFF, Harvey. *Os labirintos da alfabetização*: reflexões sobre o passado e o presente da alfabetização. Porto Alegre: Artes Médicas, 1994.

GOMES, Joaquim Ferreira; FERNANDES, Rogério; GRÁCIO, Rui. *História da educação em Portugal*. Lisboa: Livros Horizonte, 1988.

GONÇALVES, Andréa Lisly. A luta de brasileiros contra o miguelismo em Portugal (1828-1834): o caso do homem preto Luciano Augusto. *Revista Brasileira de História*, São Paulo, v.33, n.65, p.211-23, 2013.

GONDRA, José Gonçalves; SCHUELER, Alessandra. *Educação, poder e sociedade no Império brasileiro*. São Paulo: Cortez, 2008.

_____. *Prefácio*: Gradientes da história. In BARRA, Valdeniza Maria Lopes da (Org.). *Estudos de história da educação de Goiás (1830-1930)*. Goiânia: Editora da PUC-Goiás, 2011.

GRANDE, José Maria. *Guia e manual do cultivador ou elementos de agricultura*. Lisboa: Tipografia de Galhardo Irmãos, v.2, 1849.

GUIMARÃES, Lucia Maria Paschoal. Liberalismo moderado: postulados ideológicos e práticas políticas no período regencial (1831-1837). In: GUIMARÃES, Lucia Maria Paschoal; PRADO, Maria Emília (Orgs.). *O liberalismo no Brasil imperial*: origens, conceitos e prática. Rio de Janeiro: Revan/Uerj, 2013.

GUIMARÃES, Nívea Carolina. O movimento miguelista nas páginas do *Aurora Fluminense* (1828-1834). In: XIX Encontro Regional de História, 2014, Juiz de Fora. *Anais*... Juiz de Fora: Anpuh, 2014.

HAMILTON, David. Notas de lugar nenhum: sobre os primórdios da escolarização moderna. *Revista Brasileira de História da Educação*, Campinas, n.1, p.45-73, jan.-jun. 2001a.

JULIA, Dominique. A cultura escolar como objeto histórico. *Revista Brasileira de História da Educação*. Campinas: Editora Autores Associados, n.1, a.1, p.9-43, 2001.

LEITE, Marli Quadros. *Metalinguagem e discurso*: a configuração do purismo brasileiro. São Paulo: Associação Editorial Humanitas, 2006.

LEMOS, Daniel Cavalcanti de Albuquerque. Documento Manifesto dos professores públicos de instrução primaria da Corte (1871). *História da educação RHE*, v.15, n.34, p.177-97, maio-ago. 2011.

LIMA, Filgueiras. *Alencar e a terra de Iracema*: conferência literária com um estudo sobre a vida e a obra de José de Alencar. Palestra proferida em São Paulo, no auditório do jornal *A Gazeta*, 1939.

LIPOVETSKY, Gilles; SERROY, Jean. *A cultura mundo*: resposta a uma sociedade desorientada. São Paulo: Companhia das Letras, 2011.

LOPES, Antônio de Castro. *Catecismo de agricultura para uso das escolas de instrução primária no Brasil*. Rio de Janeiro: Tipografia Americana, 1869.

LOUSADA, Maria Alexandre Lopes Campanhã. *O miguelismo (1828-1834)*: o discurso político e o apoio da nobreza titulada. Lisboa: 1987.

LUCHESE, Terciane Ângela. Modos de fazer história da educação: pensando a operação historiográfica em temas regionais. *História da educação*, Santa Maria, v.18, n.43, 2014.

LUZ, Madel Therezinha. A arte de curar *versus* a ciência das doenças: história social da homeopatia no Brasil. Porto Alegre: Rede Unida, 2013.

MACHADO, Lourival Gomes. *Homem e sociedade na teoria política de Jean-Jacques Rousseau*. São Paulo: Livraria Martins Editora/Editora da Universidade de São Paulo, 1968.

MATTOS, Ilmar Rohloff. *O tempo saquarema*. Rio de Janeiro: Access, 1994.

MEYER, John W. Globalização e currículo. In: NÓVOA, António; SCHRIEWER, Jürgen (Eds.). *A difusão mundial da escola*. Lisboa: Educa, 2000.

MIRANDA, Antonio. Castro Lopes (1827-1901), [s.d.]. Disponível em: http://www.antoniomiranda.com.br/poesia_brasis/rio_de_janeiro/castro_lopes.html. Acesso em: 10 dez. 2017.

MONARCHA, Carlos. Psicogênese, *autoctisi* e escola viva: conceitos assertivos de Clemente Quaglio. In: *VI Congresso Brasileiro da História da Educação*, Vitória (ES), 2011.

NEVES, Lúcia Maria Bastos P. Liberalismo político no Brasil: ideias, representações e práticas (1820-1823). In: GUIMARÃES, Lucia

Maria Paschoal; PRADO, Maria Emília (Orgs.). *O liberalismo no Brasil imperial*: origens, conceitos e prática. Rio de Janeiro: Revan/Uerj, 2013.

NOGUEIRA, Lacerda. *A mais antiga Escola Normal do Brasil.* Esboço de história administrativa e episódios. Niterói: Oficinas Gráficas do Diário Oficial do Estado do Rio de Janeiro, 1938.

NÓVOA, António. Para o estudo sócio-histórico da gênese e desenvolvimento da profissão docente. *Teoria e Educação*, n.4, 1991.

_____. *A imprensa de educação e ensino*: repertório analítico (séculos XIX-XX). Lisboa: Instituto de Inovação Educacional, 1993.

_____. *Profissão professor*. Porto: Porto Editora, 1995.

_____. Tempos da escola no espaço Portugal-Brasil-Moçambique. In: NÓVOA, António; SCHRIEWER, Jürgen (Eds.). *A difusão mundial da escola*. Lisboa: Educa, 2000.

NÓVOA, António; SCHRIEWER, Jürgen (Eds.). *A difusão mundial da escola*. Lisboa: Educa, 2000.

NÓVOA, António; CATANI, Denice B. Estudos comparados sobre a escola: Portugal e Brasil (séculos XIX e XX). *I Congresso Brasileiro de História da Educação*, Rio de Janeiro, nov. 2000.

ONG, Walter. *Oralidade e cultura escrita*. Campinas: Papirus, 1998

OTTONI, Cristiano Benedito. *Autobiografia de Cristiano Benedito Ottoni*: natural da Vila do Príncipe, depois da cidade do Serro, na província de Minas Gerais. Brasília: Conselho Editorial do Senado Federal, 2014. Disponível em: https://www2.senado.leg.br/bdsf/handle/id/562752. Acesso: 20 mar. 2023.

PATROCLO, Luciana Borges. A fundação do Colégio Pedro II nas páginas da imprensa carioca do século XIX: os jornais *A Aurora Fluminense* e *O Cronista*. In: XVI Encontro de História da Anpuh-Rio: saberes e práticas científicas, Rio de Janeiro. Anais... Rio de Janeiro: Anpuh-Rio, 2014. ISBN: 978-85-65957-03-8.

PERELLA, Cileda dos Santos Sant'Anna. Joseph Jacotot: contribuição para a reflexão acerca do conselho de escola. Comunicação oral proferida no Anpae, 2011.

QUAGLIO, Clemente. Qual o método de ensino da leitura que mais de perto acompanha a evolução mental da criança? In: Primeiro Congresso Brasileiro de Proteção à Infância. Rio de Janeiro: Empr. Gráfica Editora, 1925.

RAISKY, Claude. *Joseph Jacotot*: le pédagogue paradoxal. Dijon: Editions Raison et Passions, 2012.

RANCIÈRE, Jacques. *O mestre ignorante*: cinco lições sobre a emancipação intelectual. Lílian do Valle (Trad.). 3.ed. Belo Horizonte: Autêntica Editora, 2015.

RAZZINI, Marcia de Paula Gregorio. *O espelho da nação*: a antologia nacional e o ensino de português e literatura (1838-1971). 2000. 428f. Tese (Doutorado em Teoria e História Literária) – Instituto de Estudos da Linguagem, Universidade Estadual de Campinas, Campinas, 2000. Disponível em: www.unicamp.br/iel/memoria/projetos/tese21.html. Acesso em: 3 jun. 2017.

RESTAINO, Hilda Cristina. A trajetória do ensino de língua portuguesa e de leitura na escola da República Velha. In: Congresso de Leitura do Brasil, 2005. Anais... Disponível em: www.alb.com.br/arquivo-morto/edicoes_anteriores/anais15/Sem08/hildarestaino.htm. Acesso em: 5 jul. 2017.

RICARDO, Maria Manuel Calvet. Breve história do acordo ortográfico. In: *Revista Lusófona de Educação*, Lisboa, n.13, 2009. ISSN 1645-7250.

RODRIGUES, Antonio Edmilson Martins. José de Alencar: o poeta armado – a letra como arma no segundo reinado. In: GUIMARÃES, Lucia Maria Paschoal; PRADO, Maria Emília (Orgs.). *O liberalismo no Brasil imperial*: origens, conceitos e prática. Rio de Janeiro: Revan/Uerj, 2013.

ROUSSEAU, Jean-Jacques. *Emílio, ou da educação*. Roberto Leal Ferreira (Trad.). 3.ed. São Paulo: Martins Fontes, 2004.

SALOTTI, Martha A. *La lengua viva*. Buenos Aires: Editorial Kapelusz, 1951. p.54.

SANCHES, António Nunes Ribeiro. *Obras*. v.I-II. Coimbra: Universidade de Coimbra, 1966.

SANTOS, Ivanildo Gomes dos. *A instrução secundária nas Alagoas*: as aulas avulsas e o Liceu Provincial (1784-1892). 2018. 268f. Tese (Doutorado em Educação) – Centro de Educação, Universidade Federal da Paraíba, 2018.

SCHELBAUER, Analete Regina. O método intuitivo e lições de coisas no Brasil no século XIX. In: STEPHANOU, Maria; BASTOS, Maria Helena Câmara (Orgs.). *História e memória da educação no Brasil*: século XIX. Petrópolis: Vozes, 2v., 2005.

SCHNEIDER, Omar. O modelo escolar de formação de professores no Espírito Santo: uma instituição em transição no século XIX. In: V Congresso Brasileiro de História da Educação, 2008, Aracaju.

SILVA, Janaína de Carvalho. A Aurora Fluminense e o combate ao despotismo (1827-1831). Dia-Logos, Rio de Janeiro, n.6, out. 2012. ISSN 1414-9109.

SILVA, João Lourival da Rocha Oliveira e. O panorama (1837-1844): jornalismo e ilustração em Portugal na primeira metade de oitocentos. Covilhã: Livros Labcom, 2014.

SILVA, Nancy Ribeiro de Araújo e. Tradição e renovação educacional em Goiás. Goiânia: Oriente, 1975.

SOARES, Magda. Linguagem e escola: uma perspectiva social. São Paulo: Ática, 1986.

_____. Alfabetização e letramento. São Paulo: Contexto, 2017.

STEPHANOU, Maria. Bem viver em regras: urbanidade e civilidade em manuais de saúde. Educação Unisinos, v.4, p.35-44, 2006.

TELES, Ana Carolina Sá. Sobre uma carta de Machado de Assis a José Feliciano de Castilho (1865). In: Letrônica – Revista Digital do Programa de Pós-Graduação em Letras da PUC-RS, Porto Alegre, v.8, n.1, p.195-204, jan.-jun. 2015.

VALDEZ, Diane. A representação de infância nas obras pedagógicas do Dr. Abílio César Borges: o barão de Macaúbas (1856-1891). 2006. 306f. Tese (Doutorado em Educação) – Faculdade de Educação, Universidade Estadual de Campinas, Campinas, 2006.

VIDAL, Diana. Culturas escolares: estudo sobre práticas de leitura e escrita na escola pública primária (Brasil e França, final do século XIX). Campinas: Autores Associados, 2005.

VIEIRA, Brunno Vinicius Gonçalves. Um tradutor de latim sob D. Pedro II: perspectivas para a história da tradução da literatura greco-romana em português. Revista Letras. Curitiba: Editora UFPR, n.80, p.71-87, jan.-abr. 2010.

VILLELA, Heloisa. O ensino mútuo na origem da primeira escola normal do Brasil. In: BASTOS, Maria Helena Câmara; FARIA FILHO, Luciano Mendes de. A escola elementar no século XIX: o método monitoral/mútuo. Passo Fundo: Ediupf, 1999. p.145-76.

VOJNIAK, Fernando. O império das primeiras letras: uma história da institucionalização da cartilha de alfabetização no século XIX. Curitiba: Prismas, 2014.

ZANQUETTA JR, Pedro. As zonas de sombra da memória: estudo sobre as sedições militares "exaltadas" no Rio de Janeiro de 1831. 2011. 199f. Dissertação (Mestrado em História – Faculdade de Ciências e Letras, Universidade Estadual Paulista, Assis, 2011.

SOBRE O LIVRO

Formato: 14 x 21 cm
Mancha: 23,7 x 42,5 paicas
Tipologia: Horley Old Style 10,5/14
Papel: Off-white 80 g/m² (miolo)
Cartão Supremo 250 g/m² (capa)
1ª edição Editora Unesp: 2023

EQUIPE DE REALIZAÇÃO

Capa
Marcos Keith Takahashi (Quadratim)

Edição de texto
Giuliana Gramani (Copidesque)
Marina Ruivo (Revisão)

Editoração eletrônica
Eduardo Seiji Seki

Assistência editorial
Alberto Bononi
Gabriel Joppert

Rua Xavier Curado, 388 • Ipiranga - SP • 04210 100
Tel.: (11) 2063 7000 • Fax: (11) 2061 8709
rettec@rettec.com.br • www.rettec.com.br